第二辑　邱高兴　主编

江浙文化

上海三联书店

作者简介

李景林　男,历史学博士,北京师范大学哲学学院教授,博士生导师。兼任中国哲学史学会副会长、中华孔子学会副会长、国际儒学联合会学术委员会委员等。

周勤勤　男,哲学博士,中国社会科学院研究生院编审,教授,中国哲学史学会副秘书长。

章伟文　男,北京师范大学哲学学院、价值与文化协同创新中心教授。

陈　雷　男,哲学博士,浙江理工大学宗教文化研究所教授。

邱高兴　男,哲学博士,教授,吉林大学博士生导师,中国计量大学人文社科学院院长。

陈　坚　男,哲学博士,山东大学佛教研究中心教授,博士生导师。

侯广信　男,哲学博士,南京市委党校、南京市行政学院讲师。

吴忠伟　男,哲学博士,苏州大学哲学系教授。

周　耿　男,哲学博士,北京交通大学马克思主义学院讲师。

华　军　男,哲学博士,吉林大学哲学社会学院副教授、硕士生导师。

林孝瞭　男,哲学博士,中国计量大学中国哲学研究所副教授,硕士生导师。

程　旺　男,哲学博士,北京中医药大学马克思主义学院讲师。

董卫国　男,哲学博士,西南政法大学哲学系教师。

雷永强　男,哲学博士,河南科技大学马克思主义学院副教授。

张树业　男,哲学博士,河南师范大学副教授,硕士生导师。

常会营　男,哲学博士,孔庙和国子监博物馆副研究员。

高云萍　女,哲学博士,中国计量大学中国哲学研究所副教授。

李秋莎　女,哲学博士,贵州大学中国文化书院教师。

王传林　男,哲学博士,曲阜师范大学孔子文化研究院讲师。

目录 Contents

卷首语⋯⋯⋯⋯⋯⋯⋯⋯⋯⋯⋯⋯⋯⋯⋯⋯⋯⋯⋯⋯⋯⋯⋯⋯⋯⋯⋯⋯⋯⋯1

本辑特稿

儒家宗教性问题略论⋯⋯⋯⋯⋯⋯⋯⋯⋯⋯⋯⋯⋯⋯⋯⋯⋯李景林　3

传统与当代

中国传统和合思想及其当代价值⋯⋯⋯⋯⋯⋯⋯⋯⋯⋯⋯⋯周勤勤　37

试论中国传统价值观的当代意义⋯⋯⋯⋯⋯⋯⋯⋯⋯⋯⋯⋯章伟文　56

中国传统文化的核心、基本精神及其近代以来的命运⋯⋯⋯⋯陈　雷　68

三教论丛

佛教中道思想的内涵与价值⋯⋯⋯⋯⋯⋯⋯⋯⋯⋯⋯⋯⋯⋯邱高兴　81

"婴儿行"与"赤子心"——儒佛道三教的"倒叙"境界⋯⋯⋯陈　坚　93

从《提谓波利经》看北朝儒佛思想之交融
　——以 P.3732 敦煌本为例⋯⋯⋯⋯⋯⋯⋯⋯⋯⋯⋯⋯侯广信　114

"相忘而游"与庄子的"友谊共同体"⋯⋯⋯⋯⋯⋯⋯⋯⋯⋯吴忠伟　123

"道生、物形论"：先秦道家万物生成论的基本模式及其理论
　意义⋯⋯⋯⋯⋯⋯⋯⋯⋯⋯⋯⋯⋯⋯⋯⋯⋯⋯⋯⋯⋯⋯周　耿　135

性情与礼教
　——关于先秦儒学"以德立人"的生存本体诠释⋯⋯⋯⋯华　军　156

孔子哲学中的名言之学及其价值论意义 ………………… 林孝瞭 164

"立教有本而敷教有道"

　　——《大学》治平之道的理论展开及其特质 ……………… 程　旺 175

"一贯"公案与忠恕而仁 ………………………………………… 董卫国 188

孟子乐教思想新论 ……………………………………………… 雷永强 203

礼乐教化与儒家政治思想的价值建构 ………………………… 张树业 215

天性与理欲

　　——《论语集解》与《论语集注》论君子、小人之辨 ……… 常会营 227

论作为伦理道德范畴"五常"的形成 …………………………… 高云萍 247

朱子"致中和"论中的事理与天人 …………………………… 李秋莎 256

朱熹与陈亮的"王霸之辩"及其价值取向 …………………… 王传林 268

卷首语

《江浙文化》(原《佛教与江浙文化》)第二辑即将出刊了,虽号称年刊,但距离第一辑出版已有四年多的时间。四年多的时间,太多的变化,以至于这本年刊也以新的名称示人,当然变化的都是形式,年刊所承载的学者们不忘初心,反思传统,追问现实,探究真理的精神则是不变的。这也是我们时隔多年,重续前缘,继续出版这本年刊的一个重要原因。

本辑的出版缘于国家社科基金重大招标项目"中国传统价值观变迁史"的研究。由北京师范大学李景林教授担任首席专家的这一课题,主要研究中国传统价值观从先秦到近世的演变过程,考察其与社会政治经济生活变化、学术文化发展的互动关系,探索其中的发展规律,揭示中国传统价值观的核心精神。中国计量大学人文学院以中国哲学学科的研究人员为主,承担了其中"隋唐中国传统价值观综合与演进"的子课题。为进一步凝聚研究中国传统价值观的团队,加强学术交流,2016年11月26日、27日,中华孔子学会、北京师范大学中国哲学研究所、中国计量大学人文社科学院联合举办了"中国传统价值观与当代社会"学术研讨会。会议在武义县党委、政府的支持下,于武义县璟园(古民居博物馆)文昌阁隆重举行。参加此次学术研讨会的有来自北京师范大学、南京大学、山东大学、中山大学、吉林大学和中国社会科学院等20余所全国知名高校和科研机构的50多位专家学者。全国各地专家学者就中国传统价值观的内涵与发展、中国优秀传统文化的弘扬传播等问题进行了深入探讨。会议还特设了"国学教育"的分论坛,时任武义县教育局局长的程晓晖等领导及部分中小学校长和教师代表,就国学基础教育、传统文化弘扬等面临的实际问题和与会专家进行了探讨。在此次会议中,人文社科学院20多位中国哲学研究生不仅参与了会务接待工作,并且提交了9篇论文,就自己对中国哲学与传统文化的研究心得,进行了交流。本次会议的顺利召开得到了社会各界的大力支持,会议期间,浙江省儒学学会会长、原浙江大学党委书记张浚生,中国计量大学发展委员会副主任冯时林,中国计量大学副校长俞晓平,武义县委书记张新宇、武义县县长章旭升等领导看望了与会学者,并对他们光临武义,为研究与弘扬中华优秀传统所做的贡献表示感谢。

　　本辑中所收论文大多来自这次学术会议。李景林先生的特稿以两万多字的长文深入地探讨"儒家宗教性"的问题。关于儒家是否为宗教,学界的争论由来已久,这篇长文为这一问题的研究提供了一个新的思路。他首先赞同儒家并非宗教,但具有宗教性的说法,由此,理解这种宗教性就成为了关键问题。这也就是当我们使用儒家这个词汇时,更多突出的是其义理特征;当我们谈儒教时,突出的是其宗教的色彩。这两种哲学与宗教的形态在儒家中皆能找到根源,故而"依田立克对哲学与信仰的区分,儒学是哲学而非宗教";依据"神道设教"的方式因应和切合于社会生活,儒学便有了实践和教化意义,具有了宗教性。因此,在他看来,"厘清儒家义理体系与古代社会信仰系统的区别与联系,才能准确理解儒家的宗教性问题"。而孔子所谓"吾与史巫同途而殊归"的说法,就是理解这一问题的重要切入点,"点出了儒家义理体系与社会信仰系统之相关性与异质性统一的关系"。在"传统与当代"栏目中,我们选取了中国社科院周勤勤教授的"中国传统和合思想及其当代价值"、北京师范大学章伟文教授的"中国传统价值观的当代意义"、浙江理工大学陈雷教授的"中国传统文化的核心、基本精神及其近代以来的命运"三篇文章。周勤勤教授认为,和合是中国古来就有的文化,是我国古代先哲在对世界各种复杂事物的建构认识的基础上建立的一种哲学理论,反映出一种矛盾和谐观与动态和谐观。这些观念在当代社会中可应用于人与人的关系、人与自然的关系等领域,继续发挥其思想价值。章伟文教授认为中国传统价值哲学的主要内涵包括了"天人合一"价值追求和"内在超越"价值实现路径。陈雷教授则概括了中国传统文化包括的四个方面的内容:一是"天人合一",二是以人为本,三是刚健有为,四是贵和尚中,并且分析了这些内涵在近代的变化。在"三教论丛"的栏目中,收录了15篇论文,大致都是就儒释道三家中具体的价值与哲学问题展开的论述。比如中国计量大学邱高兴教授的"佛教中道思想的价值"讨论的是佛教中道思想的发展脉络,他认为中道大致经历了三种逻辑形式,形成了一个否定之否定的过程。从 A 与 B 之间的 C,到非 A 非 B

非C,最后终结于即A即B即C,中道概念的内涵发生了诸多变化。作为中道概念本身,或被理解成通过理智方式可以把握的类似几何学上的中,或被解读为超出理智,反对戏论的破邪之中,或被体验为一种圆融中和境界之中,反映了佛教在不同时期,以不同方式维持宗教修行与理论思维平衡的努力,展现了人类精神升华的不同气象。山东大学陈坚教授则把"婴儿行"作为儒佛道三者的共性作了探讨,他认为在境界论上,它们都追求回归"赤子婴儿"的人生"倒叙"境界,其中道家主张"复归于婴儿",儒家要求"不失其赤子之心",而佛教则提倡"婴儿行"。为了实现回归婴儿的倒叙状态,儒佛道三家各自开出了相应的思想和方法,这些思想和方法极大地丰富了中国文化的内涵。苏州大学的吴忠伟教授讨论了庄子哲学中的"友谊共同体"问题,他认为庄子的精神修炼哲学不是纯粹的"自修",而是涉及了将"他者"视为"友"的过程,通过自我与他者"相忘"于"道术"而建立一"友谊"共同体,从而否定了对他者作侮辱、欺压、利用之非伦理向度的考虑。

近年来,无论是官方还是民间,对于中国传统文化都甚为重视。今年年初,中办、国办下发了《关于实施中华优秀传统文化传承发展工程的意见》及《国家"十三五"时期文化发展改革规划纲要》的两个文件,都提出在多个层面,以创新性转化和创新性发展的原则,建构中华优秀传统文化的传承创新体系。而在民间,各类国学教育机构、书院遍布全国各地,虽然难免良莠不齐,褒贬不一,但总体上说明社会各界对中国传统文化的浓厚兴趣。作为高等学校的中国传统文化的研究者,在这种文化潮流中当然具有义不容辞的责任,这种责任包括了理性地研究、清晰地辨别、审慎地反思、创新地传承。愿本辑年刊的出版能够有助于我们承担这种职责,并通过进一步研究,挖掘中华传统文化中的宝贵资源,展现中华优秀传统文化自强不息的生命力。

邱高兴

2017年7月23日于杭州

本辑特稿

儒家宗教性问题略论

李景林

北京师范大学　哲学学院价值与文化研究中心

内容摘要：儒家并非宗教，但却有宗教性。厘清儒家义理体系与古代社会信仰系统的区别与联系，才能准确理解儒家的宗教性问题。孔子"吾与史巫同途而殊归"一语，点出了儒家义理体系与社会信仰系统之相关性与异质性统一的关系。"殊归"，赋予了儒学作为哲学义理体系的独立性特质，依田立克对哲学与信仰的区分，儒学是哲学而非宗教；"同途"，又使儒学能够以一种"神道设教"的方式因应和切合于社会生活，具有自身内在的实践和教化意义。宗教信仰的对象包含神格与神道两面。中国古代宗教关注的重点在"神道"而非"神格"。商周文明以连续性和整体性为特征，其宗教的观念，以神性内在贯通于人及人伦之世界。经由儒家"哲学的突破"，古代社会信仰系统之作为"道德的宗教"义乃得以圆成，因而可大可久，构成为几千年中国社会之超越性价值与信仰的基础。儒家哲学据古代社会既有的信仰系统以引领社会生活，故其教化之所行，于中国社会最具普遍性的意义与广泛的包容性，并赋予其信仰生活以一种强理性的特质。这是儒学之异于西方宗教与哲学之独具的特点。

关　键　词：儒学　教化　宗教性　终极关怀　义理体系　信仰系统　同途而殊归

儒家的宗教性是一个很重要的问题。我认可儒家并非宗教，但有宗教性的观点。但是，怎么理解儒家的这个宗教性，却是一个困难的问题。本文拟从儒家与中国传统社会的信仰系统之关系入手，对这一问题提出自己的一点浅见。

一、哲理与信仰

儒学既是一个哲理的系统,又在中国传统社会中承担着核心的教化的职能。它与西方的哲学与宗教既有区别,又有相通之处。儒学的这一特点,使我们难以给出一种儒家是否宗教的简单判断。认定儒家是宗教的学者,对儒家与一般所谓宗教之有显著的区别这一点,其实是心知肚明。而否定儒家是宗教的学者,则无法对儒家在中国社会有类于宗教的教化功能作出令人信服的说明。

学界有关儒家宗教性的讨论,虽观点纷歧,然要而言之,实质上都和儒家与中国传统社会的信仰系统之关系这一问题有关。

肯定儒家是宗教的学者,往往引中国礼乐、礼仪传统中有天帝、鬼神祭祀的内容以为根据。不过,这里需要指出的是,中国社会天神、地祇、人鬼的神灵及与之相关的祭祀礼仪系统,在孔子之前便已存在,并普泛地渗透于古代社会生活的各个方面,并非为儒家所专有。或有论者采取将儒教的传统追溯到孔子之前的方法来论证儒教是宗教。但是,古来言百家之学,皆自老孔墨始。西周以上,学在官府,其礼乐文明及其宗教伦理传统,为百家诸子之共同的思想文化渊源,并不能归之于一家。其时所谓"儒",为术艺之士之统称。孔子区分"小人儒"与"君子儒",以"道"贯通于术艺而为其本,始成儒家之所谓"儒"。[①]《汉书·艺文志》谓儒家"游文于六经之中,留意于仁义之际,祖述尧舜,宪章文武,宗师仲尼",是言儒家以六经为其经典,以仁义为其道和思想之原则,以孔子为宗师或其学脉之开创者,并上溯于文武以至尧舜以明其思想文化之渊源。《汉书·艺文志》对儒家的这个概括,是全面的,也是准确的。因此,讨论儒学的宗教性问题,需要切实地研究儒学与传统社会祭祀礼仪及其神灵系统的关系,但却不能直接、笼统地把传统社会的宗教神灵和观念归之于儒家。

---

① 《论语·雍也》:"子谓子夏曰:女为君子儒,无为小人儒。"何晏《集解》:"孔曰:君子为儒将以明道,小人为儒则矜其名。"

否定儒家为宗教的学者,则往往据孔子"不语怪力乱神""敬鬼神而远之"的态度,认为孔子否定了传统天命观念的人格神意义,不信鬼神,甚至为儒家加上一顶"无神论"的桂冠。其实,孔子所反对的,只是时人所流行的对于神灵的功利态度,并非否定神灵。一般人亵近神灵,甚或谄媚鬼神,非其鬼而祭之,实已忘其本分与夫人道之当行,而外在地祈神邀福。孔子所反对者在此。以后儒家特别批评"淫祀",其意亦在于斯。孔子"迅雷风烈必变"[①],敬畏天命,祭神如在[②],对天命至上神,保持一种内在的诚敬之心。儒家尤重丧祭礼仪,对其思想文化内涵,有系统的诠释,并特别强调致祭者的诚敬与敬畏之心对于道德养成及其形上价值挺立之意义[③]。因此,认儒家否定神灵或人格神的说法,根据是不充分的。

当代新儒家对儒家的宗教性问题亦有深入的思考。新儒家学者论儒家的宗教性问题,主要是通过对宗教的重新定义,从儒家所具有的"内在超越"精神的角度,来揭示儒学的宗教意义。

唐君毅、牟宗三先生以儒家主张人有超越性的本心本性或无限智心,而能践仁知天,即人文而达于超人文之境,即道德而遥契超越的天道,而将其定位为一种"人文的宗教"或"道德的宗教"。此说实已突破了学界对宗教的一般理解。值得注意的是,第二代新儒家更关注儒家义理与社会生活的内在联系。牟宗三先生从儒家即礼乐作为人的"日常生活之道"而"启发人的精神向上之机,指导精神生活的途径"这一层面,来理解儒家思想的宗教意义[④];唐君毅先生亦特别关注儒家三祭(祭天地、祖宗、圣贤)之礼的实践和宗教意义,都表现了这一点。强调儒家通过礼乐特别是丧祭礼仪关涉于社会生活,这一点对于理解儒家的宗教性,具有关键性的意义。但是,古代"非天子不议礼,不制度,不考文"[⑤],制礼作乐,为天子之事。礼乐制度及与之相关的礼俗和信仰系统,属于整个社会,并非专属

[①] 《论语·乡党》篇。
[②] 《论语·季氏》篇:"孔子曰:君子有三畏:畏天命,畏大人,畏圣人之言。小人不知天命而不畏也,狎大人,侮圣人之言。"《论语·八佾》篇:祭如在,祭神如神在。子曰:"吾不与祭,如不祭。"
[③] 参阅李景林《儒家的丧祭理论与终极关怀》,载《中国社会科学》2004年2期。
[④] 参阅牟宗三《中国哲学的特质》第十二讲、六,上海古籍出版社1997年版。
[⑤] 见《礼记·中庸》。

儒家。儒家的角色,是礼乐和社会信仰系统的思想诠释者,而非其创制者。对二者之间的关系,仍有必要作出适当的分疏。

第三代新儒家继承了前代"内在超越"的思想理路,试图赋予宗教概念以更宽泛的涵义,着重于从儒家学理系统本身来理解其宗教意义。刘述先先生反对把基督教作为宗教的一般模型,以神的观念为中心来定义宗教的思想理路,转而借鉴美国神学家田立克的观点,以超越的祈向和人的终极关怀来重新定义宗教信仰,用以诠释儒家的宗教性。据此,他认为,孔子之"天"的观念,已全无人格神的特征,但却仍具超越性的意义。"仁"是儒家所遵循的"道",这个"道",既超越又内在。人自觉地承担起弘道的责任,乃能通过既尊重内在又尊重超越的两行之理的体证,建立其安身立命之所。① 刘述先先生通过重新定义宗教概念的方式来揭示儒学的宗教性意涵,这在现代新儒家对儒家的宗教性反思中,颇具代表性的意义。

应当说,当代新儒家对儒家"内在超越"观念的理解,准确地把握住了儒家思想的精神特质,具有重要的哲学意义和理论解释力。把拥有一种终极关怀、宗教信仰和超越的祈向当做宗教的核心要素,据此来讨论儒家的宗教性,这一点也没有问题②。不过问题在于,刘先生认为儒学的天、道观念已不复有古代社会天帝观念的人格神的意义;在此前提下,如果仅仅把儒学的超越性的指向和终极的关怀局限为一种"道"或"理",尽管我们可以把这种"道"或"理"理解为一种"生生"之"道",生命之"理",但仅就儒学自身而言,它是否可以成为一种"宗教信仰",对这一点,仍有必要作进一步的讨论和思考。

其实,田立克不仅用终极关怀来定义宗教信仰,同时对哲学与宗教关涉终极实在的方式亦作了明确的区分。在《信仰的动力》一书中,田立克指出,哲学与信仰虽然都关涉到终极实在,但哲学对这终极实在的显示,主要通过概念对存在作基本结构描述的方式来达成。而宗教则是通过象征的方式来寻求终极的意义。

---

① 参阅郭齐勇《当代新儒家对儒学宗教性问题的反思》,载《中国哲学史》1999年1期。
② 应当指出,我们可以把终极关怀或者宗教的信仰作为宗教的一种核心要素,但讨论宗教概念,不能局限于此。它应当还包括教义、经典、仪轨、制度、组织、场所、神物、法器、神职人员与仪式行为等要素所组成的一套系统。即便我们不给宗教下一种确定的定义,这些内容似乎亦不能不予考虑。

宗教的信仰，总是以上帝作为基本的象征，并把我们所可归诸上帝的诸如全能、慈爱、正义等神圣性及一系列神圣事物、事件、仪式、教义等，通过神话的形式汇合为一个象征的系统，由此而向我们开启那终极的意义。二者的区别还表现在，哲学对显现终极实在之存在结构的概念描述，是超然的或对象性的；而信仰对于终极意义的关怀，则表现为一种卷入性的参与或全身心的投入。基于宗教信仰的绝对性、无条件性，那些对有限性现实事物的追求和崇拜(譬如对金钱、成功的追求、国家崇拜、无神论等)，则理应被排除在宗教信仰和终极关怀之外。[①]

田立克对哲学与信仰的区分，对我们理解儒学的宗教性这一问题，具有重要的意义。一般宗教都有自身的一套哲学理论，但它的内容乃围绕神话和神灵的象征系统展开，其作为哲学，可称之为是一套神学意义的哲学。它宣讲这套义理的活动，意在布道，而非讲学。哲学却不同。它通过理性的概念来展示存在的结构和意义，以一种可理解性和公共性的逻辑、知识形态展示于人。在现代社会，布道须限于特殊的场所，而哲学则可进入公民教育等公共的领域，二者的差异于此亦可见一斑。如康德要限制知识，以为信仰留下地盘。但他由实践理性引出意志自由、灵魂不朽、上帝存在三个理念，其实只是一种理论圆满之逻辑必要性的设定。其所谓道德的宗教，其意义亦在于为何谓真正的宗教提出一种理论的判准。康德对信仰和宗教的讨论，仍是一种关于信仰与宗教的哲学理论。同样，儒家有一套自己的形上学的理论，其有关天、命、性、道等终极实在的讨论，亦是以概念和反思方式所进行的一种义理的建构，而并非用神话的方式对终极意义作一种象征性的开启。在这个意义上，当代新儒家谓儒家的天、天道观念弱化甚至否定了古代社会天帝观念的人格神的意义，是准确的。但这样一来，儒家的形上学学说，则只能说是哲学而非宗教。现代亦有学者根据儒家作为中国文化之主流，而否定中国文化有宗教信仰。[②] 从这个角度看，单就儒家的学理体系立

[①] Paul Tillich, Dynamics of Faith, Harper & Brothers, New York, First Harper Torchbook edition published 1958, pp. 90-92, 44-54.
[②] 近来即有人根据儒家的哲学和政治理论，提出"中国人没有宗教信仰，但有文化信仰"和"政治信仰"的说法。见赵启正《中国人没有"宗教信仰"但有"文化信仰"》，人民日报，2013年5月14日第5版。

论,无法对儒家的宗教性作出合理的说明。

田立克虽以终极关怀来定义宗教信仰,但同时又强调,宗教信仰的特征在于通过上帝、神圣性、神圣事物所构成之象征系统以开启终极的意义。可见,这个定义,在对宗教之本质内涵的理解上并未有实质性的改变。一种真实的宗教信仰,必须具有一种超越的指向性;这个超越性,最终会指向一种以位格或神格为中心的象征系统。西方的宗教是如此,中国传统社会的天、天命和上帝信仰亦是如此。一种有关终极实在的哲学理论,可以引发对其所描述的终极实在之意义的理解或兴趣、关切,但其本身并不能建立一种信仰。因此,信仰的终极指向不能只是一种主义或道理。[1] 纯粹作为本体的"神"的逻辑理念,亦无法构成为信仰的对象。同时,真实的信仰对象,亦不能是任何一种现实的人格或实存物,而必为一种具有超越意义的位格性存在。如果我们把某种实存物当做信仰的对象,就会导致拜物教;在政治上,如果我们把一种实存的人格当做信仰的对象,则往往会导致偶像崇拜,引发政治上的狂热。这种教训,在历史与现实中所在多有,为祸不浅,不可不引以为鉴戒。

哲学与宗教有着明显的区别,这一点,绝不会因吾人对宗教定义的改变而发生根本的改变。哲学形上学与宗教信仰关涉终极实在的方式并不相同。如牟宗三先生所说,儒家"轻松"或消解了"天启"的观念,其立教的重心是以人如何体现天道,而非"以神为中心"或围绕天、天道的人格神意义展开其教义。[2] 刘述先亦指出,儒家"天""道""仁"的概念,虽具有超越性的意义,实已全无人格神的特征。现代新儒家的对儒学宗教性的思考,实质上更清晰地刻画了儒学的哲学特质。因此,单从儒学的义理系统入手,以求通过改变宗教定义的方式来曲通儒家与宗教,适足以混淆模糊哲学与宗教之界限,而于儒家宗教义之证立,似并无助益。

同时,哲学与信仰又非绝对对立。事实上,历史上那些最重要的哲学体系,

---

[1] 吉林大学王天成教授在一次座谈中指出:现在人总是说要把某种主义确立为自己的信仰,而主义作为一个学说、一种道理,至多只会引起一种兴趣,或一种爱好,而不能引生一种信仰。信仰的对象不能只是一种主义或道理,必有其位格性。此说与田立克的宗教信仰说有相合之处。本文的讨论,受到他的启发,谨此致谢!
[2] 参阅牟宗三《中国哲学的特质》第十二讲、六,上海古籍出版社1997年版。

总是兼具伟大的思想力量和对其描述所显示的终极意义的强烈关切,这往往与哲学家个体的宗教信仰或终极关怀密切相关。① 不过,西方哲学与宗教信仰之间的关联方式,却有很大的区别。西方哲学与宗教在职能上有明确的分工,哲学可以通过其有关终极存在的理论,施其影响于宗教的信仰,但它本身与个体以及社会的宗教生活之间却并无直接和必然的联系。中国古代社会本有一套以天帝信仰为中心的神灵信仰和礼仪系统。一方面,这套系统产生于孔子之前,乃属诸整个古代社会生活,并非儒家所专有。另一方面,儒家学者并不否定中国古代社会的天命天帝信仰,其形上学的体系,亦由对古代社会的信仰系统及其礼乐传统的反思与义理的建构而成,并非一种自身封闭的单纯的哲学理论。它以对社会宗教信仰和礼乐系统之反思、升华,并赋予其超越性意义的方式,密切关联并施其教化于社会生活。这种方式,儒家名之为"神道设教"②。神道设教,是儒家引领中国社会精神生活以实现其终极关怀的一个重要途径和教化方式。

因此,要准确理解儒家的宗教性问题,既不能取"案文责卦"的方式,在宗教定义这一点上兜圈子,单从儒家的义理系统来立论,亦不能简单地把属诸整个社会的信仰系统归之于儒家,而需要厘清儒家义理体系与传统社会信仰系统的区别与联系,从儒家教化方式的角度来开辟新局。

二、神格与神道

中国古代的哲学,乃由宗教转化而来。前孔子时代宗教观念的一个重要特点,就是它重视信仰对象的神道方面,而不重在其神格方面。③ 这一点,对前述儒家"神道设教"的教化方式之形成,有很大的影响。

我的老师邹化政先生所著《先秦儒家哲学新探》一书,对前孔子时代的宗教

---

① Paul Tillich, Dynamics of Faith, Harper & Brothers, New York, First Harper Torchbook edition published 1958, pp. 91 - 92.
② 《周易·观·象传》:"观天之神道,而四时不忒,圣人以神道设教,而天下服矣。"
③ 三代宗教从其演进的历程看,有其阶段性的区别,对此,学界已有很深入的探讨。与本文的问题相关,我们所关注的是它的结构性的特征。

观念提出了一个独到的观察视角：

> 在回教、犹太教、基督教的神道观念中，强调和突出的与其说是它的道，毋宁说是它的至高、至上的人格和意志本身，而它的道却是非常抽象的。与此相反，中国人在殷周之际的神道观念，强调和突出的与其说是它的那个主体——至高至上的人格或意志，毋宁说是它的道，是它主宰人伦与自然统一体的规律系统，并且把这规律系统具体化为各种特定的礼义形式。中西方的这种差别，决定了中国人一元化的宗教意识，难以得到充分的、独立的发展，它必为有关这个天道观念的哲学意识所代替，特别是为儒家哲学意识所代替。[①]

邹师此书，出版于二十五年前，其写成更早在"文化大革命"期间，但其有关中国古代宗教观念的这一观察视角，至今对我们仍有重大的启示意义。邹先生这一观察角度的核心点，是把宗教的神道观念区分为至上人格与"道"两个方面，并从二者之间的关系的角度来理解中西方宗教的区别。

从这一观察角度看，宗教信仰的对象是神。这个信仰的对象，可以概括为两个方面，一是其神格，一是其神道。西方的宗教的特点，所凸显的是其"至高至上的主体"，亦即其神格方面的意义，而其"道"或神道这一方面，却非常抽象。其对神道内容的探讨，乃围绕着神灵主体或神格来进行。由此形成的神学系统，其所表述者，乃是一个超越于现实世界天国神界。中国古代的宗教观念的情形却正好相反，其关注的重点在"神道"而不在"神格"。三代宗教的核心概念是"天命"和"上帝"，法则昊天上帝，亦是当时人所流行的观念。但这上天之则[②]或神道的内涵，则是统合自然与人伦之道为一体的礼义道德原则。在这里，神与人乃统合为一，并未抽离为两个独立的世界。

[①] 邹化政《先秦儒家哲学新探》，黑龙江人民出版社 1990 年 5 月版，第 73 页。
[②] 《诗经·大雅·烝民》："天生烝民，有物有则，民之秉彝，好是懿德。"

上世纪 80 年代，一些西方学界的华人学者提出"连续性"这一概念，来考察中国古代文明和宗教观念的特征。对理解这一点，也有重要的借鉴意义。

张光直用"破裂性"与"连续性"两个概念，来区分中、西方两种文明起源的特征，把中国文明称作"连续性"的型态，把西方文明称作"破裂性"的型态。[①] 张光直先生所谓的"连续性"，指的是人与自然或文明与自然之间的连续，即人与它所从出的自然之间，始终保持着一种内在的联系。"破裂性"文明的特征，则是人借助于其所创造的世界和文化、文明，将自己与原初自然的世界和环境分隔开来。张光直先生用"连续性"这一概念，主要是要揭示中国文明起源的特征。杜维明先生则用"连续性"这一概念来探讨中国人的自然观和宇宙观。在《存有的连续性：中国人的自然观》一文中，杜先生用连续性、整体性和动力性三个关键词来论述中国人的自然观或宇宙观的特点。这三个关键词，所表现的是一种对宇宙存在及其过程的理解。在这里，宇宙被表征为一个有机的、连续的生命过程（连续性）；其中，它的所有部分都具有内在的关联，因而整合构成为一个有机的统一体（整体性）；同时，它又表现为一个开放的、内在转化生生不已的生命创造过程（动力性）。杜先生强调，这样一种"存有连续性"思想基调，不仅表现在中国的哲学中，亦普遍地贯通于中国古代宗教、伦理和美学的观念中。[②]

分化是文明产生的前提，文明首先表现为人所创造的世界与自然的脱离。但这种分化并不必然导致人与自然的分隔和隔离。中国在夏代已进入文明社会，在宗教上，也已形成了天、帝至上神的观念，并且经过一个逐步理性化的过程，从殷代的祭祀文化到周代的礼乐文化，由"自然宗教"发展为"伦理宗教"，从而形成为一种"真正的宗教"。[③] 不过，中国古初文明时代的国家，乃由原始氏族制度转化而来，国家社会组织仍主要以氏族和宗族关系而非地域关系为基础。

[①] 参阅张光直《连续与破裂：一个文明起源新说的草稿》《从商周青铜器谈文明与国家的起源》两文，见氏著《中国青铜时代》，生活·读书·新知三联书店 1999 年版。

[②] 见《杜维明文集》第三卷，第 222 页以下，武汉出版社 2002 年版。

[③] 参阅陈来《古代宗教与伦理》第一章第三；第四章第八、九、十节，生活·读书·新知三联书店 1996 年版。

从古史的记载看,中国原始氏族时代曾有过一个"家为巫史""民神杂糅"[①]的阶段。文明社会地上王权的建立,导致王者对通天之权的独占,促成了神人的分化与统一的至上神的产生。中国古代进入文明的方式及其宗教系统的形成,都表现出了一种文明与自然连续性的特征。这种连续性的文明转进方式,使野蛮时代那种自然生命的整全性和整体性意识在文明社会的分化形式中仍然得以保持。

相对而言,讲"文明与自然的连续",着眼点在文明起源的方式;讲"整体性"的观念,则着眼于宇宙观和对存在的理解方式。后者乃以前者为基础。这个整体性的宇宙观,是强调宇宙存在的各种形态、各个层面,皆内在关联而构成为一个有机的整体。在这个意义上,我更愿意用"内在关系论"这个用语来表征这种宇宙观的特征。杜维明先生强调,这样一种连续性和整体性的存在观念,不能允诺一个在这个宇宙整体之外的"造物主"的观念。[②] 商周的天、帝至上神观念,并非创世神。张光直先生指出,中国有关宇宙起源的神话至早在东周时期才出现[③],而这种宇宙起源神话,亦属于"变形式的起源说,而非圣经式的创造说"。[④] 创造的过程,乃表现为一种混沌的分离和业已存在之物的变形与转化。造物与创世的观念,分神人为两界,是西方"破裂性"文明形态在宗教观念上的典型表现。殷周的天、帝至上神,则内在于宇宙存有和人伦世界而为其神性的光源与超越性的基础;王者"代天理物",天帝之神性,乃贯穿并即自然与人伦而显。基于上述连续性和内在关系论的观念,殷周时期的宗教,虽已发展为一种"伦理宗教"的形态,但其至上神,却既非一种"唯一神",亦非处于此世界之外的造物和创世神。其关注"神道"而不重"神格",盖由于此。

中国古代的宗教神灵信仰,乃表现为一种以天帝至上神统摄众神的多神系统。《礼记》所记祭祀仪式和对象,内容极其广泛。其制祭的原则是"报""报本复

---

① 见《国语·楚语下》观射父述"绝地天通"一段话。
② 见《杜维明文集》第三卷,第222页以下,武汉出版社2002年版。
③ 参阅张光直《商周神话之分类》,见氏著《中国青铜时代》,三联书店1999年版。
④ 张光直《连续与破裂:一个文明起源新说的草稿》,氏著《中国青铜时代》,生活·读书·新知三联书店1999年版,第490页。

始",即报恩和追思存在之本原。凡对于人生有"本"和"始"之意义的对象,皆可在祭祀之列。《礼记·祭法》:

> 燔柴于泰坛,祭天也。瘗埋于泰折,祭地也。用骍犊。埋少牢于泰昭,祭时也。相近于坎坛,祭寒暑也。王宫,祭日也。夜明,祭月也。幽宗,祭星也。雩宗,祭水旱也。四坎坛,祭四方也。山林川谷丘陵,能出云,为风雨,见怪物,皆曰神。有天下者,祭百神,诸侯在其地则祭之,亡其地则不祭。

《祭法》又记制祭之原则云:

> 夫圣王之制祭祀也,法施于民则祀之,以死勤事则祀之,以劳定国则祀之,能御大菑则祀之,能捍大患则祀之。是故厉山氏之有天下也,其子曰农,能殖百谷。夏之衰也,周弃继之,故祀以为稷。共工氏之霸九州也,其子曰后土,能平九州,故祀以为社。帝喾能序星辰以著众,尧能赏均刑法以义终,舜勤众事而野死,鲧鄣鸿水而殛死,禹能修鲧之功,黄帝正名百物以明民共财,颛顼能修之,契为司徒而民成,冥勤其官而水死,汤以宽治民而除其虐,文王以文治,武王以武功,去民之菑,此皆有功烈于民者也。及夫日月星辰,民所瞻仰也。山林川谷丘陵,民所取材用也。非此族也,不在祀典。

按照这个"报"或报恩的制祀原则,天地、日月、山川、社稷、祖庙、五祀、河流、先祖、天神、地祇、人鬼,皆在祭祀之列。不仅如此,《郊特牲》讲"天子大蜡八",所祭不仅有作为农耕创始者的"先啬",甚至包括猫、虎、堤、渠之神。"蜡之祭也,主先啬而祭司啬也,祭百种以报啬也。"祭猫,"为其食田鼠也"。祭虎,"为其食田豕也"。猫可以捉田鼠,虎可以食田豚,免除庄稼之害,皆于人有益,所以均属"报"的对象。此为古人报本反始,追思本原之方式。其祭祀范围之广,亦由此可见。从这个角度说,中国古代社会的宗教,为多神崇拜。

不过,这个多神的存在,本身亦有其秩序,并非杂乱无章。这一点,可以从祭祀的系统得到理解。《祭法》谓"有天下者,祭百神,诸侯在其地则祭之,亡其地则不祭"。《礼记·曲礼下》亦云:"天子祭天地,祭四方,祭山川,祭五祀,岁遍。诸侯方祀,祭山川,祭五祀,岁遍。大夫祭五祀,岁遍。士祭其先。"《礼记·王制》:"天子祭天地,诸侯祭社稷,大夫祭五祀。天子祭天下名山大川,五岳视三公,四渎视诸侯,诸侯祭名山大川在其地者。"《公羊传僖公三十一年》:"天子祭天,诸侯祭土。天子有方望之事,无所不通。诸侯山川有不在其封内者,则不祭也。"祭祀关涉于信仰的对象。基于人间的秩序,这个作为信仰对象的神灵系统,也被秩序化了。在这里,天子可以说是"最高的祭司"。唯天子可以祭天,祭天地;诸侯有方望之事,祭名山大川在其地者;大夫祭五祀;士祭其先,形成了一个上下统合的祭祀系统,这个祭祀系统所指向的神灵,包括天神、地祇、先祖等,最后都统合到一个作为至上神的"天"。而这个"天",本身并没有独立的内容,它的内容就是这样一个人间社会从上到下的伦理的体系。同时,唯天子有祭天通天之权,其祭天通天之意义,亦贯通于不同层级之祭祀活动而赋予其以天人贯通的神圣超越性的意义。

古代的信仰体系以天帝为中心,它虽有意志的力量,但人格性的特征则较弱。它的内容乃举体表现于现实世界的法则和规则。

马克斯·韦伯论中国古代的宗教意识,特别强调"天"之逐渐非人格化的特性,以及"天道"观念与仪式法则和历法作为自然法则的内在关联性:"中国的宗教意识把用以制服鬼神的巫术性宗教仪式和为农耕民族制定的历法结合起来,并赋予它们以同等的地位和神圣不可侵犯的性质,换言之,它把自然法则和仪式法则合二为一,融于'道'的统一性中……作为终极的、至高无上的、非人格的、始终可与自己同一的、时间上永恒的存在,这种存在同时是永恒的秩序的超时间的表现。非人格的天威,并不向人类'说话'。它是透过地上的统治方式、自然与习俗的稳固秩序……来启示人类的。"[①]韦伯这里所说的"中国宗教意识"的特点,当然只是一个比较笼统的概括,但他对"天"通过仪式和自然秩序性以表现自身这一方式的理解,却是一种合乎实际的深刻洞见。它与前引邹化政先生的观点,亦可相互印证。

[①] 马克斯·韦伯《儒教与道教》,江苏人民出版社1993年版,第35—36页。

古人讲法天、则天。这法天、则天有两个方面的意义,一个方面是与农事相关的历法与政事的内容;另一方面就是对天、对日月星辰的祭祀仪式和祭祀活动。儒家称述尧舜事迹,特别注重其为政行事之法天则天之意义。如《论语·泰伯》:"子曰:大哉尧之为君也。巍巍乎,唯天为大,唯尧则之。"《尚书·尧典》:"帝尧……乃命羲和,钦若昊天,历象日月星辰,敬授人时。"又:"正月上日,受终于文祖。在璇玑玉衡,以齐七政。肆类于上帝,禋于六宗,望于山川,遍于群神。"即表明了这一点。从《尧典》下文所记来看,这所谓"钦若昊天"的内容就是:1."历象日月星辰,敬授人时",亦即历法、农事;2."寅宾出日""寅饯纳日""平秩南讹,敬至"等祭仪与祭祀活动。这表明,中国古代作为农业社会,其天神信仰,与天文历法的观念有着紧密的关系。

实质上,这两个方面,即人对上天和日月星辰的祭祀活动,其意义完全落实在历法和农事这一方面。《尚书·皋陶谟》:"无旷庶官,天工人其代之。天叙有典,敕我五典五惇哉!天秩有礼,自我五礼有庸哉!同寅协恭和衷哉!天命有德,五服五章哉!天讨有罪,五刑五用哉!""天工人其代之"这一命题,很好地表现了这两个方面关系的实质内容。《甘誓》记启伐有扈氏,谓"有扈氏威侮五行,怠弃三正,天用剿绝其命,今予惟恭行天之罚。"《洪范》亦以洪范九畴为天之所畀。《康诰》则强调,孝友之道乃"天惟与我民彝"。三正、五行,亦与天文和自然的律则相关。可知在古人看来,"天生烝民,有物有则",而包括农事安排、设官职,立政长,创制礼法制度,这一套人事伦理的内容,皆为王者代天行事。"天"和"天意"本身,实际上无外乎此类人伦、人事、和政事的内容。

古时又有朔政制度,亦表现和延续了这一传统。《周礼·春官·太史》:"正岁年以序事,颁之于官府及都鄙,颁告朔于邦国。"郑玄注:"天子颁朔于诸侯,诸侯藏之祖庙,至朔朝于庙,告而受行之。"《大戴记·用兵》论列桀纣罪状,有云:"历失制,摄提失方,邹大(即孟陬)无纪,不告朔于诸侯。"告朔制度的内容,实亦不外乎上引《尧典》所言观象授时。同时,古时只有天子拥有通天祭天之权,天子颁朔,按照历法所作对农事、政事的安排与实施,因而亦被理解为一种"代天理物"之事。由此,其政事行为亦被赋予了某种本原于、出自于"天"的神圣性的意义。在这里,天的神圣性与神格之内容,并非表现为另外一个天国世界的存在,它的内容就展显于此农事、政治、人伦的系统中。

古代的法天则天观念,表现了"天"作为至上神观念关联于自然法则的意义,同时,这"天"的观念更与祖先神有着密切的联系。

古籍中多记有三代的感生传说。殷商时代的始祖感生传说,最早见于《诗经》。《诗经·商颂·玄鸟》:"天命玄鸟,降而生商。"《长发》说:"有娀方将,帝立子生商"。《大雅·生民》:"厥初生民,时维姜嫄……履帝武敏歆,攸介攸止,载震载夙,载生载育,时维后稷。"《鲁颂·宓宫》说:"赫赫姜嫄,其德不回,上帝是依,无灾无害,弥月不迟,是生后稷。"从这些感生神话中,我们可以看到氏族图腾制的遗迹。在原始氏族时代,人们把图腾神物看作本氏族的始源或祖先,这表现了原始人追溯生命本原的方式。在图腾的崇拜中,祖先被神化了。而在这些记载着商周内部氏族传说的诗句中,祖先神则被认为本原于作为至上神的天命、上帝。有学者认为商周的天、帝至上神起源于其氏族神,看来并非全无根据。

殷人之上帝与祖先神关系密切。殷代有帝廷的观念,上帝居于天上,有控制天象、令风、令雨、降旱、授佑,降祸福赏罚于人间的权能。殷人之先公先王死后可上宾于天帝,在上帝左右,亦可降祸福于人间。值得注意的是,殷人不直接祭祀上帝,其祭祀求福,要祭祀祈求先祖,由之转达于上帝。[①] 张光直先生对此的解释是:殷人"上帝与先祖的分别并无严格清楚的界限"。"殷人的'帝'很可能是先帝的统称或者是先祖观念的一个抽象。"[②]"上帝的观念是抽象,而个别的子姓祖先代表其实质。"[③]就是说,殷人通过祭祀祖先神而转求祈福于上帝这一现象,表明殷代上帝之观念乃以祖先崇拜为其实质内容。

周人亦以"上帝"为至上神,但又多言"天",以天、帝并称。《诗·大雅·文王》:"文王陟降,在帝左右。"《下武》:"三后在天,王配于京。"可见周人亦以为先王死后可以升天而在帝左右,此与殷人无异。不过,周人言上帝与人之关系,则

---

① 胡厚宣《殷代之天神崇拜》,《甲骨学商史论丛》,第 328—329 页,台湾大通书局印行。
② 张光直《商周神话之分类》,载《中国青铜时代》,生活·读书·新知三联书店 1999 年版,第 372 页。
③ 张光直《商周神话与美术中所见人与动物关系之演变》,生活·读书·新知三联书店 1999 年版,第 415 页。

多以"天命"出之。如《尚书·康诰》说:"惟乃丕显考文王,克明德慎罚……惟时怙冒闻于上帝,帝休,天乃大命文王殪戎殷,诞受厥命越厥邦厥民。"《大诰》:"尔亦不知天命不易。""天命不僭,卜陈唯若兹。"在周代,作为至上神的天帝与祖先神,有了较明确的分界。但其间意义上的关联,似又较殷人更为密切。我们注意到,殷人言"帝令",周人则讲"天命"。"帝令"与"天命",皆可用作主谓结构的使动形式。殷人之"帝令",均作使动用法;而周人之"天命",则既用作"天命于人"的使动形式,同时,又常作名词称谓使用。"天乃大命文王殪戎殷",即如"帝令"之使动用法。"天命不易","天命不僭",此"天命"即作名词用。殷人以"帝"为神体,其令风令雨,降祸降福,唯系于"帝"之喜恶。周人则以"惟德是辅"规定天意之内涵,是天之福佑,必降于有德者。因而天之降命,必有常则,而不由乎"天"作为神体之好恶与任意。由是,"天命"一词,乃转成为一具有必然性内涵的本体概念。[①] 三代有以祖配天的观念,周人尤重先祖以德配天之义。《诗·周颂·思文》:"思文后稷,克配彼天,立我烝民,莫非尔极。"《大雅·文王》:"文王在上,于昭于天。周虽旧邦,其命维新。有周不显,帝命不时。文王陟降,在帝左右。"又:"上天之载,无声无臭,仪刑文王,万邦作孚。"又:"无念尔祖,聿修厥德,永言配命,自求多福。"周人认为其先祖之德可以配天,天乃降大命于小邦周。因此,仪刑先王,承继绍述先祖之志意德业,既构成了周人承续天命的基本方式和途径,亦规定了其所理解的天命之内涵。《尚书·康诰》记周公告诫康叔,乃将父爱子孝兄友弟恭、敬事先祖等宗法伦理内容视为"天惟与我民彝",就表明了这一点。殷人之上帝直接令风令雨降祸福于人,周人之天、天命,则成一必然之律则。与殷人之"帝"相较,周人的"天"作为神体,实更为抽象,其人格性的意义亦更趋弱化;同时,其内容乃举体表显为"德"的政治和人伦意义。

总而言之,商周的宗教观念及其信仰系统,集中体现了上述"连续性"文明的特征。自然与文明的连续,构成了一种神性内在于存有的、整体论或内在关系论的信仰系统。由于天帝与祖先神的内在关联性,商周的至上神,本自缺乏独立存

[①]《殷周至春秋天人关系观念之演进初论》第二部分,台湾《孔孟学报》70期,1995年。

在的特质。与"德"的观念之兴起相伴随,殷代上帝干预人世之"帝令"方式,逐渐独立为一种作为名词称谓的"天命","天"的观念更凸显为一种道德的律则和本原。"上天之载,无声无臭","天"本无形迹,不与人言。然"天生烝民,有物有则",并"与我民彝";此民彝物则,包括前引《皋陶谟》所谓"天叙"之典、"天秩"之礼,皆本原于天。人间之伦理秩序,及与之相关的天地秩序,礼乐系统,悉本原于天。学者认为,周之天作为至上神,已转成为一种"道德的神"[1],周人之信仰系统,已发展到"伦理宗教"的阶段。同时,殷周之宗教,并非一个一神教的系统,而是一种以天帝至上神统摄众神的多神系统。董仲舒所谓"天者百神之君也,王者之所最尊"[2],说的就是这个意思。天帝并未割断与人的亲缘性。王者独占祭天通天之权,并可遍祭群神;自诸侯以下,所祭祀之对象,各由其先祖及于众神,依尊卑上下之义,其权界各有等差。由是,王者以祖配天之天人相通的意义,乃通乎不同层级之人及其祭祀活动;天帝亦"神而明之",以其神性内在贯通并存诸人伦之世界,而构成一神道的系统。夏代史料不足征,殷商以下,上帝之人格意义渐次弱化,而其显诸人伦物理之神道意义,乃愈益显豁。商周宗教之所重,要在于此。

前孔子时代宗教信仰系统的这一特点,为儒家"神道设教"教化方式的形成,提供了文化和存在的前提。

三、义理的体系与教化的方式

康德把所有的宗教区分为"追求恩宠的宗教"与"道德的宗教"两类。前者希望仅仅通过祈求上帝的协助而得到永远的幸福或成为一个更好的人;后者则秉持这样的原则:每个人仅须尽己力成为一个更好的人,而不必和无意祈求上帝之协助。康德认为,只有这种"道德的宗教"才配称为"真正的宗教"。[3] 需要强

---

[1] 见许倬云《周人的兴起及周文化的基础》,《史语所集刊》第三十八本,1968年。
[2] 《春秋繁露·郊义》。
[3] 参阅李明辉《从康德的"道德宗教"论儒家的宗教性》一文的第二部分:"康德论'道德宗教'",载哈佛燕京学社编《儒家传统与启蒙心态》,凤凰出版传媒集团江苏教育出版社2005年版。

调指出的是,周代的礼乐文化,虽由天帝之伦理规定而进至"伦理宗教"的范围,但其作为康德意义上的"道德的宗教",却尚未真正得到确立。而其实现其作为"道德的宗教"或"真正的宗教"这一本质性的跨越,则正有赖于儒家哲学的创造与转化。

郑开教授从结构的意义上把周代的礼乐文化界定为一种"德礼体系"。"德"的一面,表示建构于礼的精神气质,"礼"的一面,则呈现为制度和秩序。① 不过,若从形上学的角度看,周人的"德",尚未形成为一个以自因或自律为根据的自足性概念,因而无法构成社会伦理体系的价值基础。学者已注意到,西周"德"这一观念的内涵,主要侧重于与政治行为相关的"行"。② 而这"德"的本原,并非发自于内,或人自身的决断,而是出于一种对政治后果的考量和功利性的动机。故周世的宗教系统,基本上体现了一种功利主义的宗教观念。这包括两个方面。一方面,天为至善的本原。《左传·僖公五年》引《周书》云:"《周书》曰:皇天无亲,惟德是辅。又曰:黍稷非馨,明德惟馨。又曰:民不易物,惟德繄物。"是言天帝为"德"或至善之本原。另一方面,人之行德,则又以功利为目的。天之佑有德而惩无德,主要表现为天命亦即王权的转移。在周人看来,夏殷先王因能"明德恤祀"而受命于天,而又皆因"惟不敬厥德,乃早坠厥命"。③ 周人以小邦承大命,其言天命,语多惊惧,表现出一种很深的忧患意识。而其所谓"敬德",亦非出于对人自身道德使命之自觉与决断,而是出于王权永续之功利动机。《尚书·召诰》:"肆惟王其疾敬德。王其德之用,祈天永命。"召公告诫成王要以夏殷的失德坠命为鉴戒,特别强调要"疾敬德",而此"敬德",行德之目的,则要在"祈天永命"。可见,周人之宗教观念,乃以天为至善之本原,认天帝为一"道德的神";但人之敬

---

① 参阅郑开《德礼之间》第二章,生活·读书·新知三联书店2009年版。需要说明的是,郑开教授认为周人所谓"德",主要表现为一种政治语境中的"德"。这是很正确的。但同时也要看到,《尚书》《诗经》和周代金文中都载有大量有关"德"的道德伦理意义的内容。"天命有德","天讨有罪",天降王祚于有德者,这个意义上的"德",还主要是就道德伦理意义而言的,可以把它与维持王权国祚的政治指向相对区分开来。这"德"的内涵,不能仅从西方学者所谓"卡里斯玛"的意义上来理解。本文主要是从这个角度借用郑开教授"德礼体系"这个概念的。
② 参阅同上书,第92—95页;陈来《古代宗教与伦理》第七章。
③ 《尚书·多士》、《召诰》。

德、行德,目的却在功利,人乃被理解为一功利性的存在。这种对人的功利性理解,与其神性内在于人的命义是自相矛盾的。

商周文明之连续性与整体性的特征,使其宗教的观念,具有一种神性内在于人的本质意涵。神性内在,表现于人,人性亦当具神性而有"善"的内在规定。不过,从上述讨论可以看到,这种神性内在,在周代的宗教和信仰系统中主要体现为一种"民彝物则"本原于天的观念,尚未能在"德"的层面上达到自觉。周代"性"的观念,基本上被理解为一种基于自然生命的欲望要求,其所谓"节性",亦只是由"敬"或敬德而来的对欲望的节制。[①] 因此,当周末社会高下陵夷,社会剧烈变动,德、福显著地不能达到一致的现实境域下,天之作为至善本原的神圣超越性及其德福一致之确证者的意义,必会遭到怀疑与否定。在《诗经》反映厉、幽时代的诗中,出现有大量疑天的诗句,就表明了这一点。[②] 由此,礼作为伦理的原则,亦趋于形式化,甚至成为诸侯争霸,权臣窃国之手段。在这种情况下,周代缺乏自身自律性德性基础的"德礼体系",必然会趋于崩解。西方"破裂性"的文明,在宗教上断神人为两界,以人负原罪而不具神性,故需上帝之神恩拯救,人由是而有对上帝之景仰敬畏之心与恪守上帝立法之义务。而在商周这样一种"连续性"的文明形态中,人并无如基督教那样的原罪意识。因此,如不能将其宗教和信仰系统所本具的神性内在义转变为一种内在的德性或人性的自觉,周世礼乐文明的"德礼"结构,便无法获得理论上的自洽性和存在上的必然性;其宗教和信仰系统之作为"伦理宗教""道德宗教"之义,亦无由真正得以确立和圆成。

人是一种矛盾性的存在者。一方面,人是一种"定在",因而其存在有自身的限度。基督教断神人为两界,以人不具神性,是凸显了人的存在之限定性、有限性的一面。中国连续性的文明所构成的神道系统,则凸显了人的存在的另一面,即神内在于人,神人之内在连续和本原统一性的一面。这后一方面,经过东周社会因王纲解纽,礼坏乐崩,神圣价值失坠所引发的理性反思,在儒学的系统中获

---

① 参阅徐复观《中国人性论史·先秦篇》,上海三联书店2001年版,第28页。
② 参阅徐复观《中国人性论史·先秦篇》,第三章第一节。

得了一种人的存在层面上的自觉及由此而来的人性观念上的转变。一方面,这一自觉和转变,构成了一种哲理和思想的系统,具有西方学者所谓的"哲学的突破"的意义;同时,经由此"哲学的突破"的奠基,传统的信仰系统亦达到了自身真理性的自觉,实现了其作为"道德的宗教"之本质性的转变。

儒学所达成的这一转变,主要表现在以下三个方面。

第一,孔子通过对"义、命"的内在区分,发现人之唯一可自作主宰、自由决断的最本己的可能性,乃在于行"仁"由"义",从而转变周人对人的功利性理解,把"善"的原则转变为人之本有的规定。

孔子所关注的角度,仍然是商周信仰体系中那个"神道"的方面。如前所述,这神道的内容,实质上是一个伦理的、规则的体系。在周人的观念中,这一套民彝物则,悉源出于天或天命。孔子继承了这一观念,但对这个统摄人伦物则的天命观念,作出了一种"义"与"命"的内在区分。《孟子·万章上》:"孔子进以礼,退以义,得之不得曰有命。"这个概括,深得孔子学说之神髓。周人所谓"天命",本包涵"德、福"两方面内容。天命有德而讨有罪,人之德福之一致性,乃由天或天命来保证。"天"为人至善之本原;人"祈天永命",其动机、目的却在于求福报。孔子则通过对人的存在所本乎天的天命之内涵所作内在的义、命区分,实现了一种人的存在自觉上的意义翻转:仁义在我而福命在天。

孔子亦以天为至善的法则和本原,此与周人同。[①] 不过,在孔子看来,天命于人,乃包涵有相互关联的两方面内容:人行之界限与事功之结果。前者属"义",后者则属"福"。对此,《论语》有相当多的论述。《雍也》:"伯牛有疾,子问之,自牖执其手,曰:亡之,命矣夫!"《颜渊》:"子夏曰:商闻之矣:死生有命,富贵在天。"《宪问》:"子曰:道之将行也与,命也;道之将废也与,命也,公伯寮其如命何?"《微子》:"子路曰:……君子之仕也,行其义也。道之不行,已知之矣。"凡此所谓"天""命",皆指人行之福报和行为之效果而言。对此一方面,人无决定之

[①] 《论语·泰伯》:"子曰:大哉尧之为君也!巍巍乎!唯天为大,唯尧则之,荡荡乎,民无能名焉。"就表现了这一点。

权,故属诸天或者命。而另一方面,人之行仁、由义,其决定之权,却在内而不在外,在我而不在人。《论语·颜渊》:"为仁由己,而由人乎哉?"《述而》:"仁远乎哉? 我欲仁,斯仁至矣。"《里仁》:"有能一日用其力于仁矣乎,我未见力不足者。"《述而》:"求仁而得仁,又何怨?""君子喻于义,小人喻于利。"这些论述,表现了孔子对"人"的一种全新的理解。在孔子看来,行仁、义乃是人唯一不靠外力,而凭自己的意志决断和力量所可求可欲,并实现于自身的东西,因而它规定了人的本质,为人的本性之所在。人之行为的价值,在于其选择躬行其所当行(仁、义);人行之结果如何,则不在人所直接可求之范围,故只能归诸"命"或"天命"。而这"义"与"命"之间,又有一种动态的、内在的统一性。人的道德或行为抉择,既表现了人对自身使命之了解和自觉,亦具有赋予其行为及其结果以正面与负面价值之意义。人行其所当行,得其所应得,其结果,既是天命之实现,同时亦是其人格和存在之完成,此即孔子所说的"知命"或"知天命"。正是在这个意义上,孔子把是否能够"知命"或敬畏"天命",看做区分君子与小人的根本判准。[①] "知命"与"知人",对于人的存在与价值之实现,在孔子看来,实一体两面,不可或分。这种对义、命关系的理解,使商周的天命观念产生了一种价值上的内转:把行德行义由外在性的祈天邀福之手段,确立为为人之最本己的能力和人性之内涵。孔子说"仁者人也"[②],讲的就是这个道理。在这个意义上,善的原则乃转变为人之本有的规定。孔子对"人"的这一重大发现,确立了儒家人性本善的思想基调和价值取向,规定了以后儒家天人关系观念的基本内涵。

孔子所奠定的儒学这一精神方向,经孔子后学至孟子的发展,形成了自身完备的学说体系。子思《中庸》言"天命之谓性,率性之谓道,修道之谓教"。此"道"即人道(其内容为礼或礼乐),"教"者教化。是言人伦教化,悉本诸天命之性。近年出土简帛《五行》篇,以人心本"悦仁义""好仁义",而言"心贵";并以此为仁义之"端",谓人能"进端""充端",即扩充实现此仁义之"端",便可最终实现仁德,成

[①] 《论语·尧曰》:"不知命,无以为君子也。"《季氏》:"孔子曰:君子有三畏:畏天命,畏大人,畏圣人之言。小人不知天命而不畏也,狎大人,侮圣人之言。"
[②] 《礼记·中庸》引孔子语。

就为君子①。郭店简特别重视乐教。《性自命出》"凡道,心术为主"之说,与《礼记·乐记》相通,所重在人的情态生活,突出强调乐教的教化之效,并以"反善复始"的"复性"义规定此教化成德之本质内涵②。仁义既为人之最本己的可能性,为人心所悦所好,则其必为人性之所本具之先天内容。

由此,孟子进一步转孔子之"义命"之论为"性命"之说,直以仁义规定人性之内涵。《孟子·尽心下》:"孟子曰:口之于味也,目之于色也,耳之于声也,鼻之于臭也,四肢之于安佚也,性也,有命焉,君子不谓性也;仁之于父子也,义之于君臣也,礼之于宾主也,知之于贤者也,圣人之于天道也,命也,有性焉,君子不谓命也。"人之欲望要求及功利性满足,与仁义礼智圣的道德规定,皆本原于天或天命。孟子乃于此进一步作"性、命"之区分:以前者为"命",后者为"性"。其思想理路全本之孔子。《尽心下》:"可欲之谓善。"《告子上》:"仁义礼智,非由外铄我也,我固有之也,弗思耳矣。故曰:求则得之,舍则失之。或相倍蓰而无算者,不能尽其才者也。"又《尽心上》:"求则得之,舍则失之,是求有益于得也,求在我者也。求之有道,得之有命,是求无益于得也,求在外者也。"孔子讲"欲仁仁至""求仁得仁",孟子亦以求之之道的区别来区分"性""命"。仁义礼智是"求则得之""求有益于得""求在我者",其所主在我,本乎人心,是人唯一可以通过反躬自省,自我决断、自作主宰而能够达到和实现的东西,故可谓之"性"。与此相对,人心之欲望要求和功利性的满足,则是"求无益于得""求在外者",其受制于各种外部复杂的因素,其决定之权在"他"而不在"我",只能由乎其道而俟其所成,故谓之"命"。仁义礼智诸德为人心所直接"可欲"、"可求"者。孔子既说"欲仁仁至",又说"求仁得仁",可知"可欲"与"可求",可以互训。不过,二者又各有侧重。孟子言仁义礼智之"可求","求则得之,舍则失之",偏重在"思"或内省反思;言"可

---

① 帛书《五行》:"心也者,悦仁义者也。""循人之性,则巍然知其好仁义也。""源心之性,则巍然知其好仁义也。""能进端,能终〈充〉端,则为君子耳矣⋯⋯不藏尤〈欲〉害人,仁之理也;不受吁嗟者,义之理也⋯⋯充其不尤〈欲〉害人之心,而仁覆四海;充其不受吁嗟之心,而义襄天下。而成〈诚〉由其中心行之,亦君子已!"(庞朴《竹帛〈五行〉篇校注》,《庞朴文集》第二卷,山东大学出版社2005年版,第146、148、144页)
② 参阅李景林《教化的哲学》第四章一、(二),黑龙江人民出版社2006年版,第199—205页。

欲",则着重于仁义、理义之"悦我心"①的意义,偏重在情意呈显一面。是仁义礼智不仅为人心内省反思可得,同时亦在人性中具有先天的内容,儒家性本善之义由是而得以证立。

孔孟仁义在我而福命在天之义,并不意谓福命全然无关乎人。孟子既区分"正命"与"非正命"②,又有"修身"以"立命"之说③,意在指出,"义"与"命",人的价值抉择与其事功效果之间,有着一种内在的、存在实现意义上的因果关联性。仁义内在于人之实存,为人行之所当然之则;人之处身境遇,则有顺逆穷通之异。在儒家看来,"命"或"福"固非人力所直接可与,但亦非现成摆在某处的一种宿命。"命"之所以存在正面(正命)和负面(非正命)价值之差异,乃是因为,人的价值抉择在转变其当身处境的同时,亦对其所行之结果发生着一种内在的赋义的作用。小人固"无义无命"④,而君子之"正命",则必由其人道之抉择所"立"并赋予它以正面的价值。因此,"天命"并非某种外在于人的现成设定与宿命,而是一种存在的"实现"。这个实现,乃由乎"自力",由乎人性的自觉与完成。商周连续性文明,所包涵之神性内在、神人内在连续的精神,由此义命分合之动态实现的义理系统,始达到本质性的自觉,社会信仰系统之道德自律基础,亦由此而得以奠立。

第二,与此相应,孔子提出了一种新的神灵观念和对待天命鬼神的态度。或谓孔子"不语怪力乱神",主张"敬鬼神而远之",是否定鬼神。其实,孔子此一态度,恰恰是要使神灵回归于它应有的神圣地位。这一点与前述孔子对"人"的发现有密切的关系。

《论语·雍也》记孔子答樊迟问"知"曰:"务民之义,敬鬼神而远之,可谓知矣。"此语集中体现了孔子"神道设教"的社会教化观念。"务民之义",何晏《集

---

① 《孟子·告子上》:"心之所同然者何也? 谓理也、义也。圣人先得我心之所同然耳。故义之悦我心,犹刍豢之悦我口。"
② 《孟子·尽心上》:"莫非命也,顺受其正。是故知命者不立乎岩墙之下。尽其道而死者,正命也。桎梏死者,非正命也。"
③ 《孟子·尽心上》:"存其心,养其性,所以事天也;夭寿不贰,修身以俟之,所以立命也。"
④ 见《孟子·万章上》。

解》:"务所以化道民之义"。"敬鬼神而远之",《集解》:"敬鬼神而不黩。"这个解释是对的。儒家的政治理念,其最终的目的在于教以人伦,导民至善,成就其为"王者之民"①。"务民之义",即标明了此一目的。"敬鬼神而远之",则指出了达到此目的的教化之道。

所谓"远之",意在反对亵近鬼神。人神之间有分位,亵近讨好以取悦于神灵,是一种功利的态度。周人虽以天或上帝为人间道德伦理之本原,然其"祈天永命"的态度,则是功利性的。一般百姓的宗教信仰,亦有很强的功利性。董仲舒谓"夫万民之从利也,如水之走下,不以教化堤防之不能止也"②,即点出了日常百姓生活这种功利性的特点。民间一般的卜筮、祈祷、祭祀活动,其目的多在祈神邀福。中国古代社会的神灵信仰,是以天帝为至上神统摄众神的一个多神的系统;社会每一成员,亦各依其在社会伦理关系中之分位差异,而有不同的致祭对象。《论语·为政》:"子曰:非其鬼而祭之,谄也。"《八佾》:"王孙贾问曰:与其媚于奥,宁媚于灶,何谓也?子曰:不然!获罪于天,无所祷也。"祭有常典,位各有当。非其所当祭而祭之,名为"淫祀"③。淫祀的本质,是谄媚鬼神以求福报。人怀利益之心,用供奉财利一类手段,以求亵近取悦于神灵,实质上已将神灵降低为一种喜谄媚、爱财贿的功利之神,因而失去了它所本有的超越性和神圣性。是之谓"黩神"。"谄",是就主观一面而言,"黩",是从客观一面言。由谄媚亵近神灵,而必致于黩神,故为孔子所不取。与之相对,"远之",正是要把中国古初以来社会的信仰对象——天、神,摆回它应有的位置,重新确立起其神圣性的意义。

"远之",是从对象方面讲,即要恢复信仰对象所应有的神圣性;"敬",则是从主体方面讲,其所关注者,在人内心的诚敬。"远"与"敬",犹一体之两面,不可或分。《学而》:"曾子曰:慎终追远,民德归厚矣。"此言丧祭之义④,要在追思生命

---

① 参阅李景林《"民可使由之"说所见儒家人道精神》,《人文杂志》2013年10期。
② 《汉书·董仲舒传》。
③ 《礼记·曲礼下》:"非其所祭而祭之,名曰淫祀。淫祀无福。"
④ 何晏《论语集解》:"慎终者丧","追远者祭"。

本原,以敦民化俗,成就德性。这"民德归厚"之前提,则是内心之真诚与敬畏。儒家论丧祭,对亲亲孝心之诚敬十分强调。孔子祭必亲与,祭神如在①,所突出的,就是内心的诚敬。"子不语怪力乱神"(《论语·述而》),其意亦在于此。古人有天佑有德,鬼神赏善罚恶的观念。此一观念,虽对民间社会伦理秩序之保持有重要的作用,但其在实践上却易于引发追逐外力,谄媚亵近鬼神的功利态度,实无益于真正的信仰之建立。《论语·先进》:"季路问事鬼神。子曰:未能事人,焉能事鬼?曰:敢问死。曰:未知生,焉知死?"《说苑·辨物》记孔子答子贡问死人是否"有知"曰:"吾欲言死者有知也,恐孝子顺孙妨生以送死也;欲言无知,恐不孝子孙弃不葬也。赐,欲知死人有知将无知也,死徐自知之,犹未晚也。"这也可以印证,孔子对鬼神之"不语""远之"的态度,并非否定鬼神,而是避免启人外在追逐神灵福佑的功利心,唤回人对其自性、自心、自力的专注。孔子强调,为人当行人道,尽人事,确立内心的诚敬与敬畏以对越神明天道,而非僭越躐等,外在于人而亵近鬼神企慕天或天道。这使上古以来的天帝神灵信仰,发生了一种由外向内的转变。

第三,因任传统社会的礼乐教化方式而对其作出人文的解释,以行其教化于社会生活。

一般的宗教教化,落实到实践方面,必有自己的一套仪式仪轨系统。儒家行其教化,亦特别注重礼仪的作用。《礼记·昏义》:"夫礼,始于冠,本于昏,重于丧祭,尊于朝聘,和于乡射,此礼之大体也。"冠、昏,关涉于个人和家庭生活;丧、祭,关涉于宗教生活;射、乡,关涉于社会生活;朝、聘,关涉于政治生活。"经礼三百,曲礼三千"。在孔子之前,周代的礼乐文明,已经以一种完整系统的形式,运行于从个体、家庭、家族到政治、社会以至于宗教生活的方方面面。值得注意的是,这套礼乐的系统,乃由历史传统之延续而形成,为中国古代社会所本有,并非儒家另起炉灶的创制,亦非为儒家所专有。儒家所做的工作,是在每一个时代对它做出一种因时制宜的重建,同时,又着力于对此礼乐传统作人文的诠释,以建构其

---

① 《论语·八佾》:"祭如在,祭神如神在。子曰:吾不与祭,如不祭。"

超越形上的基础。《礼记·中庸》："君子之道费而隐,夫妇之愚,可以与知焉,及其至也,虽圣人亦有所不知焉;夫妇之不肖,可以能行焉,及其至也,虽圣人亦有所不能焉……君子之道,造端乎夫妇;及其至也,察乎天地。"《易·序卦传》："有天地然后有万物,有万物然后有男女,有男女然后有夫妇,有夫妇然后有父子,有父子然后有君臣,有君臣然后有上下,有上下然后礼义有所错。"在儒家看来,那"察乎天地"的形上之道,与作为生活样式之礼仪,同本于百姓日用伦理之常。故儒家既由社会生活之反思以建构其超越之理,同时又经由社会本有之礼仪形式,而施其教化的理念于民众生活。

《说文》："礼,履也。所以事神致福也。"从文字学的角度说,"礼"字之初文本与献祭神灵、沟通神人的祭祀礼仪相关。[1] 古时行礼,亦必有祭仪。是以古代社会的礼仪,与人的宗教生活有着密切的关系。儒家于诸礼之中,又特别注重丧祭礼仪。前引《礼记·昏义》言儒家于礼"重于丧祭"。《祭统》："凡治之道,莫急于礼;礼有五经,莫重于祭。"《中庸》亦引孔子说："明乎郊社之礼,禘尝之义,治国其如示诸掌乎!"都表明了这一点。礼或礼乐,是中国传统社会生活的样式,具有移风易俗,潜移默化,化民于无形的实践、教化功能。丧祭礼仪更直接关乎传统社会的宗教观念与神灵信仰系统,故尤为儒家所重视。儒家论丧祭礼仪,并不否定此丧祭礼仪所指向的神灵世界和信仰系统,同时,又通过一种人文的反思和义理的建构,来揭示其意义,引领其精神的方向,表现了一种独特的接引神圣世界的方式。[2]

与前两点相关,儒家对"礼"的反思与义理建构,亦使其发生了一种内向性的转变。要言之,儒家谓礼之义非在祀神致福,而在于返本复始,追思并挺立人的生命本原;礼文乃称情而立,根于人性,礼之本质及其发展之内在动源,实本乎文质之连续与统一;是以祭之义,必内求之于心,报本反始,由此上达契合于天地生命之本,以建立人之存在的超越性基础。请略述之。

曾子以"慎终追远,民德归厚"论丧祭之旨,儒家论礼所以成立之根据,复有

---

[1] 参阅刘翔《中国传统价值观诠释学》第二章、二,上海三联书店1996年版;陈来《古代宗教与伦理》第六章、一,生活·读书·新知三联书店1996年版。
[2] 参阅李景林《儒家的丧祭理论与终极关怀》,载《中国社会科学》2004年2期。

"三本"之说。《大戴礼记·礼三本》:"天地者,生之本也;先祖者,类之本也;君师者,治之本也……故礼,上事天,下事地,宗事先祖而宠君师,是礼之三本也。"天地为一切存在物生成之本原,先祖为血缘族类之本原,君师则为道德人伦创制之本原。从直接性上讲,吾人之生命出于父母先祖,然原其本始,则必归宗于天地之一本。而人之生命,又非仅仅是一种自然的存在,须经由人伦之创制,道德之养成,乃能得以实现,故"君师"亦得居"三本"之一。

此所谓三本,并非平列的关系。《礼记·郊特牲》论天子郊天之义云:"万物本乎天,人本乎祖,此所以配上帝也。郊之祭也,大报本反始也。"《礼记·祭义》:"君子反古复始,不忘其所由生也。是以致其敬,发其情,竭力从事以报其亲,不敢弗尽也。"古代社会,唯天子有祭天之权。天子郊天之祭,乃标示并赋予了祭祀以本质性的意义。在儒家看来,祭祀之要义,在于返本复始,追思生命之本原。而此本原之追踪,则是通过"法祖而敬天"的方式,以亲亲为发端,循着由内及外,由近及远,以上达契合于天地生物之本的途径来实现的。

儒家反身据亲亲而追思上达生命之本原,其所论祭祀之义,乃由外向功利性之祈神致福,而转为通过情感真诚之内心安顿以达天人之合一。《礼记·祭统》:"夫祭者,非物自外至者也,自中出生于心也。心怵而奉之以礼,是故唯贤者能尽祭之义……内尽于己而外顺于道也……贤者之祭也,致其诚信与忠敬,奉之以物,道之以礼,安之以乐,参之以时,明荐之而已矣,不求其为。此孝子之心也。"即表明了这一点。"物自外至","物"指祭物。以求神致福为目的,所重者必在"物"及其外在的形式仪文。贤者孝子之祭,虽亦需有"物",然其所重,却在"自中出生于心","内尽于己","致其诚信与忠敬",尽其内心之诚敬以契合于"道"。郑注:"为,谓福佑为己之报。""不求其为",是特别强调,祭祀非当以求福佑为目的。故祭非仅备物而已,其要旨在于尽其内心情感之真诚。

由此,礼之内涵乃被理解为本于情的文质之连续与统一。《大戴礼记·礼三本》:"凡礼,始于梲(脱),成于文,终于隆。故至备,情文俱尽;其次,情文佚兴;其下,复情以归太一。"礼,有情有文,有义有数。文和数,指礼的仪文和形式。情是其内容,义言其本质。礼之"义"即表现并完成于此情文的统一与连续性中。《史记·孔子世家》:"孔子……观殷夏(之礼)所损益,曰:后虽百世可知也,以一文一质,周监二代,郁郁乎文哉,吾从周。"是情文亦即质文。情或质,指人的自然生命;文,则指人文的创制。周世文明,兼综夏殷而统合质文,故能成就一代文治之盛。"情文俱尽",为礼之意义之最完满的表现。从逻辑和结构的角度,可以把礼的内涵表述为质、文两个方面的统一。从历史发生的角度来看,礼"始于税(脱),成于文,终于隆",则表现为一个由质到文,由疏略而趋于繁缛的过程。一代之制,或有所偏,然其内容,要不外质文之互动互涵,二者犹一体之两面,不可或分。孔子谓礼固代有损益,而后虽百世可知者以此。

质文互涵,"质"标识人的存在之自然的一面,"文"则表现为人的自然生命于其精神层面的开显。儒家论礼之质文,曰"称情而立文"[1],曰"因人之情而为之节文"[2],凸显了情、质对于仪文的根本性意义。孔子自称"信而好古""好古敏以求之者"[3]言治道,则曰"行夏之时,乘殷之辂,服周之冕,乐则韶舞。"[4]《礼记·礼器》说:"礼也者,反本修古,不忘其初者也。"前引《郊特牲》也说:"郊之祭也,大报本反始也。"要言之,复古、贵本、重质、重情,构成了儒家礼论和文化观念的一个基本特色。而这个复古贵本,并非实质性地回到自然,其要在于"贵本而亲用"。《大戴礼记·礼三本》:"大飨尚玄尊而用酒,食先黍稷而饭稻粱,祭嚌大羹而饱乎庶羞,贵本而亲用。贵本之谓文,亲用之谓理,两者合而成文,以归太一,夫是谓大隆。"在这里,礼文仪节及其伦理的规定乃被理解为人的自然生命存在("质")在其精神规定和人文自觉层面("文")的敞开与实现。周世信仰系统中"民彝物则"(礼仪、礼乐)本原于天的观念,亦由此而获得了内在的人性意义。

以上三个方面的转变,第一个方面关乎中国古代社会信仰系统之内在价值本原的建立;第二个方面关乎敬畏作为终极关怀之神圣性基础的挺立;第三个方面关乎礼乐作为实践性的社会生活样式之重建。这三个方面,作为一个内在关

---

[1]《礼记·三年问》。
[2]《礼记·坊记》。
[3]《论语·述而》。
[4]《论语·卫灵公》。

联的整体,其根本点,乃在于中国古代社会信仰系统之自律性德性基础的建立。应当指出的是,这种转变的契机,本潜存于中国古代社会的信仰系统中,但它作为这一信仰系统之内在真理性的自觉,却使之发生了一种脱胎换骨性的本质转变,此即前文所说"道德的宗教"之圆成。

四、结语

综上所论,儒学的思想作为一个自成系统的义理体系,与中国社会古初以来所形成的宗教信仰系统,又存在着一种密切的相关性。这种相关性,正是前述"转变"所以可能的前提。这使儒学既能保持其作为一种哲理体系的独立性,同时又能够以其对社会信仰系统的诠释和升华作用,施其教化的理念于社会生活。

帛书《易传·要》篇记有孔子对弟子子贡解释其"老而好《易》"的一段话,恰如其分地揭示出了儒家义理体系与传统社会信仰系统的这种相关性:

子曰:"《易》,我后其祝卜矣!我观其德义耳也。幽赞而达乎数,明数而达乎德,又仁[守]者而义行之耳。赞而不达于数,则其为之巫;数而不达于德,则其为之史。史巫之筮,乡之而未也,好之而非也。后世之士疑丘者,或以易乎?吾求其德而已,吾与史巫同途而殊归者也。"①

在这段话中,孔子用"同途而殊归"一语来说明自己与"祝卜""史巫"之道的区别和联系。借孔子此语,我们可以对儒家思想与古代社会信仰系统之相关性做出一个确切的定位。

《易》本为卜筮之书。卜筮是古人测知神意以谋划未来的一种方式,此祝卜和史巫之所为。子贡对夫子"老而好《易》"的不理解,亦由此而生。子贡提出的疑问是:"夫子它日教弟子曰:'德行亡者,神灵之趋,知谋远者,卜筮之蘩。'赐以此为然矣。以此言取之,赐缗行之为也。何以老而好之乎?"②缺乏德行和智慧

---

① 廖名春《帛书〈要〉释文》,见廖名春《帛书〈易传〉初探》,(台北)文史哲出版社1998年版,第280页。
② 同上书,第279页。

的人,只知外在地求神问卜,而不知返归本心本性以决定其行止。在这一点上,子贡对孔子之教的理解并没有错。不过,孔子的回答表明,在他看来,德性的成就和教化与一般百姓的宗教信仰之间,既有差异,同时又具有一种内在的关联性,并非一种相互排斥的关系。

孔子并不否定古代社会以天帝神灵、祭祀礼仪、筮数占卜等为内容的信仰系统。儒家的形上之道,其至虽"察乎天地",具有终极的超越性和极高的理想性,但同时又"造端乎夫妇",为百姓所"与知""能行"。春秋世衰道微,礼坏乐崩,道术为天下裂,孔子自觉承接担当斯文,尤其注重于中国古初以来的礼乐文明的重建。孔子自称"吾百占而七十当"[①],《易》本卜筮之书,孔子为之作《十翼》,并据以建立其"性与天道"的形上学系统,亦未否定卜筮对于民众生活的意义。《荀子·天论》:"卜筮然后决大事,非以为得求也,以文之也。故君子以为文,而百姓以为神。"亦表现了这种精神。这个君子"以为文"与百姓"以为神",虽有不同的意义,但其对象和内容却又是同一的。儒家形上学的体系,乃由对中国古代社会生活及其信仰传统的反思与义理建构而成,而非出于纯粹的理论兴趣。这与西方哲学那种"载之空言"式的体系建构方式是有根本区别的。此即孔子所谓的"同途"。不过,儒家的意义指向,却与"祝卜""史巫"所代表的社会信仰系统有本质的不同。"祝卜""史巫"之道,意在亵近神灵,测知神意,其指向是功利性的。"我观其德义耳","幽赞而达乎数,明数而达乎德","仁[守]者而义行之","吾求其德而已",乃由对神灵的外求而转向于内,本内在德性的成就以奠立其超越性的价值基础。孔子这里所讲的这个"德"或"德义",指的是《周易》所包涵的义理或哲学的内容。[②] 此即孔子所谓的"殊归"。"吾与史巫同途而殊归"。"同途",表明了夫子教化之道与社会信仰系统之间的一种相切和相关性;"殊归",则表现了孔子思想学说与社会信仰系统之间存在一种本质上的差别性或异质性。

孔子"同途而殊归"一语所点出的这样一个儒家义理体系与社会信仰系统之

[①] 见廖名春《帛书〈要〉释文》,《帛书〈易传〉初探》,(台北)文史哲出版社1998年版,第280页。
[②] 说参李学勤《周易经传溯源》,长春出版社1992年版,第228—229页。

相关性和异质性统一的关系,对于我们理解儒家宗教性的特点,具有十分重要的思想和文化意义。

二者之"殊归"的一面,赋予了儒学作为哲学的义理体系的独立性特质。如前所述,儒学依其对殷周宗教系统之"连续性"、神性内在精神之理论自觉,建立其性命论和人性本善的观念系统,确立了儒家内在超越的价值根据。其所建立的具有超越性意义的仁、道、天、天命等形上学的概念,并无人格神的特征,其所重,在于经由德性的成就以体证天道,而非"以神为中心"来展开教义。对此,现代新儒家已有很充分的论述。依照田立克对哲学与信仰的区分,儒家思想的体系,是理性人文义的哲理,而非宗教信仰义的教理,是哲学,而非宗教。故儒学之思想义理,可与康德、黑格尔一类哲学理论,同讲论于现代大学的学术殿堂,而非如宗教神职人员之布道,须限定于特定之宗教场所。

二者之"同途"的一面,乃使儒家思想对于中国社会生活及其信仰系统,具有一种内在的因应和切合性因而获得了一种实践和教化的意义。西方传统的哲学,着重在通过一种理论和知识体系的逻辑建构,为社会诸文化部门提供某种普遍的"公度性",其对社会生活并无直接的教化作用。中国东周时期之"哲学突破",其中代表性的流派当为儒、道、墨三家。道家秉持自然的原则,其对礼乐文明之反思,深具批判性与消解性的意义,而缺乏肯定性的顺适和建构。墨家延续了古代宗教观念对人的功利性理解,以一种尚功用的精神,否定传统的礼乐文明,同时也强化了人格神的天帝鬼神信仰。其对古代社会的信仰系统,适足以扬其所短而避其所长。唯有儒家秉持一种文质合一的精神,力求在新的历史条件下去反思重建西周以来的信仰和道德传统。是以其思想义理,对传统固有的宗教信仰系统,既有"殊归"义的异质性之超越,又保持着"同途"义的相关性之切合。这种"异质性的超越",使之具备了对社会宗教信仰系统之转化升华的可能性;而这种"相关性的切合",则又使之能够对社会生活发生实际的影响和教化的作用。现代以来,儒学的思想传统发生断裂,中国社会虽不乏各种精妙的哲学理论,但其多由西方舶来,缺乏与社会信仰和民众生活的关联性,因而无法对社会生活起到提升和引领的作用。一方面是哲学理论的游谈无根,另一方面是社会生活的无依无靠,当代中国社会之信仰的缺失,道德的失坠和堕落,盖由于此。可见,儒学义理与社会信仰之"同途"与"殊归"这两个方面的关系,缺一不可,而其"同途"义的相关性一面,尤见重要。

"同途而殊归"这样一种关联社会生活的方式,使儒学获得了一种其自身独有的文化和精神特质。前孔子时代的礼乐和信仰系统,具有普泛的社会意义,经由儒家形上学的提升与点化,其道德自律的基础乃得以建立,其作为"道德的宗教"之意义,亦始得以圆成,因之而可大可久,构成几千年中国社会之超越性价值与信仰的基础。儒学的宗教性和教化作用,即体现于这种以"神道设教"的教化方式中。一般的体制化宗教,在信众群体上有局限性,其仪式仪轨系统亦为特定的宗教和教派所专有,因而具有固定和排他的性质。而儒学所据以关联于社会生活之礼仪及与之相关之信仰系统,既为社会所本有,并具施及全社会的普泛性,故其教化之所行,在中国社会,既最有普遍性意义,同时亦具有对其他信仰的广泛的包容性。而儒学作为一种哲理体系对整个社会之持续的精神引领作用,亦赋予了这种信仰生活以更强的理性特质,而弱化了常常会伴随宗教信仰而来的非理性的狂热。这是儒家教化之异于西方宗教与哲学之独具的特点。

传统与当代

中国传统和合思想及其当代价值

周勤勤

中国社科院 研究生院

内容摘要：中国有源远流长的和合、合和文化，"和合"思想是我国古代先哲在对世界各种复杂事物的建构认识的基础上建立的一种哲学理论，反映出一种矛盾和谐观与动态和谐观。"和合"思想在古代有所落实，在近现代也有一定影响。中国传统和合思想仍然具有现代价值。当代社会包容性发展有其必然性，这既与中国传统和合思想有一定关系，又是现实需要。

关 键 词：和合思想 包容性发展 传统文化

中华民族具有极其深厚的文化底蕴，和合是中国古代思想家提出的一个伟大的思想。和谐而又不千篇一律，广集众长又不彼此冲突；和谐以共生共长，多样以相辅相成。中国传统和合思想对当代社会包容性发展也可提供借鉴。

一、中国传统文化的和合思想

(一)"和合"思想及其特征

"和合"思想是我国古代先哲在对世界各种复杂事物的建构认识的基础上所建立的一种哲学理论，反映出一种矛盾和谐观与动态和谐观。

"和合"的内涵，就词义本身来说，"和"，有调和、和谐、平和、和顺、和平、祥和之义;"合",有联合、集合、结合、合作、融合之义。"和合"的特征是"和而不同",既排斥平均化,又排斥同质化,达成整体意义上的有序和谐。"和合"是实现"和谐"的途径,"和谐"是"和合"的理想实现状态。"和合"思想的价值取向是追求"共通",而不是追求"共同"。"共通"就蕴含包容,"共同"则力求等同一致。"和合"不是纯粹的同一、合一,而是包含有事物差异的、多样性的有序集合体,不仅强调不同事物之间的和谐、协调,而且强调吸收、汇合、并存,实际上也透显出对差别的承认和包容。因此,可以说,"和合"的处事原则在某种程度上和包容性发展具有相同的思想渊源,即世界万物是千差万别的,正是千差万别的万物之间的汇合、和谐相处,才造就生机勃勃的世界,即所谓"中也者,天下之大本也;和也者,天下之达道也。致中和,天地位焉,万物育焉"(《中庸·第一章》)。中国传统文化的最高理想是"万物并育而不相害,道并行而不相悖"(《中庸·第三十章》)。"万物并育"和"道并行"是"合";"不相害"和"不相悖"则是"和"。所谓"和"是保存矛盾对立的和谐,而"合"则是不同因素的汇合、和睦相处。"和合"的本质就是,和而不同,汇集众长,差异互补,共生共荣。同时,世上一切事物都存在着差异,正如孟子说的"物之不齐,物之情也。"(《孟子·滕文公上》)不能要求千篇一律,要包容差异。孔子的"君子和而不同"(《论语·子路》),《周易》的"天下同归而殊途,一致而百虑"(《周易·系辞下传》),老子"江海之所以能为百谷王者,以其善下之,故能为百谷王"(《老子·六十六章》)的海纳百川,《书经》的"有容,德乃大"(《书经·周书·君陈》),其中都蕴含包容的思想。

"和合"思想的一般原则是:不否定矛盾、斗争和冲突,而是在承认矛盾、冲突和差别的前提下,用"和合"的观念解决矛盾、冲突,慎重地对待差异,使诸多异质要素和各个不同的介质处于对立统一、相互依存的和合体中,在适度的范围内斗争,实现共通,形成总体上的平衡、和谐、合作、共存,同时吸取各要素的优质成分,择优汰劣,达成整体意义上的有序和谐;或者促使新事物的产生,即由旧的和合体发展为新的和合体,由此促进事物的不断发展。

对"和合"思想,当代学者给予了高度评价。程思远指出:"'和合'是中华民族独创的哲学概念、文化概念。国外也讲和平、和谐;也讲联合、合作。但是,把

'和'与'合'两个概念联用,是中华民族的创造。"(程思远,1997:6月8日)张岱年说:"近来许多同志宣扬'和合'观念,这是有重要意义的。'和合'一词起源很早。用两个字表示,称为'和合';用一个字表示,则称为'和'。……许多不同的事物之间保持一定的平衡,谓之和,和可以说是多样性的统一。'和实生物',和是新事物生成的规律。"(张岱年,1997:5,55)

(二)"和合"思想的源流及演变

中国有源远流长的和合、合和文化。首先,从字义上看"和合"思想。和、合二字都见之于甲骨文和金文。在上古汉语系统中,"和"字有两种左右组合造型。一种是从龠禾声的"龠禾"字,最早见于甲骨文。"龠,乐之竹管,三孔以和众声也。"(许慎,1963:48下)"龠禾"的本义是指从三孔(或六孔,七孔)定音编管内吹奏出来的标准乐曲,以便调和各种音响。"和","调也"(许慎,1963:48下)。另一种是从口禾声的"和"或"口禾"字,最早见于金文。其本义是指音声相应和谐,旋律合韵。"和,相应也。"(许慎,1963:2上)方以智说,"外内合而和其中曰'和'"。(方以智,1962,《东西均·译诸名》)"和"所映射的哲学意蕴就是和谐、调和。关于"合"字的本义,许慎的《说文解字》认为是"亼口",其上半部分"亼"按照传统文字学的六书理论,"谓似会意而实相形也。"(段玉裁,1981:234下)"亼"为"三合也……象三合之形。"(许慎,1963:108上)段玉裁以为"三口相同是为合……引申为凡会合之称"。(段玉裁,1981:234下)相当于古文"集"字,"合"字的总体含义就是:广泛采集,汇合、会合。

其次,从"和合"概念的产生看"和合"思想的最初含义。殷商时期,"和"与"合"只是单一概念,尚未联用。至春秋之时,才将"和""合"两字连用并举,构成"和合"范畴。"和合"一词最早出自《国语·郑语》:"夏禹能单平水土,以品处庶类者也,商契能和合五教,以保于百姓者也。"韦昭注:"五教,父义、母慈、兄友、弟恭、子孝。"商契能和合五教,使百姓安身立命。《国语·郑语》还记述了史伯关于"和""同"的论述:"夫和实生物,同则不继,以他平他谓之和,故能丰长而物生之。若乃以同裨同,尽乃弃矣。""和"就如同五行中的土与金、木、水、火相杂,以成百物,烹饪中五味调合以成美味,音乐中宫音与角、商、征、羽音相配合才能形成和弦。中国古代主要经典《易经》对"和""合"的运用也不多见。"《易经》和字2见,合字无见,有和谐、和善之意。《尚书》和字44见,合字4见。是对社会、人际关系诸多冲突的处理。合,作相合、符合讲。"(张立文,1996:zl)

最后,从道家、儒家和佛教看"和合"思想。中国儒、道文化都分别有"和合"以及相似的理念。道家创始人老子提出"万物负阴而抱阳,冲气以为和"(《老子·四十二章》)、"终日号而不嗄,和之至也。知和曰常,知常曰明"(《老子·五十五章》)及"和大怨,必有余怨,报怨以德,安可以为善?"(《老子·七十九章》),认为万物都包含着阴阳两个对立物,阴阳相互作用便构成"和",只有阴阳调和,才能生成万物。"和"对人类社会也有重要作用。"道法自然"(《老子·二十五章》)的无为思想和"知常容,容乃公,公乃全"(《老子·十六章》)的思想,体现出一种自然无为的虚怀若谷情怀和兼容并包的精神。庄子的"天气不和,地气郁结,六气不调,四时不节。今我愿合六气之精以育群生,为之奈何?"(《庄子·在宥》)和"天地者,万物之父母也。合则成体,散则成始。"(《庄子·达生》)诠释了道家关于"和""合"对世界万物作用的认识。

再看儒家。孔子把"和"作为其人文精神的核心。孔子弟子有子说:"礼之用,和为贵,先王之道,斯为美,小大由之。有所不行,知和而和之,不以礼节之,亦不可行也。"(《论语·学而》)能否"和"是君子和小人的重要区分,"君子和而不同,小人同而不和。"(《论语·子路》)"盖均无贫,和无寡,安无倾。"(《论语·季氏》)孟子继承孔子的思想,把"人和"看成比天时、地利更重要的因素,说"天时不如地利,地利不如人和"(《孟子·公孙丑下》)。

其他人如荀子、管子、墨子等先秦诸子也多有关于"和"或"和合"的论述。荀子提出:"天地合而万物生,阴阳接而变化起,性伪合而天下治。"(《荀子·礼论》)认为万物化生、事物的运动变化、天下的治理,都是"和""合"的结果。《管子》将"和""合"对举和并举,对"和合"做了较系统的表述:"畜之以道,养之以德。畜之以道则民和。养之以德则民合。和合故能习,习故能偕,偕习以悉,莫之能伤也。"(《管子·幼官》)"畜之以道,则民和;养之以德,则民合。和合故能谐,谐故能辑。谐辑以悉,莫之能伤"(《管子·兵法》),这里的"和合"主要是就人事方面说的,带有很强的教化意味。墨子也将"和""合"连用,形成"和合",他说:"是以内者父子兄弟作怨恶,离散不能相和合"(《墨子校注·卷之三》),"和合"涉及了家庭伦理和社会问题。

另外,《书经》中的"九族既睦,平章百姓。百姓昭明,协和万邦"(《书经·虞书·尧典》)、《诗经》中的"既和且平,依我磬声"(《诗经·商颂》)以及《周易》中的"保合太和,乃利贞。"(《周易·乾卦·象》)也从不同方面谈及"和""合"及其作用。

到汉代,董仲舒崇尚"和",他指出:"和者,天地之正也,阴阳之平也,其气最良,物之所生也。诚择其和者,以为大得天地之奉也。……举天地之道,而美于和"(《春秋繁露·循天之道》),以和作为重要的养生法则和天地间最普遍的原则。

上文阐述了"和合"思想的内涵、特征以及"和合"思想起源、演变过程、价值取向和一般原则。不难看出,"和合"概念在先秦时期基本形成。在两汉之际,"和合"思想接纳了由印度原创的崇尚"因缘和合""圆融无碍"的佛教文化。从此,"和合"思想被中国传统文化的儒道佛所通用,成为概括儒道佛本身宗旨的基本概念之一,同时也被其他文化流派的思想家普遍接受并广泛运用。

张立文《和合学——21世纪文化战略的构想(上下卷)》,对"和合"进行了全面系统的阐述。上卷论述了和合学的定义、和合学"三界六层""八维四偶"的逻辑体系、整体结构、和合精神的追寻、和合源流的考察,以及21世纪人类文化的战略构想。下卷旨在启动和合学原理,从和合学之"体"转化为和合学之"用",使和合学贴近社会、贴近百姓日用。张立文认为,人类进入21世纪,由于面临着人与自然的冲突而造成生态危机,人与社会的冲突而产生人文危机,人与人的冲突而构成道德危机,人的心灵的冲突而产生精神危机,文明之间的冲突而造成价值危机。和合学提出和生、和处、和立、和达、和爱五大原理,以化解此五大冲突和危机(张立文,2006)。

"和合"思想具有重要的思想价值和方法论意义,有学者甚至认为"和合"是中华文化的核心和精髓。可以说"和合"思想的辩证和谐原理在中国人的文化心理中占着重要的地位,在现实的文化生活中有着广泛的表现,也为多元文化共处提供了不尽的思想源泉,对我们当代包容性发展具有积极的参考意义和借鉴作用。

二、"和合"理想的落实及对社会发展的历史作用

"和合"理想并不是高悬空中、不可触及的,而是可以落实在具体的行动或行为方式中并付诸实现的。"和合"理想的落实包含两个层面,一是以"和合"理想指导行动;二是取得"和合"的结果,如个人的心气平和;夫妻的和合恩爱;家庭的和睦乃至四世同堂;人与人的和谐相处;民族之间的包容共存与共同发展;人与天地自然的和合,即天人合一;人与社会的和合。下文主要谈"和合"理想落实的第一个层面。"中国以儒道文化为主导的传统和合文化包含了人与自然观思想、社会治理结构观思想、统治执政思想、人际交往思想及个人道德修养思想等五大基本思想。和合文化以其内容的广泛性与完整性及其思想的实用性,决定了它在和谐社会的建设实践中具有广泛的适用性和巨大的文化形塑功能。和合文化具有形塑出温和、稳健、睿智、克己的和谐社会主体,形塑出和谐良性的社会治理结构与政治民主体制,形塑出互爱互助、和平共处、相互促进的和谐社会大环境等三大功能。和合文化将最终有助于形塑出和谐的社会关系,形塑出具有中国特色的和谐社会。"(邓遂,2008:146)

(一)"和合"理想的落实

"和合"理想的落实,体现在人与人的关系上,主张"以和为贵",宽和处事,宽以待人,各安其位。提倡人与人之间和睦、团结和协作,极力追求人际之间的和谐,从而形成向心力、凝聚力,使社会充满和谐。孔子说"君子和而不同,小人同而不和"(《论语·子路》),"君子矜而不争,群而不党"(《论语·卫灵公》),"己所不欲,勿施与人"(《论语·颜渊》),"君子成人之美,不成人之恶"(《论语·颜

渊》),主张推己及人,以人为重,由此达到"和无寡"(《论语·季氏》)。就人与人的和合来说:每个人都处在一定的社会环境中,是社会共同体的一分子,尽管人与人之间存在差异,分工、职业、劳动形式、社会地位各不相同,但都有生存、发展、满足需要的权力。要在承认差异的情况下找到均衡点,使人人各得其所,各安其位。"和合"文化中的"忠恕之道"是处理人际关系问题的基本原则之一。人人都遵循人伦纲常,这样,人与人之间就能维持一种持久的秩序,相安无事。当然,在现代社会,还必须遵纪守法。如果在人与人的关系上落实了"和合"理想,那么,社会一定是有序和谐的。

"和合"理想的落实,体现在人与自然的关系上,要致力于天人合一。目前人类面临日益恶化的环境问题:自然资源紧缺、能源枯竭、大气污染、水土流失、沙漠化、物种灭绝、全球变暖和臭氧层破坏,人类已经面临前所未有的生态危机;人口膨胀、贫富分化、拜金主义、假冒伪劣横行、贸易壁垒、领土争端、边境冲突,则是人类面临的重大社会问题。为此,有必要借鉴中国传统文化中的和合思想,不把自然作为人类的对立面和索取的源泉,采用"天人合一""物我相亲"等观念,顺应自然,保护自然,有节制地利用自然,提倡人对自然的索取程度应建立在保持自然生态系统循环自如、有效保护的基础上。一是要熟悉、体认人与自然矛盾的根源,依据对象的本性,不予破坏地利用;二是要顺其自然,尊重自然规律;三是提高人类的生产能力,消除因人口膨胀而造成的资源紧张或短缺,满足改善生活和增长幸福指数的需要,以减少人对天地自然的大肆掠夺。在人与自然的关系上落实"和合"理想,就会形成人与自然的和谐相处,从而避免因为争夺有限资源而引发的社会问题。

"和合"理想的落实,体现在处理与周边国家的关系上,主张"协和万邦"(《书经·虞书·尧典》)的精神,倡导"有容,德乃大"(《书经·周书·君陈》);"和为贵"(《论语·学而》),"和而不同"(《论语·子路》),亲仁善邻,和睦相处。历代封建王朝都试图运用"协和万邦"的思想以求得中外和谐共存的局面。孔子说,"君子敬而无失,与人恭而有礼,四海之内皆兄弟也。"(《论语·颜渊》)"远人不服,则修文德以来之,既来之,则安之。"(《论语·季氏》)要以文德感化外邦,反对轻率地使用武力。这种以和为本，以诚信为本，以礼法为手段的"和为贵"的外交文化，是中国传统文化的精髓。在中国历史上，汉代实行"和亲"政策，客观上缓解了汉族和匈奴的矛盾。董仲舒认为，中国和四夷是一个整体。司马迁则在认可华夷一体的同时，又强调华夷之间的尊卑等级。汉武帝以后，历代汉帝均采取以和为主的民族政策。当今的国际环境已经发生了天翻地覆的变化，不能一成不变地死守原来的"和合"思想，但也不能完全抛弃，必须根据时代特点和形势变化灵活利用。"华中科技大学新闻与信息传播学院副院长陈先红认为，随着全球国家公关时代的来临，中国应以'仁爱、和合'的核心价值观与西方对话。"（明海英，2014.01.16）

"和合"理想的落实，体现在文化上，要求用"和合"的思想对待民族文化和外部文化。人类文化应当是一个多元的格局，不仅容许中华民族文化的发展，也容许世界民族文化的发展。在中华民族文化方面，不仅容许汉民族文化发展，也容许各少数民族文化发展。因为中华民族文化不仅包括汉民族传统文化，而且也应当、也必然包括各少数民族传统文化。钱穆认为中国文化的伟大之处，在于其最能调和，使冲突之各方相互依存，并存共处。钱穆指出："大陆喜欢合，台湾亦喜欢合，乃至……全世界的中国人，这都喜欢合。"（钱穆，1982：27）兼容并包是中国文化不竭发展的源泉之一。

邢贲思强调："必须指出的是，我国古代思想家强调'和合'，并不否认事物的本来矛盾和进行必要的斗争。""和合"不是等同，更不是社会领域的"无冲突境界"，而是通过矛盾的克服，形成总体上的平衡、和谐、合作即和合状态。从这点上说，和合文化有助于我们认识事物的矛盾并正确掌握斗争的尺度。我们推动事物的矛盾转化，正是为了促使新的事物即新的和合状态的产生。（邢贲思，1997）

"和合"思想同样也可以在企业管理方面加以落实。许多学者认识到"和合"思想在管理学中的作用。黄如金将和合文化与企业管理理论相结合，撰著了《和合管理》，该书立足于中华民族五千年的历史文化，以中国和合哲学思想为基本指导原则，以中国传统的和合管理为历史借鉴，贯彻"古为今用"和"洋为中用"的原则,结合今天中国改革开放和市场经济深入发展的实际,同时吸收西方管理理论和管理实践中的有益内容,通过兼收并蓄中外管理思想和管理实践之精华,创立"和合管理"理论体系,包括"企业和合文化力""和合发展力""和合战略管理""和合营销""和合绩效管理"等相关概念,将和合管理精髓概括为"和气生财,合作制胜"(黄如金,2006)。

张立文对"和合"理想的落实阐发了许多有价值的观点,他指出,依照和合学的理论思维逻辑结构,传统天、地、人三才之道转化为"地"的生存世界、"人"的意义世界、"天"的可能世界,转天、地、人的空间次序为地、人、天的思维逻辑次序。以生存世界的活动变易和合学,意义世界的价值规范和合学,可能世界的逻辑结构和合学,构成和合学的总体框架。在此基础上,从世界哲学视阈以观五大冲突危机,体贴出和生、和处、和立、和达、和爱五大原理作为化解之道(张立文,2012)。

(二)"和合"思想对近代社会实践者的历史作用

"和合"思想在近现代也有一定的影响,对主流价值产生了一定的历史作用。在近代,谭嗣同在戊戌变法期间著有《仁学》,他说:"全球者,一身一家之积也。近身者家,家非远也;近家者邻,邻非远也;近此邻者彼邻,彼邻又非远也;我以为远,在邻视之,乃其邻也;此邻以为远,在彼邻视之,亦其邻也;衔接为邻,邻邻不断,推之以至无垠,周则复始,斯全球之势成矣。且下掘地球而通之,华之邻即美也,非有隔也。"(谭嗣同,1981:296)这里,无疑可以看出人们现在所说的"地球村"概念。"全球"只不过是"一身一家"的总和或集合体。谭嗣同还将这一全球"通而不隔"的思想用之于全球化的世界贸易,即他所说:"通商者,相仁之道也,两利之道也,客固利,主尤利也。"(谭嗣同,1981:327)"庶彼仁我,而我亦有以仁彼。能仁人,斯财均,而己亦不困矣。次之,力即不足仁彼,而先求自仁,亦省彼之仁我。不甘受人仁者,始能仁人。"(谭嗣同,1981:328)显然,谭嗣同在这里表达了一种经济全球化的"世界主义"思想,其中浸润了"己欲立而立人,己欲达而达人"(《论语·雍也》)、"己所不欲,勿施于人"(《论语·颜渊》)的"和合"思想和

"包容共生"原则。

孙中山继承和发展了中国文化"和合"思想的包容性,孙中山在《中国革命史》中说:"余之民族主义,特就先民所遗留者,发挥而光大之;且改良其缺点,对于满洲,不以复仇为事,而务与之平等共处于中国之内,此为以民族主义对国内之诸民族也。对于世界诸民族,务保持吾民族之独立地位,发扬吾固有之文化,且吸收世界之文化而光大之,以期与诸民族并驱于世界,以驯致于大同,此为以民族主义对世界之诸民族也。"(孙中山,1985:60)"我们受屈民族,必先要把我们民族自由平等的地位恢复起来之后,才配得来讲世界主义。……我们要知道世界主义是从什么地方发生出来的呢?是从民族主义发生出来的。我们要发达世界主义,先要民族主义巩固才行。如果民族主义不能巩固,世界主义也就不能发达。由此便可知世界主义实藏在民族主义之内……"(孙中山,1986:210、226)孙中山的民族主义,也就是求中国统一、独立、强盛,"要中国和外国平等的主义"(孙中山,1986:19)。

(三)"和合"思想的现当代运用

中华人民共和国成立后,由周恩来总理首倡,中印、中缅总理在联合声明中共同提出的"和平共处五项原则",为建立新型的国际关系奠定了基础,得到世界上愈来愈多国家的普遍认可,逐渐成为处理国际关系的基本准则。这一准则体现了中国传统的"和合"之道在现代国际关系中的应用。改革开放以后,中国奉行和平发展战略,坚持"与邻为善""和谐世界"的外交方针,则在"和平共处五项原则"的基础上更加体现了中华民族对世界永久和平和包容性发展的追求。

习近平在对外友协成立60周年纪念活动时对中国传统"和""和合"文化进行了深刻的阐述:"中华民族历来是爱好和平的民族。中华文化崇尚和谐,中国'和'文化源远流长,蕴涵着天人合一的宇宙观、协和万邦的国际观、和而不同的社会观、人心和善的道德观。在5000多年的文明发展中,中华民族一直追求和传承着和平、和睦、和谐的坚定理念。以和为贵,与人为善,己所不欲、勿施于人等理念在中国代代相传,深深植根于中国人的精神中,深深体现在中国人的行为上。"强调"中华民族的血液中没有侵略他人、称霸世界的基因,中国人民不接受'国强必霸'的逻辑,愿意同世界各国人民和睦相处、和谐发展,共谋和平、共护和平、共享和平"。(习近平,2014)习近平总书记最近指出,要深入挖掘和阐发中华优秀传统文化讲仁爱、重民本、守诚信、崇正义、尚和合、求大同的时代价值,使中华优秀传统文化成为涵养社会主义核心价值观的重要源泉,其中,也再次提到了"和合"的意义和作用。

三、以和合思想看民族国家关系理论

季羡林对中华和合文化中的"天人合一"命题作了深入研究和新解,甚至认为"天人合一"的命题不仅是中国,而且亦是东方综合思维模式的最高、最完整的体现。他指出,"天人合一","这个代表中国古代哲学主要基调的思想,是一个非常伟大的、含义异常深远的思想"。(季羡林,1996:171)"'天人合一'的思想是东方思想的普遍而又基本的表露,我个人认为,这种思想是有别于西方分折的思维模式的东方综合的思维模式的具体表现,这个思想非常值得注意,非常值得研究,而且还非常值得发扬光大,它关系到人类发展的前途。"(季羡林,1996:173)

用"和合"思想审视当代国家关系理论,全球化不等同于同质化、单一化、一体化,全球化与多样性、地方化、多民族共存没有冲突。在全球一体化的时代,任何民族都立足在自己的经济实力里,更立足在自己独有的文化中。这样看来,亨廷顿的"文明冲突论"和乌尔里希·贝克的"世界主义"都有很大缺陷。

(一) 以和合思想看"文明冲突"论

亨廷顿的"文明冲突论"是对冷战后世界政治局势的一种分析和预测。亨廷顿认为未来国际政治斗争的主线,将由文明冲突取代意识形态及经济冲突,强调西方文明应防范儒学与伊斯兰两大文明的联合。冷战结束后,虽然和平与发展成为时代发展的主题,但是国际局势依然动荡不安,地区冲突此起彼伏。如果简单地以过去几年来世界不同地区所发生的冲突、对抗、纠纷及争辩为例,不难发现亨廷顿的理论似乎有一定的合理性。因为这些冲突与文明中的一些重要因素如民族、宗教和语言文字等相关联,似乎是文明之间的冲突。但从本质上看,冲突的既不是文明的,也不是意识形态的,而更多地反映了经济利益的冲突。

亨廷顿把"文明的冲突"作为理解后冷战时代世界局势的范式,认为冷战后世界范围的冲突将主要是不同文明间的冲突,文化或文明将成为国际上合作或分裂的基础。尽管亨廷顿的文明冲突论展示了国际政治冲突中的文化因素和冷战后国际政治冲突的新特点,这对于我们全面分析国际关系中的复杂现象提供了一个不同的视角,有一定参考价值,但是亨廷顿并未揭示冷战后国际冲突的真实根源,从而也没有能正确阐明世界各种文明之间的相互关系。文明类型之间冲突的深刻性、广泛性和持久性是不能低估的,义明间的差异固然可以成为导致冲突的一个因素,但它绝不是冲突的根本原因,甚至也算不上是主要原因。亨廷顿把"冲突"的原因,转移到西方文明与伊斯兰文明、儒家文明的"文明冲突"方面,就是为了引导人们产生这样的错觉:西方用其优越的文明及其价值观领导世界走向文明进步,却引起了落后的、恶劣的儒家文明和伊斯兰文明的抵制,由此造成了冲突与战争。其目的就是让人们忽视"文明冲突论"所掩盖的西方大国政治经济扩张的企图。

亨廷顿将文明或文化的冲突归结为不同文化、文明间的差异。用"文明的冲突"来概括文明类型之间的全部关系并总结各种冲突的模式,是不全面的。"文明冲突论"实际上是"西方文化中心论"和"西方文化优越论"在新的国际形势下的翻版,其目的是以西方文明排斥其他文明,消解和抹煞各种文化相互间的交流、吸取与融合的可能性和现实,将文明的差异极端化,企图以西方文化及价值观为标准来规范当今社会及其世界未来发展方向。这与世界文化多元发展的走向极不协调。"文明冲突论"与中国传统的"和合"思想相抵触,前者过分强调了不同文化的异质性,没有看到不同文化的共通性,后者在看到不同文化差别的同时,还看到了作为人类历史发展的文化,尽管在地域和表达方式上存在差别,但都有共通性,可以对话、交流、互动,甚至可以相互吸收、取长补短、共同发展。

"文明冲突论"也缺失包容性理念。习近平在联合国教科文组织总部发表演讲时强调:"文明是包容的,人类文明因包容才有交流互鉴的动力。一切文明成果都值得尊重,一切文明成果都值得珍惜。只有交流互鉴,一种文明才能充满生命力。只要秉持包容精神,就不存在什么文明冲突,就可以实现文明和谐。""当今世界,人类生活在不同文化、种族、肤色、宗教和不同社会制度所组成的世界里,各国人民形成了你中有我、我中有你的命运共同体。世界上有200多个国家和地区,2500多个民族以及多种宗教。如果只有一种生活方式,只有一种语言,只有一种音乐,只有一种服饰,那是不可想象的。对待不同文明,我们需要比天空更宽阔的胸怀。我们应该推动不同文明相互尊重、和谐共处,让文明交流互鉴成为增进各国人民友谊的桥梁、推动人类社会进步的动力、维护世界和平的纽带。我们应该从不同文明中寻求智慧、汲取营养,为人们提供精神支撑和心灵慰藉,携手解决人类共同面临的各种挑战。"(习近平,2014)他还用中国的俗话"萝卜青菜,各有所爱"来说明各种文明之间只要秉承包容精神,就不会存在"文明冲突"。文化应该是多元而又互补的,矛盾和冲突不可避免,但更多的应该是互动和交流。中国传统和合思想可以对未来人类文明和文化发展提供借鉴:求同存异,相互吸取优长,融会贯通。只有各个国家的文化在保持各自特点的基础上进行多元融通、像万千花朵那样竞相开放,世界文明的百花园才能呈现出姹紫嫣红、满园春色的繁荣景象。

(二)以和合思想看"世界主义"

德国社会学家乌尔里希·贝克(Ulrich Beck)认为,当代国际关系的一个最为重要的问题就是如何对待差异或"他性"的问题。在这一问题上,存在着四种不同的方式:普世主义、民族主义、后现代主义和世界主义。世界主义与前面的所有方式都不同:前三者都遵循非此即彼的逻辑(封闭的二元性),而世界主义则坚持亦此亦彼的逻辑(包容的二元性)。在思维、共同生活和行为中承认他性,已经成为世界主义的最高准则——不仅对内,而且对外。贝克写道:世界主义"将他者既作为与己相异,又作为完全平等的人来对待。……陌生者不是被作为威胁、分裂、颠覆的力量被排斥,而是作为补充和丰富的因素被正面评价"。(贝克,2008:18)"一个世界主义的欧洲,首先是一个承认和包容差异的欧洲。……与此同时,欧洲的世界主义也必须对差异进行限制和调节。因此,一个世界主义的欧洲,不但是一个存在差异的欧洲,而且是一个一体化的欧洲。"(贝克,2008:19)

贝克特别强调"差异性一体化"原则。(贝克,2008:308)这有点类似于中国传统文化的"和而不同"。差异性一体化原则要求,一方面认可差异,另一方面进行一体化。如在欧洲的各种一体化方案的实施过程中,要兼顾保护差异和推进一体化两个方面的要求,采取各种措施灵活掌握这两种因素的强弱程度和相互比例,通过各国对别国的调控政策的相互承认和在共同体层面上公开协调的方法,以及某些政策和规则根据各国的意愿适用于部分国家的地域差异化的方法,构建一种灵活兼顾差异和一体化的"有秩序的多元主义"社会。(贝克,2008:117)

贝克"差异性一体化"原则有一定的合理性,这种世界主义的欧洲所创造的一体化方式与以往不同,它既不是使欧洲凌驾于民族国家之上,把民族特性看作欧洲统一的障碍,也不是将民族国家和民族利益置于欧洲之上,对欧洲一体化的进程采取怀疑、戒备甚至抵制的态度。这对世界包容性发展有一定的参考价值。然而,贝克的世界主义理论的可行性仍然面临实践的严峻考验或者缺乏现实性,尽管欧洲采取了很多措施,甚至制定了有关贸易、文化等促进欧洲一体化的方案,但具体效果并不理想。这说明贝克的世界主义还有许多缺陷,其操作性还有待检验。联系上文提到的中国传统文化的"和合"思想,可以说两者在某种意义上有一定的相似性,又有很大的差别。相似性是都认识到差异的存在,对差别要包容。区别是贝克特别强调"差异性一体化"原则,要统一起来,追求同质化和平均化;而中国传统文化的"和合"思想更强调"和而不同",在差异的前提下排斥同质化和平均化,寻求共通性,相互促进,共同发展发展。

孙中山对世界主义有自己独到的认识,他说:"世界主义在欧洲是近世才发表出来的,在中国,二千多年以前便老早说过了。……就是讲到世界大道德,我们四万万人也是很爱和平的。……至于欧洲人现在所讲的世界主义,其实就是有强权无公理的主义。"(孙中山,1985:231)"这种不讲打的好道德,就是世界主义的真精神。"(孙中山,1985:231)"所以我们以后要将世界主义,一定要先讲民族主义,所谓欲平天下者先治其国。把从前失去了的民族主义从新恢复起来,更要从而发扬光大之,然后再去谈世界主义,乃有实际。"(孙中山,1985:231)"能知与合群,便是恢复民族主义的方法。"(孙中山,1985:242)"要维持民族和国家的长久地位,还有道德问题,有了好的道德,国家才能长治久安。"(孙中山,1985:242)可见,孙中山的世界主义不同于贝克主张的或者欧洲近代出现的世界主义,关键点在于孙中山对此注入了中国传统的"和合思想"。

四、"和合"思想的当代价值

中国的发展需要撇开西方的"文明冲突论"和"世界主义"的消极影响,就需要依托传统文化的思想源泉。"和合"思想的当代意义在于它为人们提供了另外一种思维方式和处理问题方法,对处理国际、国内问题仍有借鉴作用。"和合"思想是中华民族特有的思想和中国传统文化的精华之一,科学理解和正确弘扬中华和合文化,加强对"和合"思想的研究和推广,有助于当今社会发展,具有重要的现实意义。

1. 在思维方式和处理问题方法上运用"和合"思想,有助于纠正以往过分强调对立和斗争的"斗争哲学"的定式和偏差,多一种思考问题、解决问题的角度。"和合"思想和而不同的原则,可以在承认差异的前提下取得共通、共存,形成总体上的平衡、和谐、合作、联合,和合思维方式与新时代发展的潮流和实践相适应,对现实有指导意义。

2. 从处理国内问题角度来说,有利于推动我国社会的长治久安和国家的安定团结。社会主义市场经济不是单一的经济,有不同的经济体,所以,必然充满了竞争,而竞争必然带来差异和等次,直至发生矛盾和冲突,形成各种各样的社会问题,如不妥善合理地解决,必将影响安定团结和社会稳定。我国正处于社会主义初级阶段,全面建成小康社会进入决定性阶段,改革进入攻坚期和深水区,经济社会结构处在整体转型期,经济社会步入关键发展阶段,全方位对外开放格局已经形成,机遇与挑战并存,从而使得社会阶层、经济成分、组织形式、分配方式、利益关系呈现多样化,人民内部矛盾复杂化,甚至出现部分地方政府政治生态整体出现问题的情况;生态平衡受到严重威胁,人和自然不和谐以至对立的倾向日益呈现,资源匮乏、能源紧缺对经济社会的制约更加突出,人口、资源、环境给整个社会带来的压力进一步加大;城乡之间、各地区之间经济社会发展不平衡的矛盾日益突出;互联网的发展把世界变小,外来文化很方便传入,各种思想文化相互激荡,从而对社会共同价值观提出了挑战。这就需要发扬传统和合思想的合理内核,充分发挥其统筹兼顾、协调各方、顾全大局、和而不同、追求和谐的作用,协调个人与社会、不同利益集团、不同社会阶层之间的利益关系,为社会主义和谐社会的构建提供理论和实践指导,以实现社会的和谐稳定。

3. 从处理国际问题角度来说,"和合"思想就是要提倡各种文明平等、互补、兼容,不同文明间互相尊重、互相理解、求同存异,有利于推动世界和平与发展的两大潮流,提供反对霸权主义的价值评判标准。汤一介认为,中国哲学的和谐观念由四个方面构成,这就是说,由"自然的和谐""人与自然的和谐""人与人的和谐""人自我身心内外的和谐"构成了中国哲学的普遍和谐的观念。(汤一介,1996:192)汤一介对"太和"观念作出了新的解释。《周易·乾·彖辞)曰:"乾道变化,各正性命,保合太和,乃利贞。"即是说,天道的大化流行,万物各得其正,保持完满的和谐,万物就能顺利发展。并认为中国文化的这一"普遍和谐"观念在现代社会中能充分显示其意义,将为 21 世纪建立和平的、共同发展的人类社会发挥重要作用,这也可视为"和合精神在民族、国家、文化层面上的重要体现。"(汤一介,1996:192)当今国际社会进入了后冷战时代,当年的军事竞争变成了经济竞争;民族主义抬头,民族纠纷增加,亨廷顿提出了所谓的"文明冲突论",企图用西方文明排斥其他文明,抹煞各种文化相互间的交流、吸取与融合,将文明的差异极端化,这与世界文化多元发展的走向极不符合。实际情况是,世界上有 200 多个国家,有好几千个民族,有不同的文明和文化,不能用一种模式、一种体系来要求。文化应该是多元的,既有冲突又有交流,互补共存。由于领土纷争、利益诉求不同等原因,国与国之间的冲突、矛盾难以避免,但不应诉诸武力,而应以和平的方式化解冲突,摈弃对抗的冷战思维。在这方面,中华和合文化可提供解决冲突、和平共处、互不干涉、共同发展的思想理论的指导,提供反对霸权主义的价值评判标准,使人类文明和文化在迎接新时代的挑战中,相互吸取优长,融会贯通,综合创新,而共同创造21世纪人类未来的文化。

从世界范围看,经济的全球化愈发明显,世界经济一体化,你中有我,我中有你,国与国应互惠互利、携手共进、共同发展。但文化和文明以及社会制度是历史的产物和各国的选择,不能消除差异或取而代之,应该遵循和合包容原则,各种文明取长补短,弘扬各民族的优秀文化,这样才能持续地推动人类的进步和发展,正如习近平所指出,"坚持开放包容,为促进共同发展提供广阔空间。'海纳百川,有容乃大。'我们应该尊重各国自主选择社会制度和发展道路的权利,消除疑虑和隔阂,把世界多样性和各国差异性转化为发展活力和动力。"(习近平,2013:6)在世界发展日益追求包容性、中国发展正面临可持续性挑战的今天,"和合"思想及其处事原则也许可以成为可资利用的财富。

小结与启示

中国源远流长的和合、合和文化,在当今社会仍然具有很强的生命力,这种矛盾和谐观与动态和谐观在中国先哲那里得到了充分的阐发,近现代的思想家和革命领袖又赋予其新的含义,使中国的和合理念历久弥新。"和合"是中华文化的宝贵财富,是中华文化人文精神的重要内容。和合思想涉及人与自然、人与人、人自身乃至人类文化、文明和国际关系等诸多方面。和合思想不否定矛盾、斗争和冲突,而是在承认矛盾、冲突和差别的前提下,用"和合"的观念解决矛盾、冲突,慎重地对待差异,实现有序和谐的境界或形成新的和合体。由于差异客观存在,世界不能千篇一律。所以,不能企求同质的共同性,只能寻求存在差异的共通性,即利用中国传统的"和合"思想处理国际、国内问题,采用包容性发展观念。当代社会包容性发展有其必然性。既与中国传统和合思想有一定的关系,又是现实需要。包容性发展既是亚洲和世界可持续发展的需要,也是中国自身发展的需要。发展的不平衡就表明差异的存在,而差异的存在就容易造成矛盾和冲突。但不能简单地把地区之间、国与国之间的矛盾和冲突归结为文明的冲突。中国传统和合思想与包容性发展不赞成"文明冲突"论,也不同于有的学者提出的"世界主义"思想。

■ 参考文献

贝克,乌尔里希,2008,《世界主义的欧洲:第二次现代性的社会与政治》,章国锋译,上海:华东师范大学出版社。
陈鼓应,1975,《庄子今注今译》上册,台湾:台湾商务印书馆。
程思远,1997,《世代弘扬中华和合文化精神———为"中华和合文化弘扬工程"而作》,《人民日报》,6月28日。
管仲,1987,《管子》,载赵守正撰《管子注译》上册,南宁:广西人民出版社。
墨翟,1993,《墨子》,载吴毓江撰《墨子校注》(上),北京:中华书局。
邓遂,2008,《论和合文化及其现实功能》,载《兰州学刊》第6期。
段玉裁,1981,《说文解字段注》(上、下册),成都:成都古籍书店。
方以智,1962,《东西均》,北京:中华书局。
董仲舒,1999,《春秋繁露》,《中国传统文化读本——春秋繁露》,长春:吉林人民出版社。
黄如金,2006,《和合管理》,北京:经济管理出版社。
季羡林,1996,季羡林等:《21世纪中国战略大策划:大国方略》,北京:红旗出版社。
老聃,1999,《老子》,《中国传统文化读本——老子》,长春:吉林人民出版社。
孟轲,1985,《孟子》,载《四书五经》,北京:中国书店出版社。
孔丘,1985,《论语》,载《四书五经》,北京:中国书店出版社。
明海英,2014,《学者建言以"仁爱、和合"与西方对话》,01月16日中国社会科学网。
钱穆,1988,《中国文化史导论》,上海:上海三联书店影印本。
钱穆,1982,《从中国历史来看中国国民性及中国文化》,香港:香港中文大学出版社。
许慎,1963,《说文解字》(上、下册),北京:中华书局。
荀况,1999,《荀子》,《中国传统文化读本——荀子》,长春:吉林人民出版社。
《诗经》,1985,载《四书五经》,北京:中国书店出版社。
孙中山,1985,《孙中山全集》,第七卷,北京:中华书局。
孙中山,1986,《孙中山全集》,第九卷,北京:中华书局。
孙中山,1986,《孙中山全集》,第十卷,北京:中华书局。
谭嗣同,1981,《谭嗣同全集》,北京:中华书局。
汤一介,1996,季羡林等:《21世纪中国战略大策划:大国方略》,北京:红旗出版社。

习近平,2014,《习近平在对外友协成立60周年纪念活动的讲话》,新华网5月15日。

习近平,2014,《习近平在联合国教科文组织总部发表演讲》,人民网03月28日。

习近平,2013,《共同创造亚洲和世界的美好未来———在博鳌亚洲论坛2013年年会上的主旨演讲》,北京:人民出版社。

邢贲思,1997,《中华和合文化体现的整体系统观念及其现实意义》,《光明日报》2月6日。

张岱年,1997,《漫谈和合》,载《社会科学研究》第5期;中国知网 http://mall.cnki.net/magazine/article/shyj705.010.htm。

张立文,1996,《中国文化的精髓——和合学源流的考察》,载《中国哲学史》第z1期。中国知网 http://www.cnki.com.cn/Article/CJFDTotal-ZZXS1996Z1006.htm。

张立文,2006,《和合学——21世纪文化战略的构想(上下卷)》,北京:中国人民大学出版社。

张立文,2012,《和合学三界的建构》,载《华南师范大学学报(社会科学版)》第2期。

子思,1985,《中庸》,载《四书五经》,北京:中国书店出版社。

《中庸》,1985,载《四书五经》,北京:中国书店出版社。

中华和合文化弘扬工程组委会秘书处、中华和合文化弘扬工程组委会成都分组委会(蔡方鹿执笔),1997,《中华和合文化研究及其时代意义》,《社会科学研究》第6期。

《周易》,1985,载《四书五经》,北京:中国书店出版社。

试论中国传统价值观的当代意义

章伟文

北京师范大学哲学学院　价值与文化协同创新中心

内容摘要：本文首先对文化建设与价值观培养问题的重要性略作阐发，然后对中华传统文化对当代价值观建设的重要意义、作用做出说明，对中国传统哲学价值观的基本特征有所界定，并兼及中国传统价值哲学的意蕴及其当代意义。

关 键 词：中国传统价值观　当代　意义

经济发展，体制更新，要求文化建设与之同步发展。如何建设适应新时代之新文化，是我们当前所应该考虑的重要问题之一。

当前，我们的文化建设是否一定要与一段时间以来流行的所谓"解构主义"的道路亦步亦趋，否认对价值和意义的哲学追问，否认本质主义和形而上学存在的必要？也就是说，是否一定要以解构为前提和基础？正如在经济发展的道路上我们能做出自己的特殊选择一样，我们在文化建设方面可不可以走出一条不同于后现代以"解构"为主要特征的新路子？

我们认为，这是可能的。因为单独的个人，也许可能像动物一样，浑浑噩噩地生活，饥来吃饭倦来眠，今朝有酒今朝醉，但人类作为一个整体而言，对于诸如安身立命、终极关怀、人生意义等问题是必须要考虑的。这是关系到人类的价值取向和发展方向的问题，因为发展不单纯是经济的增长和科技的进步。一些先贤早已提出，科技的增长是一柄双刃剑。科技发展必须为人服务，人的全面发展是衡量经济与科技进步的重要尺度。人的全面发展,离不开对人生意义和价值的探寻。在对人生意义和价值的探寻过程中,需要一定程度的"解构",所谓"不破不立"即是如此;而为了寻求意义和价值而"解构"现存的一切价值和意义,或者说为"解构"而"解构",在某个特定的社会形态和特定时期,也许有其存在的合理性。正如工具理性的高度发达导致人日渐成为技术的奴隶,反理性主义的出现使人能够重拾自己作为人的尊严。但仅有非理性还不足以体现和维护人的真正的尊严,因为非理性本身并不能将人从动物群中分离出来,非理性也不能使人得到真正的身心自由和自身的全面发展。后现代主义对现存价值和意义的破坏性"解构",对于整个人类社会和所有的历史发展时期而言,并不具有普遍的意义。

哲学与文化是时代精神的精华。不同的时代有不同的哲学和文化,不同的民族也有不同的哲学和文化。但是,不论什么社会、不论那个国家,其社会发展、稳定皆离不开一整套价值理论体系的建设。每个社会皆承担有"教化"的功能,其重要职责之一就是要塑造人,要宣传某种理想人格、理想社会,表达某种社会期望,进行社会教育。为此,社会就要提供一整套支配人类外在活动和内在思想的价值观念,将其推广于人群之中,帮助人们形成价值评判,提供价值尺度,使社会、人群形成一种规范的日常行为方式。在这个过程中,通过引导人们遵循良性的价值理念,不断培养人们高尚和健康的思想和情感。故价值为人伦、政教之本,无论是公民自身健康人格的养成,还是建设一个和谐的理想社会,皆离不开价值观念的指导。由此,我们即能得出文化建设和价值观建设对于一个国家而言是何等重要!

一、中华传统文化对构建社会主义核心价值观的重要意义

如何构建社会主义核心价值体系,使每个公民自觉确立起正确的文化价值理念,是时代赋予我们的使命。中华民族传统文化中,蕴含有许多优秀的价值理念,对构建社会主义核心价值体系具有重要的意义。

中华民族在长期的社会历史实践过程中,形成了独具特色的民族文化、民族精神,其所倡导的积极入世、济世之爱国精神,关于理想人格、理想社会之建构的理念等,在我们当前建构社会主义和谐社会的过程中,仍然具有重要意义,可以为构建社会主义核心价值体系服务。如我们所熟知的"良知""仁""诚"等价值之本的思想;"急乎天下国家之用""开物成务""通天下之志""成天下之务""自强不息""经世济民"的社会责任感;"善"与"恶"、"公"与"私"、"义"与"利"、"群"与"己"、"荣"与"辱"的价值评判思想;"厚德载物""乐天知命""与天地合其德"的道德价值的超越境界,等等这些方面构成了我们民族文化和民族精神的主要内容。

为了实现"教化",我们的民族文化探讨了关于德性之善的种种表现和实现方式,为个体修养和社会完善提供了基本的价值原则和尺度,使之成为调整人自身、人与社会、人与自然等各种关系的行为规范和准则,这部分内容在我们的民族文化中也相当丰富,如"知"与"行"、"涵养"与"省察"、"正心"与"修身"、"持敬"与"存诚"、"格物"与"致知"等等。综观我们的民族文化与民族精神,关于理想人格与理想社会养成的内容,其中存在着许多健康的、积极的、高尚的道德、价值追求,能够激励人们进行创造性的探索,为人们提供追求崇高理想的精神活力。通过从民族文化、民族精神中汲取其精华,古为今用,我们社会主义核心价值观体系的建构将可以获得不竭的精神动力和智力支持。

中华民族文化衍化、整合所形成的这些价值观念体系,长期以来,对中国社会政治、经济、文化、生活等诸多领域都产生了重要影响,它所铸造的文化精神方向,既对此前的中国传统价值精神做出了理性反思和重塑,也对我们现代社会的文化精神之发展,起着重要的借鉴作用,我们可以通过继承、发扬民族文化和民族精神的理论精华,为当前确立社会主义核心价值体系的文化战略服务,这对构建社会主义和谐社会具有积极意义。因此,我们可以这样说,中华民族文化不仅在中国古代有着广泛而深远的影响,并且在当代中国的理论与现实中仍然有着旺盛的生命力,它的精髓仍然存活在现代中国人的心灵之中,总结其理论思维的成就仍然具有重要的学术价值与现实意义。

二、中华传统文化的继承、创新与发展

中国是一个具有五千年灿烂文明的文化古国,有着历史悠久的文化传统。这个文化传统对于我们今天的人们来讲,如果处理不好,就是一个迈向现代化过程中的沉重包袱;而如果处理得好,也将极大地促进我国现代化的进程。是财富还是包袱,关键在于我们当代的中国人怎样对它进行创造性地转换。如果说存在对中国传统文化和文明进行创造性转换的这么一条新路子,那么接下来需要解决的一个问题就是:这个新路子是什么?我们的传统文化在这个创造性转换的过程中,应该怎样来扬弃自身,弘扬什么,汲取什么,消解什么?这是我们必须思考的一个重大问题。

因此,我们研究民族文化、弘扬民族精神,固然是为了总结中华民族的精神遗产,但更为根本的目的还是在于古为今用、实现民族传统文化在当代的创造性转化。也许有人要问:旧的、传统的民族文化怎么可以照搬到现代社会?对此,我们建议这样来理解:

第一,社会主义核心价值体系以民族文化、民族精神为支柱,并不意味着死守传统的一切而不与时俱进。

应该看到,不同时代、不同的价值主体所表现出来的价值观是各不相同的,如以一定历史阶段的社会整体为主体,则其价值观具有时代性、社会性;以不同民族为主体,则其价值观又具有民族性。推而广之,个人、集体、阶级、国家等等,其价值观亦如此。因此,我们强调继承自己优秀的传统文化,并不意味着照搬、照抄而不对之进行现代创新,通过对民族传统文化中的优秀价值精神做出理性反思和重塑,对我们现代社会文化精神的发展是可以起到重要参考和借鉴作用的。

第二,我们还要看到,我们当前社会主义国家所面临的一些问题,有些在性质上是和过去相一致的。

民族精神的凝聚、弘扬,爱国情操的培养,对社会、他人的关爱,对事业的追

求等等,古往今来,无不有此性质的问题存在,民族传统文化对这些问题的思考,可以对我们当前解决这些问题提供有益的参考、借鉴。故文化虽然在时间上有新旧之异,但文化发展中亦存在某些共时性的话题,这也是不容我们忽略的。民族文化、道德、价值观中对社会主义社会有促进作用的方面,我们当然应该继承和发扬之。

第三,现实人们的行为和思想并不是从虚无开始,过去特定时期的价值判断和价值理念总是作为现实一切活动的前提和预设条件而存在,成为我们当前行动和实践的出发点。

关注社会主义核心价值观问题的研究,是当代中国社会实践和科学发展所提出的重大课题。社会主义核心价值体系的建构,肩负着对人们的行为、观念进行价值导向的重任,它要在社会生活各个领域肯定其进步的一面,使人们明确什么可以做、什么应当做,从而促进社会的全面进步和人的全面发展。在社会主义和谐社会建构的过程中,我们要确立起社会主体的价值取向,以之来调节、规范人们的行为,从而使人们的活动更加有效、更加符合客观世界及其规律;要对社会活动是否有价值进行评价,帮助人们树立起正确的价值观念。通过建构社会主义核心价值体系,我们就能在新的社会历史时期确立起正确的价值观念和价值导向,这对于有效解决存在于人们思想当中的价值观冲突、价值危机等问题,对把我们国家建设成一个和谐、美好的社会主义国家,必将产生积极的影响。故建构一个科学、严谨、完整的社会主义核心价值观体系,是当代中国所面临的一个重大问题。

中国特色的社会主义并不能割断自己的历史,社会主义的所有创造无不是在既定的历史传统基础之上来进行的。历史上,中华民族传统文化衍化、整合所形成的价值观念体系对中国社会的政治、经济、文化、生活等诸多领域都产生了重要影响,奠定了中国古人基本的思维方式、价值理想,成为人们修身、治国的指导思想。可以说,不理解民族文化及其特性,就不能透彻理解中国传统社会,也不能理解中华民族的民族性与民族精神。如果不了解理想社会的价值理念,我们就不可能在实践中真正寻找到一条科学社会主义社会存在与发展的模式。

从社会主义核心价值体系建构的要求出发,从民族文化、民族精神中总结出符合时代和社会需要的内容,这是我们当前需要重点研究的问题之一。我们今天处于古与今、中与西哲学文化大冲突、大融合的时代,研究影响中国社会深远的民族文化、价值哲学问题,可以为建构符合现代中国社会的社会主义核心价值体系提供优秀传统文化的精神资源。

对民族文化中优秀民族精神之继承、弘扬,将会有力地推动社会主义核心价值体系的建设。因为民族传统文化不仅在中国古代社会有着广泛而深远的影响,在当代中国的理论与现实中仍然有着旺盛的生命力,她的精髓仍然存活在现代中国人的心灵之中。我们通过继承、弘扬中华民族优秀传统文化精神,将之与现代社会的现实需求相结合中,与现代文化融会贯通,将可以为我们当代社会的文化建设提供有益的理论资源和借鉴。我们希望,通过对民族文化、民族精神继承、创新与弘扬,能够为建构社会主义和谐社会起到某种借鉴的作用,也为人类面向未来、寻求自身存在意义和价值的探索做出贡献。

三、中国传统价值观的基本特征

中国传统哲学坚持"天人合一"的立场与"内在超越"的价值实现路径,这是中国传统价值哲学的基本特征。

(一)价值追求:"天人合一"

通常情况下,人们一般都要对现实世界价值的来源、价值世界与现实世界之间的关系问题进行探究。中国哲学、中国文化认为,天道与人事之间,也即价值世界与现实世界之间并不是绝对割裂开来的,而是互融、互摄,你中有我,我中有你,彼此之间保持着一种发展的张力。中国哲学与文化一般将人间秩序和道德的价值归源于"天理""太极""道""自然"等本体,以天道作为人道的基础,故"天人合一"是中国传统哲学价值观的"核心"理论。

追求价值是人类实践活动的重要内驱力。但中华民族文化及其哲学并没有把价值归结为仅仅是主体的欲望、需求,而将之看成是每个事物本身所具有的固有属性。一般说来,中国哲学家皆认为,价值问题不能仅限于社会的价值和人自身的价值这个层面,而要上升至天地、宇宙价值的高度,用中国哲学的专业术语来说,则是说"人道"要上升至"天道"的高度。故中国传统哲学各流派一般皆肯定"价值本体"的存在。此价值本体有多种说法,如"天""理"或"道"与"太极"等,而人则禀承此"天"或道"而有"性"与"命"。在中国哲学看来,个体的人安身立命、实现自身的人生价值,就是要追求人与天的合一。中国哲学家们将"天"作为宇宙本体,并赋予其伦理含义;同时又将"人"抽象为一个总体性范畴,概括为一种普遍性的精神存在。在此基础之上,他们从世界本原上说明了天与人的相合,并论证了天人合一的结合点在于"太极""理""心""性""诚"等,为天人合一提供了理论上的依据。

中国哲学与文化所讲的天道,就其内涵而言,实际上反映、折射的是活生生的现实生活。因其能反映现实生活,就能指导现实生活。故在现实的此岸与超越的彼岸这两个世界之间并不存在一道不可逾越的鸿沟。现实在天道本体的价值理想的引导下,能不断规正自己的发展方向;天道本体的价值也在规正现实的过程中显现出来。同时,本体的天道因其能不断反映现实生活,故其内涵也就生生不息,从而能不断得到丰富和发展。正因为如此,所以价值世界与现实世界之间的不断互动,在使现实的人文化成不断得到规范的过程中,也能使价值世界本身的文化理念不断得到升华和发展。

故中国哲学家所关注的"成己""成人""成物"的理想追求,一开始便有德性本体这一价值理念的预设,没有此价值理念的预设,人和万物的存在、活动便失却其意义。此预设之价值理念,便是人类社会、自然宇宙所应达到的目标,因此价值不仅存在于主体,亦存在于客体,还存在于主客体的相互作用的关系中。在中国哲学家看来,价值并不仅仅是某种属人的关系范畴,更是属于实体的范畴;德性即是本体,德性本身即是终极价值之源。

中国哲学从本质上说,即是价值哲学,因为其哲学体系主要建立的基础是价值判断,它认为终极实在是一个至善的存在,整个世界包括人类社会在内,皆是此至善理念统摄下的世界,其发展趋势即是回归于这一至善世界。应该说,中国哲学中的主流观点,皆认同此至善的价值本体。如程朱理学关于"天理"的探讨,象山心学关于"本心"的讨论,都希望从中发掘价值的起源和本质,他们的观点虽有所不同,但都把德性理解为一种本体存在,它可以表现在人,也可以表现在物,故从"亲亲"到"仁民",从"仁民"到"爱物",皆体现至善的德性本体;而"仁者"与"天地万物为一体",也是从这个意义上来讲的。

中国哲学家们一般认为,在事实世界之上尚有一个价值的世界。关于价值世界与事实世界的关系,价值世界是事实世界的基础和归宿,虽然两个世界有时对立,但究其根本,则应该一致。价值世界相较于事实世界而言更为根本,事实可能合于价值,也可能与价值相违;与价值相违的事实,在中国的哲学家们看来,是应该被摒弃的。

(二) 价值实现:"内在超越"

与将价值本体实质化、形式化、外在化的理解有所不同,中国哲学一般认为价值本体内在于每个个体之中。个体实现自身价值,即是与价值本体的相合,故对于个体之人实现自身人生价值,中国传统哲学所作的独特思考一般是走"天人合一"的内在超越之路。

在中国哲学看来,每一个个体的人中,都秉承有普遍的道性,每个个体的人都是一个小宇宙,是整个大宇宙的一个缩影和折射,是自足自为的。每个个体的人都可以通过修己之德,达到与大道的相通。这种"天人同构"的思想,即是中国哲学走"天人合一"的内在超越之路重要特点的一个表现。中国传统哲学一般把人当作目的而非手段,它强调凸显每一个个人的道德精神和价值。中国哲学家们分别赋予"天"以"诚""心"和"性"的含义,突出人在宇宙中的本体性价值,凸显了人在宇宙中的中心地位,凸显了社会发展中人的目标,体现了以人为本的价值。

中国哲学中,关于人性的修养、道德的修养,内容繁富。修养就其应有之义而言,当指以一定的价值评判为基础,主体自觉修养符合价值理念要求的"心"与

"行","心"指精神和思想、情感、道德意识等,"行"则是指人在社会生活、生产中的活动方式,以达成完善人格的过程。中国哲学家们认为天地宇宙间,存在着一种至善的本体,此本体或谓"天理",或谓"仁""诚""本心",人因情欲之蒙弊,不能在现实中呈现他们所具有的"天理""本心",因而现实的人和社会皆有不完善之处,价值与事实间存在着悬殊的差异,他们主张通过人的修养功夫,如"先立乎其大",或"格物致知""即物穷理",来实现天赋予人的价值。

因此,他们的理论中,价值如何得到实现就是一个重要的问题。中国的哲学家们大都认为,价值的实现离不开个体的自觉;个体通过有目的、有意识地不断深化自己的道德意识和道德理性,培养自己的道德情感,坚定自己的道德信念,从而能够自觉地从事道德修养,践行某种道德义务,履行自己对他人或社会所应负的责任。为此,中国哲学探讨了修养德性之善的种种方法,为每个个体之人的完善提供了基本的价值原则和尺度。这部分内容在中国哲学中相当丰富,可以对我们建构社会主义和谐社会提供宝贵的精神资源。

(三) 价值实现的不同路径

前文所述,是对个体之人的价值追求、价值实现所作之总体说明。中国传统价值哲学中,儒、道是由本土文化中诞生出来的两种不同理论形态,这两种文化形态构成了中国传统价值哲学的重要支柱。儒、道对于个体价值的实现,有着不同的理解,其个体修养的实践与功夫也有着不同的表现形式。

儒家探讨的一个重要问题是人生境界和圣贤气象问题。通常,儒家将个体生命的价值实现与对"仁""义"的追求结合在一起,生命的意义在于求仁、行义,在求仁、行义中成圣、成贤,圣、贤的理想人格也因此成为儒者的人生追求目标。这种圣与贤的理想人格,既强调治国、平天下的"经世"、"济民",也强调个体的心安理得、安乐闲适的内在精神"超越",这也就是其所追求的"内圣外王"。其中,"内圣"又成为"外王"的基础,而"内圣"的内在精神"超越",便包含有个体的身心健康这一最基本的诉求。在儒家的伦理、政治理想中,有许多内容展示了其终极的价值追求。虽然现实的情形往往与他们的价值理想背道而驰,但他们对人、社会等存在世界的价值思考却对中国传统文化的特质产生了深远的影响。例如，在宋明哲学中，就蕴涵着极为深刻、丰富的价值理论思维的成果，影响后世至深、至远。如"天理""本心""仁""诚"的价值本体思想；"先立乎其大""格物致知""即物穷理""涵养省察"的道德价值修养之工夫；"义"与"利"、"道心"与"人心"、"理"与"欲"、"性"与"情"、"未发"与"已发"的价值评判思想；"厚德载物""乐天知命""与天地合其德"的道德价值的超越境界等，这些方面构成了中国传统价值哲学的主要内容。

历史上的老、庄道家思想及后来由此演变出来的道教，也非常重视个体生命的身心整体健康。通常认为，以老、庄为代表的道家思想在地域上属于楚文化，其与代表中原文化的儒家思想有着不同的文化特征：儒家思想一般重视对社会礼乐文明制度的建构，具有重制度文明的特点；道家之精神重天道的自然、无为，认为人类社会的文明建构应该与天道相合，反对文明制度对人性的异化。在个体的心性修养方面，道家更强调清静、无为，这与儒家的修养观略有不同。儒家持情善论的立场，人有七情、六欲，在生活中，人们总会感受到喜欢、愤怒、哀伤、快乐、害怕、厌恶、欲求得到等种种情感，这些情感的发出，能否当于其理而合其度，是儒家所关切的，如《中庸》所说，"发而皆中节谓之和"，如果人们的种种情感在发出时总是合理而有度的，则可以称之为"发而皆中节"，如此则可以说是"和"。在儒家哲学中，"和"即可以指人性情修养的一种理想状态，这也是个体价值实现的一个追求目标。道家则要淡化人的情与欲，强调人要虚灵玄静、清净寡欲，就能返回到先天的道的状态。道家看到当时的天下大乱，就是因为人们的情感中的私欲膨胀导致了争夺，由争夺而有战乱，因战乱而天下杀戮不断，灾殃连连。要解决这个问题，老子提出来一种理想的人格，这种理想人格具有善利万物、处下不争、因势利导、随时而行、仁爱万物、诚实守信等品性，就好比是水。人所追求的目标在于与道相合，与天地大化同在，生生不息，不分彼此。

因此，在中国传统哲学与文化中，每个个体性的价值实现与普遍性的天道是不能截然分开的。天道或谓太极、天理、本心、良知、太虚、道不仅是价值之源，也是价值之本，即我们所说的价值本体。因个体的人其价值实现必与价值之本的天道相联系,故中国哲学特别强调"天人合一"。同时,在中国传统哲学看来,个体的人也不是纯粹的原子式个体,每个个体皆内在地赋有普遍性的价值之本,个体的价值实现可由其自身来展示,每个个体只要将其所禀有的内在价值之本充实实现出来,就可以即身"成圣""成佛""成仙"。在这个过程中,并不会造成对个性之真实性、独立性的抹杀,因为无论是道家所说的"尊道贵德"、《周易》所说的"乾道变化,各正性命",还是宋明理学所强调的"理一分殊",都认为天道、天理等价值本体的普遍性与个体存在的特殊性是相贯通的,个体是天道等价值观念的承载者,是价值本体充分的个性化,个性化的个体内在地即蕴涵有普遍性的天道价值本体,然此天道的价值本体因与个体相结合,又具有了鲜明的个体性特征,表现出一种独立而不改的独特精神特质。当然,这种独特的个体性、独特的精神特质,又不至于使个体的存在陷于原子式的、私人性的不可交通之深渊。例如,宋儒所谓的"分殊",指的是个体存有所得于本体的真实性质,在这个过程中,本质通过一种具体的存在形式来展示自己,这种展示具有一种特殊性、内在性;但是,这种特殊性、内在性又并不是与"理一"相排斥,好比北京颐和园昆明湖水中倒映的月亮影像,可能与北京大学未名湖水中月亮的影像有所不同,这种不同首先就表现在其地理位置、空间是有差异的;然而,它们却又都是对悬挂于天穹中的月亮本身的反映,其"理"为"一",其"分"则"殊"。因此,个体的差异性并不意味着不同个体之间是封闭的、不相关联的;恰恰相反,不同个体之间因"理一"而具有共通性,因"分殊"而具有差异性,在差异性的"分殊"中,因"共通"性的存在,使得不同个体的存在之间有达成整体和谐的可能。这也就是儒家所强调的"和而不同"的一个意思。故在中国传统哲学与文化里,个体的存在既具有其个性也即独特性,同时,经过修养,个体自身又可以充分证成其所禀有的天道价值本体,从而实现其生命的全部价值。

从哲学上说,人们总是不断按照价值的目标去争取乃至实现、创造自己和社会的价值。社会实践是人的有意识、有目的的活动,于此活动中,人类力图建构一个"意义"的世界,并以此作为衡量人类全部活动合理性的标尺。应该说,中国传统哲学不仅强调个体自身的身心健康,对于人与人之间的亲密相处也非常关注，认为个体身心和谐的价值实现，与人与人之间普遍和谐所提供的社会条件是密不可分的，因此在理解个体身心和谐的同时，他们也非常关注人与人之间关系的和谐。故对社会群体整体和谐、协调发展的理想社会状态的追求，与个体的安身立命，皆是中国价值哲学的重要内容。中国传统文化中关于理想人格、理想人际关系、理想国家与社会等问题的提出，目的就是为了以一种文化价值理想来规范、引导个体之人与现实社会，以维护国家、社会与个人的和谐、健康发展，这对于当代社会的价值观建设，也具有重要的启发和借鉴意义。

中国传统文化的核心、基本精神及其近代以来的命运

陈 雷

浙江理工大学 宗教文化研究所

内容摘要：中国传统文化作为一个庞大的文化构成系统，有着复杂的结构，其核心是中国传统哲学，而作为诸多文化形式之一的中国传统哲学主要是通过天人观、价值观以及思维方式等对其他文化形式产生影响的；促使中国传统文化持续发展的基本精神主要来自儒家思想，具体包括四个方面的内容：一是"天人合一"，二是以人为本，三是刚健有为，四是贵和尚中；近代以来中国传统文化的命运发生了微妙的变化，怎样看待其命运的变化？当代中国怎样处理好弘扬中国传统文化与建设中国特色社会主义文化的关系？这里面都难免涉及到"原源之辨""古今通理"等方法论的问题。

关键词：中国传统文化 核心 基本精神 命运 原源之辨

一般认为，所谓中国传统文化，指的是鸦片战争以前，由中华民族共同创造和共同拥有的、以儒家思想为主线的、包容其他各种不同思想的有机的文化构成体系。中国传统文化作为"观念形态的文化"（亦称作社会意识），有其特定的生存基础，诸如地理环境、经济基础和社会政治结构等因素（限于篇幅，不予展开说明）。在此基础上，中国传统文化凝练出了自己的核心、基本精神，而近代以来其命运的变化，也与其生存基础的变化有关。与其命运的变化相对应，人们对其价值的认知，也莫衷一是，自然这都涉及到认知的方法论问题。

一、中国传统文化的核心

中国传统文化作为一个庞大的文化构成系统,有着复杂的结构,其中哲学思想居于主导地位,而这也就昭示着中国传统文化的核心是中国传统哲学。

作为中国传统文化核心的中国传统哲学,本身经历了一个漫长的发展过程。在这一漫长的发展过程中,又经历了不同的发展阶段,并且每个发展阶段都呈现出了不同的特色。先秦时期,儒墨并显,道家也有广泛的影响,法家的思想则在当时的政治生活中发挥了实际作用。汉代"罢黜百家,独尊儒术",从此儒学居于统治地位,但道家(以及后来出现的道教)仍绵延不绝,法家的部分思想则被消化、吸收在儒学之中。魏晋时期,玄学兴起,佛学也有一定程度的发展。唐宋元明时期,儒释道"三教"并行,儒学居首。中国传统哲学这种发展态势对其他文化形式的发展产生了很大的影响。细究起来,中国传统哲学主要是通过天人观、价值观以及思维方式等对其他文化形式产生影响的。为了便于理解这种影响,有必要对中国传统哲学中的天人观、价值观以及思维方式略作说明。

1. 天人观。"天人之际"是中国传统哲学的总问题,也是其他文化形式难以回避的问题。"天人之际"指的是人与自然的相互关系,天人观则是对人与自然关系的总的根本的看法。关于天人观,中国传统哲学中存在着两种截然对立的观点,一是"天人合一",二是"天人交胜"。

"天人合一"思想,无论是内涵还是表达形式,都经历了一个不断演化的过程。单就"天"的内涵而言,西周时期的"天"是有意志的人格神,是自然和社会的最高主宰,而到了后来,"天"逐渐演变成了自然的代名词。历史地看,孟子以"知性则知天"的命题,比较早地肯定了人性与天道的统一性。董仲舒则宣扬所谓的"人副天数""天人相类",此为"天人合一"思想的粗鄙的形式。到了宋代,经由张载、程颐、程颢等人的不懈努力,"天人合一"思想才获得了较为明确的理论意义。张载基于"气本论",以形象的譬喻表达了"天人合一"的思想,他说:"乾称父,坤称母,予兹藐焉,乃混然中处。故天地之塞,吾其体;天地之帅,吾其性。民,吾同胞;物,吾与也。"就是说,人是天地生成的,天地犹如父母。充塞于天地间的气,构成了天地的体,也构成了我的身体;统率天地变化的是天地的本性,这一本性也是我的本性。人民是我的兄弟,万物是我的朋友。张载等人的"天人合一"思想至少具有三方面的意义:其一,人是自然界的一部分,是自然界所产生的。其二,人必须遵循自然界的普遍规律,自然界的普遍规律与人的道德原则是一致的。其三,人生的理想是天人和谐,人与万物应"并育而不相害"。

与上述的"天人合一"思想有别,荀子则强调"明于天人之分"。在其看来,天(自然界)和人各有不同的职分,自然规律不依人的意志而转移,不能用自然现象来解释社会治乱"天行有常,不为尧存,不为桀亡""治乱非天也"。人的职分在于建立合理的社会秩序,利用规律来控制自然获得自由,"大天而思之,孰与物畜而制之;从天而颂之,孰与制天命而用之。"刘禹锡曾提出"天与人交相胜"的学说,认为天(自然界)和人均有所能有所不能,在天所能而人不能的问题上,天固然可以胜人,在人所能而天不能的问题上,人也可以胜天,"大凡入形器者,皆有能有不能。天,有形之大者也;人,动物之尤者也。天之能人固不能也;人之能天亦有所不能也。故余曰:天与人交相胜尔。""天之道在生植,其用在强弱;人之道在法制,其用在是非。"荀、刘二人的思想尽管都具有深刻的意义,但却没有在历史上产生广泛的影响。在宋元明清哲学中占主导地位的始终是"天人合一"的思想。

2. 价值观。中国传统哲学中与文化发展关联度最高的当数价值观。先秦时期,围绕着道德、物质利益及其相互关系等问题,不同的学派各抒己见,形成了不同的价值观(主要表现为义利观)。儒家强调道德的价值,孔子便说过:"君子义以为上。""不义而富且贵,于我如浮云。"儒家的观点可称为道德至上论。墨家强调"天下之利""仁人之所以为事者,必兴天下之利,除去天下之害,以此为事者也。"墨家的观点可称为公利至上论。道家强调价值的相对性,认为儒墨所讲的仁义都具有相对的价值,"以道观之,物无贵贱;以物观之,自贵而相贱。"认为价值差别只是主观的偏见。道家的观点可称为价值相对论。法家则完全否定道德的作用,认为唯有严刑酷法才有效用。韩非子说过:"夫严家无悍虏,而慈母有败子,吾以此知威势之可以禁暴,而德厚之不足以止乱也。"又说过:"吾以是明仁义爱惠之不足用,而严刑重罚之可以治国也。"法家的这种观点可称为道德无用论。

从政治实践来看,秦始皇采纳法家的学说,兼并了六国,但统一六国后,不久便陷于崩溃,这恰恰表明法家思想不足以维持长治久安。历史最终选择了儒家。自两汉至明清,儒家的价值观占有绝对的统治地位,成为中国传统文化的主导思想。儒家反对追求个人私利,强调道德理想高于物质利益,这对于传统文化的发展起了积极的推动作用。不过,由于儒家不重视道德理想与物质利益的必然联系,其结果又未免脱离实际,陷于空疏与说教。这种倾向在宋明理学中有比较明显的表现。

3. 思维方式。与古代西方哲学的思维方式(表现在注重分析事物和考察事物的对立面等方面)相比,中国传统哲学表现出了较为独特的思维方式,那就是中国式的辩证思维。这种辩证思维有两个基本的观点,其一是总体观点,其二是对立统一的观点。譬如,儒道两家都注重从总体上来观察事物,重视事物之间的联系。《易传》宣扬"见天下之动而观其会通",就是强调总体的观点。老子、孔子都重视观察事物的对立面及其相互转化,孔子讲"叩其两端",老子讲"万物负阴而抱阳",又说"反者道之动",《易传》更提出"一阴一阳之谓道"。这都是深刻的辩证观点。后来,张载则宣称"两不立则一不可见,一不可见则两之用息",明确提出了对立统一的规律。王夫之的哲学中更是充满了辩证思维,譬如,他认为,对立统一导致事物的发展变化,"天下之变万,而要归于两端。"又认为,运动是绝对的,静止时相对的,"太极动而生阳,动之动也;静而生阴,动之静也。废然无动而静,阴恶从生哉!"还认为,一切对立面不是"截然分析",而是相互包含、相互转化的,"天下有截然分析而必相对待之物乎?求之于天地,无有此也;求之于万物,无有此也。"中国式的辩证思维(如强调阴阳的对立统一,五行的对应统一)在中医中有突出的表现,显示了哲学观点在自然科学中的应用价值。

总之,中国传统哲学中的"天人合一"的天人观,以为道德理想高于物质利益的价值观、辩证的思维方式,比较多地对中国传统文化的发展产生了影响,因此成为中国传统文化核心之核心。

二、中国传统文化的基本精神

中国传统文化持续发展,"文脉"不绝,已有数千年之久,其中必有促成其不断发展的基本精神(表现为文化现象中的最精微的内在动力和思想基础),从实际情况看,中国传统文化的基本精神主要来自儒家思想。究而言之,中国传统文化的基本精神主要包括以下四个方面的内容,一是"天人合一";二是以人为本;三是刚健有为;四是贵和尚中。

一、"天人合一"。如前所述,中国文化中的"天人合一"的思想是对人与自然关系的总的根本的看法,并且其内涵和表达形式,都经历了一个不断演化的过程。但就其理论实质而言,它强调的是人与自然的统一,人的行为与自然的协调,道德理性与自然理性的一致。相比之下,西方文化则强调人与自然的对立,强调人要征服自然、改造自然,以便求得自身的生存和发展。看得出来,中西文化在认识乃至处理人与自然关系问题上,存在着明显的差异。

二、以人为本。在处理天、地、人以及人、神关系方面,中国文化大体上坚持了以人为本的导向,神本主义始终不占主导地位,可以说人本主义是中国传统文化的基调。人本主义的突出的表征是,在天地人之间,以人为中心;在人与神之间,以人为中心。总之,以人为考虑问题的出发点和根本。中国古代哲学的主题、政治学的主题乃至价值学的主题,始终是围绕着人本主义而展开。

关于鬼神,孔子的看法既有理性的一面,也有实用的一面。孔子虽然承认天命,但对鬼神采取存疑的态度,并且他是将现实的人事、人的生命放在第一位的,而将侍奉鬼神、人死后的情况放在无所谓的地步。到了东汉时期,仲长统以"人事为本、天道为末"的命题,精炼地概括出了儒家的人本主义的精髓。南朝时期,有鉴于佛教神学思想的广为流行,范缜写了《神灭论》,系统地论证了形神关系,彻底批判了神不灭论,捍卫了人本主义。宋明理学中有三个主要派别:"气本论""理本论"和"心本论"。"气本论"以张载为代表,主张世界统一于气,万物不过是气的聚散而已,道德伦理等来自气的秉受。"理本论"以朱熹为代表,主张世界统一于理,万事万物不过是理的体现,道德伦理源自理。"心本论"以陆九渊、王阳明为代表,认为世界统一于心,万事万物都是心的外化而已,道德伦理出自"本心"的要求。三派的论断尽管各有其片面性,但是它们都突破了宗教信仰的藩篱,突出了道德伦理的价值,弘扬了主体的能动作用,从而发展了传统儒家的人本思想,在客观上消弭了宗教神学对人们精神的影响作用。

和儒家相似,道家也坚持了人本主义的立场,关注人的道德伦理问题,其所提倡的修道积德,无不以人的道德实践为第一要义。印度佛教传入中国后,经过中国化的过程,形成了中国佛教。中国佛教较之于印度佛教,具有了比较多的人本色彩。

中国古代儒家,强调政治与伦理道德的一体化,将个人的道德实践与国家政治实践紧密地联系在一起,这在儒家的"三纲领"("明明德、新民、止于至善")、"八德目"("格物、致知、正心、诚意、修身、齐家、治国、平天下")中表现得尤为明显。如前所述,在中国古代,家国同构,宗法制和专制政体紧密结合,与之相应,便有了一套严密的道德规范体系,每个人依此规范,履行相应的义务,在这履行义务的过程中,实现各自的人生价值目标。

三、刚健有为。刚健有为是人们处理天人关系和各种人际关系的总原则,是中国人积极的人生态度最集中的理论概括。刚健有为的精神来自《易传》。《易传》提出了"刚健"的观念,又提出"天行健,君子以自强不息"的命题。"健",即运行不止,亦即刚强不屈之意;"自强不息"即主动地努力向上、绝不懈怠。现经考证,可以确定《易传》是战国时代的作品,但在汉魏至明清,多数学者都认为《易传》是孔子的著作,这无疑扩大了《易传》的影响。历史上,刚健有为人生态度的突出表现,是改良、革命、维新、独立人格等观念为人们普遍接受。这种"刚健""自强"的人生态度,两千多年来,一直在激励着正直的人士奋发向上,努力前进。历史上,坚持反对不法权贵的忠良之士,尽力抵抗外来侵略的民族英雄,孜孜不倦探索真理的思想家、科学家,致力于移风易俗的文学家、艺术家,都体现了刚健有为、自强不息的人生态度。

四、贵和尚中。在中国文化中,"和"与"中"是处理包括人、事、物在内的各种复杂的矛盾关系时,所遵循的带有普遍意义的原则。中国文化注重和谐与统一,这与西方文化重分别与对抗,形成了鲜明的对比。

在中国文化中,"和"与"同"是相对的概念。西周末年的史伯曾论述过"和""同"问题,他说过:"夫和实生物,同则不继。以他平他谓之和,故能丰长而物归之。若以同裨同,尽乃弃矣。""以他平他谓之和",意指不同的事物相互作用而得以平衡,收到和谐的效果,这就是"和",这样就能产生新事物,所谓"和实生物";而"以同裨同",意指把相同的事物加起来,那是不能产生新事物的。那么,怎样才能达到"和"的状态呢?在儒家看来,根本的途径在于保持"中"道。《中庸》认为:"喜怒哀乐未发谓之中,发而皆中节谓之和。中也者,天下之大本也;和也者,天下之达道也。致中和,天地位焉,万物育焉。"这里的"中",指的是事物的"度",即不偏不倚,既不过度,也不要不及。达到中和的状态,宇宙万物、人类社会便会各安其位、各得其所了。

中国文化之强调"人和""礼之用,和为贵""协和万邦"以及不同文化、不同民族的交流与融合,都很好地体现了贵和尚中的原则。

上述的中国传统文化的基本精神,在中国古代社会的发展中,产生了深远的影响,较好地发挥了民族凝聚的功能、精神激励的功能以及价值整合的功能。

三、近代以来中国传统文化的命运

毋庸讳言,近代以来,中国传统文化的生存基础发生了众所尽知的变化(主要是经济基础、社会政治结构发生了大的变化),与之相应,其命运也发生了质的改变,人们对其价值的认知也莫衷一是。怎样看待其命运的变化?怎样评估其价值?怎样在新形势下弘扬中国传统文化?这些都成为有待人们加以回应的课题。如何破解这些课题,这自然会涉及到"原源之辨""古今通理"等方法论的问题。

在文化发展史上,包括中国传统文化发展史上,有两种带有规律性的现象,特别值得人们注意。一是任何一种文化的形成，都有"原"与"源"两个方面的成因。所谓的"原"，即本原、根基，指社会的经济关系、社会结构、政治状况及其变革；所谓的"源"，即渊源、资源，指历史地形成的先在的传统文化（也包括外来文化的影响）。"原"决定一种现实的文化建构的社会性质、价值导向和时代特点等；"源"则为这种现实的文化建构提供文化资源，规定或影响这一文化建构，譬如赋予这一文化建构以民族的形式和民族的特点等，从而体现了文化发展的继承性。二是"古今通理"，亦即文化的普世性问题。中国传统文化中的许多思想、概念、命题、模式、规范、价值观、人格形象及其民族的群体心理积淀，作为当代文化发展之"源"，能够成为与今相同之理，因而具有普世性的意义，譬如前述的刚健有为、自强不息的精神、天人合一的思想，贵中尚和思想，民本思想，"以义取利"的价值观，再譬如作为行为模式的"忠恕"之道，孝亲的规范，包公的人格形象等，便都属此"古今通理"，成为中国传统文化中的精华。之所以如此，其缘由在于，尽管古今社会的形态、结构有别，但作为一个民族共同体以及生命的延续，自古及今，不仅有着共同的语言和共同的习俗、习性，而且还面临着一些共同的文化问题，如天人、群己、义利……以及人际和谐、社会安定、民族统一等共同的要求。而中国传统文化中许多与特定的"原"（自然经济、宗法社会、专制社会）息息相关的部分，则显然带有时代的局限性，成为必须加以抛弃的糟粕，譬如重农抑商的观念，散漫迟缓的习气，宗法等级制，封建专制主义，皇权至上的思想，等等。对上述两种带有规律性的现象的认识，有助于分析说明近代以来中国传统文化的命运及其价值认知。

近代中国社会是一个半殖民地、半封建的社会，也是中西文化大交汇的社会。社会的变迁，促使人们重新审视中国传统文化，并形成了不同的主张和立场。"文化激进主义"对传统文化（主要是儒家文化）持全盘否定的态度，对西方文化一味褒扬，甚至主张"全盘西化"；"文化保守主义"则对传统文化持"复古"立场。其实无论是"文化激进主义"，还是"文化保守主义"，在对待"原源之辨"上都有偏颇，前者否定传统文化作为"源"的价值，后者则无视处于变革中的"原"，因而也就不能科学地对待"原"与"源"的关系。

新中国成立以后,由于复杂的历史条件,在对待传统文化方面,"全盘否定"的思维方式以新的形式再次呈现出来,在"文化大革命"期间则演变到了极致,传统文化这个"源"遭到了"史无前例"的批判与否定。20世纪80年代的"文化热"中,又一度出现了"全盘西化"的思潮。同时,受海外新儒学影响的一些学者,则主张恢复儒家的"正统思想"的地位,因而陷入了一种更为极端的"文化保守主义"。这两种思潮也都没能正确对待文化演进中的"原源之辨"。

当代中国,构建有中国特色社会主义文化成为当务之急,中国传统文化可以在这一进程中"助一臂之力",中国传统文化的命运在悄然发生改变。当然,在这一进程中,同样必须遵循"原源之辨"的历史辩证法。事实表明,"原源之辨"这一历史辩证法正在发挥着积极的作用。

党的十五大报告指出:有中国特色社会主义的文化,"它渊源于中华民族五千年文明史,又植根于有中国特色社会主义的实践,具有鲜明的时代特点;它反映我国社会主义经济与政治的基本特征,又对经济和政治的发展起巨大促进作用。"

党的十六大报告讲到社会主义精神文明建设时,强调指出:"必须立足中国现实,继承民族文化优秀传统,吸取外国文化有益成果,建设社会主义精神文明,不断提高全民族的思想道德素质和科学文化素质,为现代化建设提供强大的精神动力和智力支持。"

党的十七大发出了"推动社会主义文化大发展大繁荣"的号召,指出:"中华文化是中华民族生生不息、团结奋进的不竭动力。要全面认识祖国传统文化,取其精华,去其糟粕,使之与当代社会相适应、与现代文明相协调,保持民族性,体现时代性。"

党的十八大则提出了"扎实推进社会主义文化强国建设"的宏伟目标,同时指出,为了实现这一目标,要"建设优秀传统文化传承体系,弘扬中华优秀传统文化"。

关于中国文化的"原源之辨"问题,习近平同志在《在纪念孔子诞辰2565周年国际学术研讨会暨国际儒学联合会第五届会员大会开幕会上的讲话》中作了较为深刻的阐述:"中国优秀传统文化的丰富哲学思想、人文精神、教化思想、道德理念等,可以为人们认识和改造世界提供有益启迪,可以为治国理政提供有益启示,也可以为道德建设提供有益启发。对传统文化中适合于调理社会关系和鼓励人们向上向善的内容,我们要结合时代条件加以继承和发扬,赋予其新的涵义。"

总之,中国传统文化是有中国特色社会主义文化之"源",建设有中国特色社会主义的实践是有中国特色社会主义文化之"原"。这是构建有中国特色社会主义文化的基本方法和路径。

三教论丛

佛教中道思想的内涵与价值

邱高兴

中国计量大学 人文社科学院

内容摘要：从释迦牟尼确立的中道原则始,中道大致经历了三种逻辑形式,形成了一个否定之否定的过程。从 A 与 B 之中间的 C,到非 A 非 B 非 C,最后终结于即 A 即 B 即 C,中道概念的内涵发生了诸多变化。作为中道概念本身,或被理解成通过理智方式可以把握的类似几何学上的中,或被解读为超出理智,反对戏论的破邪之中,或被体验为一种圆融中和境界之中,反映了佛教在不同时期,以不同方式维持宗教修行与理论思维平衡的努力,展现了人类精神升华的不同气象。

关 键 词：中道 因缘 圆融

从公元前五六世纪佛教在印度诞生,到公元前后传入中国,及以后在中国的全面传播,佛教的思想有了很大的发展。从原始佛教到部派佛教,从小乘佛教到大乘佛教,特别是佛教在中国又经历了儒道等传统思想的洗礼,虽然在表面上仍保持了印度佛教的基本教义,但作为佛教理论支撑点的哲理部分,却悄悄地发生了部分置换。中道是贯穿于佛教发展各个历史时期的概念,甚至可以说,是佛教哲学的核心范畴之一。印顺法师曾说:"我们可以用'中道'二字,简别一般的宗教,显出佛教的特色。"[1]本文从中道概念出发,试图探讨这种置换发生的历史过

---

[1] 释印顺:《印顺法师佛学著作全集》第十册《佛法是救世之光·中道之佛教》,北京:中华书局2009年版,第98页。

程,以及这种置换的内容与意义。

一

佛教的创立是同中道的实践密不可分的,讨论这一点离不开对释迦牟尼本人早期修道生活的叙述。众所周知,释迦牟尼出身王族,是迦毗罗卫国净饭王的太子,至于他为什么出家,有种种不同的说法,佛传文学中有"四门出游"的说法,即释迦牟尼出城游乐时,在城的东、西、南、北四门分别见到了老人、病人、死者、出家人,感悟人生之无常,老、病、死是人生所不免,唯有出家做沙门才能得到解脱。这个故事的真实性已无法确证,但从一个侧面可以看出,释迦牟尼出家并非开先河者。抛弃世俗生活,追求精神上的满足,在释迦的时代已成风尚。佛陀出家后首先学习了禅定,很快地他能够进入禅定的状态,掌握了禅定的技术,但是他发现禅定并不是他要追寻的解脱之道,虽然在禅定状态中人的精神能够得到暂时的愉悦,但是一旦出离禅定,生老病死的现实会重新浮现。于是释迦离开了极力挽留他的导师,选择了另外一种宗教的实践方式——苦行。他和苦行僧们一起,尝试控制呼吸、终止心念活动、减少饮食直至断绝饮食,居住在荒郊野外,睡在荆棘之上,卧在牛粪之中,经历了六年的身心折磨,释迦形容枯槁,气息奄奄,却仍没有获得觉悟与解脱。最终他认识到苦行也不是获得觉悟的可行之道,这种极端的修行方式同纵欲一样对人的觉悟毫无益处,"他开始明白最有成效的途径,应该是这些极端方法的'中道'(middle way)"[①]。此后,释迦牟尼吃了村里少女献上的乳糜,恢复了体力,在尼连禅河里洗了澡,然后坐在菩提树下沉思默想,据说经过七天七夜,终于悟到了真理。由此可见,佛教从建立伊始,就因避免苦乐两极,采用了不苦不乐的持中之中道修行方式,才找到了理论与实践的突破点。

考察佛教早期的教义,无论是"四谛"的理论,还是禅定的实修方式,同当时流行于印度的各种沙门思潮,都有千丝万缕的联系。例如,就四谛而言,其组织

[①] 关大眠:《当代学术入门佛学》,郑柏铭译,沈阳:辽宁教育出版社,1998年,9月版,第22页。

结构可能借鉴于印度医生治病的"四诀",早期佛教经典《杂阿含经》卷 15 说:"有四法成就,明曰大医王者,所应王之具王之分。何等为四? 一者善知病,二者善知病源,三者善知病对治,四者善知治病,以当来更不动发。"①从内容上说,四谛说则吸收了佛教所谓的"六师外道"的思想,特别是受到了苦行派思想的影响,该派提出的"命"与"非命"的思想,主张通过苦行等修行摆脱由"业""法"(运动的条件)等物质性的东西构成的"非命"对精神性的"命"的束缚,获得解脱,永住清静。而早期佛教的禅定技术,乃是当时著名的修定大师阿逻逻迦罗摩和郁陀加罗摩子所亲传。佛教在这些传统理论的基础上,为其注入新的内容,整合于佛教的思想体系中。这些方面体现了佛教继承性的一面。然而佛教要区别于六师外道,体现一个新宗教理论的特质,还需要一个新的方法与思路。中道方法的"离诸二边"的进路,为佛教从思想和实践的角度提供了这样一个新的理论平台或方法范式。就实践的角度言,在《中阿含经》里,面向人生问题,就详细说明了中道方法的必要性。首先,经中指出,通常而言,众生面临两种人生取向,一是在家的世俗生活,以贪恋欲乐为特征;二是出家的苦行生活,以肉体的磨练为人生内容。具体言,世俗生活分为上中下三个层次,最下者"聚非法财,残害物命,自乐己身",此类众生可说是极端的自私自利者。他们以自身为享乐的真实主体,把满足自身的欲望当成行为的最终法则。由此出发,父母、妻子、眷属,乃至他人都是竞争者与敌人。中间者"或时如法,或不如法,或为残害,或不残害"。此类众生为了追求自身的最大利益,能稍稍顾及他人的利益与立场,但仍不能归敬出家人。最上者"修自己身,正受其乐",也能供养诸沙门。就苦行生活言,佛教认为总的来说是"无益苦身法",是"非圣法,无有义利",具体可分为三种:一者违背了戒律的人,"心已变坏",即使行苦行,也不能摆脱终生的懊悔。二是没有犯戒的人,心也没变坏,但因无法断除"身心"所造之业,所以修苦行也不能脱离苦海。第三也是没有犯戒之人,"心无变异",但同样无法断除"身心"所造之业,通过修苦行,只能稍有长进,不能断除所有烦恼。总的说来,上述的两极生活,各自虽有程度差

---

① 《杂阿含经》卷 15,《大正藏》第 2 册,第 105 页上。

别,但都不是永离苦海的解脱之道。因此"莫求欲乐,极下贱业,为凡夫行,是说一边。亦莫求自身苦行,至苦非圣行,无义相应者,是说二边。……因此故说离此二边,则有中道。"①这样,佛教首先从修行实践的角度,肯定了中道方法的价值,摒弃了沉沦世间的世俗生活与极端苦行的修道生活。中道是个总的修行原则,具体的修法,则主要体现在佛教所谓八正道:正见,即正确的知见;正思维,即正确的思考;正语,即正当的言语;正业,即正当的行为;正命,即正当的职业;正精进,即正当的努力;正念,即正确的观念;正定,即正确的禅定;通过这八条路径、宝筏,既能克服婆罗门教的苦行方法,也能摆脱享乐主义的主张,实现中道。

与上述实践立场相对应,自称为"正见"的佛教,必然有与之抗衡的"邪见"。在佛教建立的初期,邪见主要指"断见"与"常见"。"众生起见凡有二种:一者常见,二者断见。如是二见,不名中道。无常无断乃名中道。"②断见主张无有灵魂,无有报应,生命的终结意味永远的消失与断绝;常见则认为有灵魂之我的存在,有来世相续的永恒传递。同实践上的中道思想贯彻的简明相比,佛教如何确立理论的中道正见,遇到了较大困难,这是因为,如前所述,佛教理论本身的继承性,注定它不能完全不同于它的理论来源。于是佛教就变得处境尴尬,为了确立正见,不得不声明自己的新主张;当为了正见理论的合法性,又不能完全割断联系。在《杂阿含经》中,有一段描述,记载了佛教所遭遇的这种问题:有一外道婆罗门问释迦牟尼:究竟有我,还是无我?问了三次,释迦牟尼都默然不言。当婆罗门没有得到回答离去后,释迦牟尼的弟子阿难就不解地问,如果你不回答他,岂不是更增加了他的邪见,使他认为你没有见识吗?释迦牟尼是这样回答的:"我若答言有我,则增彼先来邪见;若答言无我,彼先痴惑岂不更增痴惑。言先有我从今断灭,若先来有我则是常见,于今断灭则是断见。如来离于二边,处中说法。"③这就是说,婆罗门提出的是一个二选一的问题,要么是常见,要么是断见,二者必居其一。佛教由此已经面临一个问题的陷阱,作任何一种回答,都会使自

---

① 《中阿含经》卷34,《大正藏》第1册,第701页中—下。
② 《大般涅槃经》卷27,《大正藏》第12册,第523页下。
③ 《杂阿含经》卷34,《大正藏》第2册,第245页中。

己与他人陷入僵局。释迦牟尼不予作答的态度既是一种不得已,也是对自己的立场的澄清:佛教不回答非此即彼式的问题,这种问题本身就是一种邪见、偏见,佛教要"处中说法"。此种处中之法就是佛教的因缘法,即"所谓此有故彼有,此起故彼起。缘无明行,乃至纯大苦聚集。无明灭则行灭,乃至纯大苦聚灭"①。在缘生缘灭的过程中,自我既不能说无,也不能说有。

从践行的中道(八正道)到理论上的中道(因缘之法),佛教都贯彻了一个"离于二边"的原则。此种中道的理论思维范式,往往湮没于佛教的具体理论中,当我们只把视野投向四谛、八正道、十二因缘所表达的具体内容时,往往会忽视这些理论成立的前提。实际上,佛教理论的独创性,绝不仅仅体现这些概念本身,而在于它所应用的方法。佛教之所以有不断发展与创新,而能保持自身的一致性,中道原则是不变而恒久的原则。

二

释迦牟尼从自身修行与冥想中获得了解脱。在他看来,众生身处苦海,当务之急,是祛除病痛,应病与药。而无关痛痒的宇宙论和本体论问题,是不值得认真讨论的。正如一个人中箭之后,急需做的是把箭拔掉,而不是坐下来讨论箭是否有毒,是谁射来的一样。所以佛教初创时期,佛教开出的处方无非是八正道和十二因缘等和人生密切相关的理论。如上所述,八正道是实践方法,十二因缘是人生原理。因缘的理论解释了"诸法无我"的合理性,回应了常我之见;同时这种理论也承认人生相续的现实性,否定断无之说。但是以释迦牟尼为核心的早期僧团,对于这类问题,只是提出了一个中道视野下大的理论框架,其中一些理论细节上的矛盾如人生相续与无我问题的矛盾如何消解等问题并没有一个明确的界定和澄清。而且在人生之外,人所依存的世界是实有,还是虚无?这些问题也都没有涉及。因此部派佛教时期,各个教团在这些问题上产生了诸种不同的看法,偏离了的中道原则,

---

① 《杂阿含经》卷12,《大正藏》第2册,第85页下。

不同程度地陷入了一边之见。比如上座系之犊子部变相承认了"我"的实有,引入了"补特伽罗"之我的概念,而多数派别都认为人无我,而不承认法无我。

这些问题的出现,预示了佛教必须在新的框架下统摄原有的问题。大乘空宗真正继承了佛陀的中道原则,以一种"空"的中道重新诠释了释迦牟尼的思想。

从思想发展次第看,大乘佛教是为了对治小乘佛教的偏执兴起的。释迦牟尼所确立的中道精神在小乘佛教诸派中逐渐异化。在理论上,小乘佛教认为我空法有,自我可以是空而不实,但假我却必须依赖真实的诸要素才能建立起来,即外法实有。在修行实践上,他们认为世间无常之苦是实,而脱离世间之涅槃也是实有,无常之苦与涅槃之净互不相容,因而"厌生死苦,欣涅槃乐"的遁世行为,以及早已为释迦牟尼所抛弃的极端修道方式如苦行等重新成为可能。

大乘空宗对此提出了批评,《大般若经》说:"修习甚深般若波罗蜜多,不为厌离生死过失,不为欣乐涅槃功德。所以者何?修此法者,不见生死,况有厌离;不见涅槃,况有欣乐!"①直接指陈小乘佛教的二元思维与修行的错误,生死是一极,涅槃是一极,沉沦生死轮回,固然可悲;欣乐涅槃功德,也并非获得般若智慧的方法。这种原则在《佛说摩诃衍宝严经》中,更明确地表述为"中道真实观法":"真实观者,谓不观色有常无常,亦不观痛想行识有常无常,是谓中道真实观法。……复次,迦叶,有常是一边,无常为二边。次二边中间无色,不可见亦不可得,是谓中道真实观法。……如是不善法、世间法、有净法、有漏法、有为法、有秽污法,是谓一边;如是善法、出世间法、无净法、无漏法、无为法、白净之法,是为二边。此二中间无所有亦无可得,是谓中道真实观法。"②"真实观法"相当于真理性的认识。什么是真理性的认识呢?如何获得真理性的认识呢?把握我们生活的世界当成唯一的真实,对佛教来说,毫无疑问是一种错误的见解;那么否定现世,走入涅槃,把无为法的世界视为终极的常乐我净的永恒空间,是否就是一种真理性的看法呢?从大乘的空宗的立场上看,这是错误的,因为存在一个方法论

---

① 《大般若波罗蜜多经》,《大正藏》第 7 册,第 965 页上。
② 《佛说摩诃衍宝严经》,《大正藏》第 12 册,第 196 页上—中。

上的错误。佛教的真谛在于提供一种不偏执的、不执著的方法。从一边走入另一边，又执定一极，转为执定另一极，都是边见，而非中道。中道即是"此二中间无所有亦无可得"，中道不是空间上两个地点的中间地带，可以通过理智，采用丈量工具，来加以确定。换言之，任何理性手段，执持某个对象，形成主客对峙，严格说来，都是二边之见，不能达成真理。只有彻底的否定，才是中道。这同大乘空宗的强烈的批判精神是相一致的，因此大乘空宗不是分析空，而是终极空。从世界观的角度看，就是"色不异空，空不异色，色即是空，空即是色。"①从实践观的角度看，般若与方便是不可偏废的两极。"有佛甚深法，魔从次行乱之，令菩萨摩诃萨不复乐欲得沤和拘舍罗，便不可意问般若波罗蜜。"②抛弃"方便"，佛智便不能成就；同样，般若为成佛之母，没有般若，方便也是无根之木。

大乘中观学派最具代表性的思想家龙树，从两个方面对中道思想作了发挥。首先，在著名的"三是偈"："众因缘所生法，我说即是无(空)，亦为是假名，亦是中道义"③中，龙树应用了四个重要概念：因缘、空、假名、中道，进一步扩展了中道范畴的意义。因缘之义，小乘多指十二因缘，与大乘佛教所指颇有区别，前者以解释人生为目的，后者则扩大至无所不包的全体存在。因而诸法由众因缘构成，故无自性，无自性故空。空是真谛，揭示了因缘法一个层面的含义。除此之外，虚假的存在即假名构成了因缘法的另一种含义。按照吉藏大师的解释，假名有两重含义：一指名言概念之假，"诸法无名，假与施名"，名词、概念、命题等一套语言系统与它指称的对象之间的关系，是不真实的。二是借名言概念表达出来的诸法本身因缘和合的不真实性。性空是本质，空是对世界与人生现象的直观而得，是般若智慧观照的对象。对根机各异的众生而言，通过眼、耳、鼻、舌、身五识之感觉，获得对世界的认识，建立名言概念系统，就是一个假有的世界。真俗二谛既是两种真理观，也是两重世界观。这两重世界建构在因缘基础上，因而又是合一的，真与俗不二，空与假一致，即僧肇所谓的"不真即空"。真俗相即就是

---

① 《般若波罗蜜多心经》(玄奘译本)，《大正藏》第 8 册，第 848 页下。
② 《道行般若经》，《大正藏》第 8 册，第 447 页下。
③ 《中论》，《大正藏》第 30 册，第 33 页中。

中道。从中道的方法论原则看,"离有无二边故名为中道",那么如何在涅槃与世间、有与无、空与假有之间找到中间点呢？上述的两极之所以会存在,是因为有区别,差异,那如果二者无差异,两极就变为一极而二边便不再存在。"涅槃与世间无有少分别,世间与涅槃亦无少分别。"此中道,转化为实践法则,就是不留恋于世间,也不执著于涅槃,但是,两极转化为一极,是不是真的就没有了二边之见,体现了中道原则呢？我们知道,原始佛教的中道方法逻辑思路大致如下：设有 A、B 两极,中道 C 为其中的一个适当的中间点,是一种"过犹不及""不偏不倚"的持中之道。中观上述对中道的理解则如下,同样有 A、B 两极,中道 C 既等于 A 又等于 B,因为没有了两极,所以也就不存在持中之中道。中观的中道是消解两极,两边变成了一边。但是因为新的一边与原来的二边会形成新的二极,执著于此一,就有新的边见,所以,中道的这种真俗不二的思路并没有真正"离有无二边",所以《中论》云："如来灭度后,不言有与无,亦不言有无,非有及非无；如来现在时,不言有与无,亦不言有无,非有及非无。"试图以更为极端的方式,来表现中道精神。"八不中道"的思想就是理解中道的另一种方式。

所谓"八不中道",即"不生亦不灭,不常亦不断,不一亦不异,不来亦不去。"中观学派认为此乃"诸说中第一"的对治戏论之方法。"生灭、常断、一异、来去"四对概念虽在佛教语境中有特定的内涵（主要从缘生、因果关系角度的论述）,但以"不"这个否定词作为中心,将这些概念一一连接,显然这种表达方式又具有普遍意义。在这"八不"中,"生灭、常断、一异、来去"都是虚词,龙树及中观学者们并不是真的要讨论事物的产生与灭亡、恒常与中断、统一与差异、空间上的来去等诸方面的问题,事实上这些问题对他们来说是无意义的伪问题。基于这个认识前提,"八不"中才会有一虚一实的对比,"不"是实,"生灭、常断、一异、来去"是虚。重点是破除邪见、偏执。事物之生灭、常断等不过是偏见的代称。中国三论大师吉藏说："明经之深处,即是八不。不则不于一切法也,以不而明义,故知其深奥也。"[1]"不则不于一切法",可谓一语中的。这种否定的方法,不但要打破世

---

[1] 《大乘玄论》,《大正藏》第 45 册,第 25 页中。

俗观念建立的常识世界和此岸世界，而且要摧垮同样依托世俗并和世俗对立的超越世界和彼岸世界。中观学派认为这才是终极的中道。

中国的三论学派，对中观的中道学说作了极好的总结与发展。三论大师吉藏认为，从字面意义上看，所谓"中"有两种含义：一、"中以实为义"，实是诸法实相，中即认知、体悟诸法实相。把握世界人生的真实的原理，即是人之正见的形成。所以，实即是正。二、"中以正为义"，正即不偏，远离偏邪，即为正法。此中作对治解。两重意思合起来讲，即三论宗强调的"破邪显正"义，前者，侧重于显正；后者，侧重于破邪，且破邪义更重要，所以吉藏认为："中以不中为义，所以然者，诸法实相非中非不中，无名相法，为众生故强名相说，欲令因此名以悟无名，是故说中为显不中。"这段话表达了下面的含义：诸法实相本身，没有名言分别，自然也无法用人们的日常语言加以描述，是"非中非不中"的。但是人们又不得不用语言概念去表述它。这种困境也出现在西方的宗教传统中，如犹太教哲学家迈蒙尼德所言，以人类语言去描述全知、全能、全善的上帝，有相当的局限性，所以他主张以否定性的方式，去理解描述上帝的宾词。如"上帝是善的"，只能理解成"上帝不能不是善的"。奥古斯丁也用单一性和歧义性说明宗教语言的特殊性，即用于描述上帝的命题和他的日常用法，不能完全不同，又不能完全相同。对于三论学派来说，解决这种矛盾的方案只有一条，即"破"的方法，"遮诠"的方法。因此所谓"中"，中道，好像是肯定某种东西，但实际上它"以不中为义"，不断否定，而无所肯定。

由此，大乘空宗的中道思想就从 A 与 B 合一为中道的模式中，脱离出来，转变为非 A 非 B 的逻辑形式，重心在于"非"或"不"。三论宗常把"三是偈"和"八不"糅合在一起来理解中道也体现了这种理解中道的思路："中则三种中道：世谛中、真谛中、非真非俗中。""不生不灭，为世谛中道；非不生非不灭为真谛中道；二谛合明中道者，非生灭非不生灭。"①这三种中道的逻辑递进，反映了对治偏见，破斥邪说的过程。不生不灭之中道，"盖是洗净断常，故强名为中。虽尽于偏

---

① 《大乘玄论》，《大正藏》第 45 册，第 20 页中。

而有于中。"这就是说世谛中道,消除了众生断常二见,以无常无断乃名中道。世谛中道虽然破斥了二见,但又产生了一见,即中道之有见。为克服执中道有所产生的"偏中"(偏见之中道),就要进一步否定了不生不灭的真理性,说"非不生非不灭"的道理,形成了一种新的中道观。最后,再进行否定之否定,说"非生灭非不生灭",就是所谓的二谛合明中道,三论又称为绝待中道,这个意义上的中道是不可言说的,不能使用生灭等日常的语言来描述。

三

在中国佛教的语境中,中道的概念,渐渐从侧重于方法的内涵转向了实相与境界。在这方面,天台宗的学说最具代表性。三论宗在中道的理解上,基本上承继了中观的思想,以"横绝百非,竖起四句"为中道思想的实质。虽然在概念上也提出了"中道佛性"的说法,但是三论对这种佛性的理解,还是侧重于其否定的精神,并没有实指,如吉藏说:"中道佛性,不生不灭,不常不断,即是八不。""离断常二见,行于圣中道,见于佛性。"而天台对于中道的理解,有了某种转变。在一个更大的视野中,天台宗采纳了三论对于中道的三层结构说,明确地用三谛称谓这三层结构,即空、假、中三谛。但是,中观与三论对于中道的理解,在某种意义上构成了一个恶的循环,它以无限度否定,来肯定自身,在虚无中实现自己。此中道既存在阶梯与层次的递进,同时又不断割裂这种联接。总之,它是一个单向度放射的结构,指向无限,中道的实现几成为不可完成的任务。

天台宗否定了三谛的递进关系,直接把三谛当成了三个基点,把中道理解成实相。"一实谛即空即假即中,无异无二,故名一实谛。"[1]三谛无异无二,形成一个统一整体,即是佛教的绝对真理。那么三谛如何成一谛,三谛如何由一个递进的中道变为一个实相的中道呢?智顗认为:"若谓即空即假即中者,虽三而一虽

---

[1] 《妙法莲花经玄义》卷8下,《大正藏》第33册,第781页中。

一而三,不相妨碍。三种皆空者,言思道断故。三种皆假者,但有名字故。三种皆中者,即是实相故。但以空为名,即具假中,悟空即悟假中。"①这段话可分为以下几个方面来理解：第一,空、假、中递进式的否定性理解,会导致恶的循环,偏向一极,即否定的一极,这无法体现中道的精神。因此,空含假、中,假含空、中,中含空、假,三者为一个整体。以这样圆融的观念,观察三谛,实现了圆融的中道。第二,智顗曾把佛教对中道的理解比喻为三种形态：湿土、泥、水。小乘提出了中道思想,打破人性的偏执,如同使干土变湿土；空宗则以否定的方法进一步使湿土变为泥,而天台则以圆融三谛把中道看成水。水就是天台的中道。《老子》第八章云："上善若水。水善利万物而不争,处众人之所恶,故几于道。"把水看成大道的形象体现。那么天台宗显然也认识到了真正的中道,不能只是破斥,而且要随顺万物。第三,在这种意义上,中道不再仅仅是方法,而成为佛教的本体、境界。"佛性即中道"从三论宗的虚说,变成了实指。于是,"一色一香无非中道,己界及佛界众生界亦然,阴入皆如无苦可舍,无明尘劳即是菩提无集可断,边邪皆中正无道可修,生死即涅槃无灭可证,无苦无集故无世间,无道无灭故无出世间。纯一实相,实相外更无别法。"②中道即实相,实相即诸法现存的状态,

由上,中道既有方法的含义,又有实相境界的含义。作为方法,一心同时观照空、假、中的圆融之相,即是中道之应用；作为实相与境界,圆融三谛,所体现的实际的真理、真相,无非就是现实的存在本身。现实的存在既不能否定,也不能沉迷,所谓圆融就是打通现实之障碍,无碍就无所谓偏,也才能实现真正的中道。

结语

从释迦牟尼确立的中道原则始,中道大致经历了三种逻辑形式,形成了一个否定之否定的过程。从 A 与 B 之中间的 C,到非 A 非 B 非 C,最后终结于即 A

---

① 《摩诃止观》卷 1 下,《大正藏》第 46 册,第 7 页中。
② 《摩诃止观》卷 1 下,《大正藏》第 46 册,第 1 页下。

即 B 即 C,中道概念的内涵发生了诸多变化。作为中道概念本身,或被理解成通过理智方式可以把握的类似几何学上的中,或被解读为超出理智,反对戏论的破邪之中,或被体验为一种圆融中和境界之中,反映了佛教在不同时期,以不同方式维持宗教修行与理论思维平衡的努力,展现了人类精神升华的不同气象。

佛教的有关中道的探索反映了人类在不断认识自身、确立存在意义与价值方面的一种探索过程。值得注意的是,类似的致思倾向以不同的方式体现在东西方先哲的思想中,在中国的先秦时期,孔子视"中庸"为至德,认为"过犹不及"。在古希腊,亚历士多德把中道理解成"实践智慧选择德性的标准"[①],认为德性是人的情感与行为的适中。他们对于"中"的不约而同的关注,表明无论是"中道"、"中庸",还是德行标准的"适中",在人类的精神与道德生活与实践中都有至关重要的意义。

---

① 赵敦华:《西方哲学简史》,北京大学出版社 2001 年版,第 79 页。

"婴儿行"与"赤子心"
——儒佛道三教的"倒叙"境界

陈 坚

山东大学 佛教研究中心

提 要: 作为中国传统文化的主体,儒佛道三教虽然文化形态不同,但却有着诸多共性,比如在境界论上,它们都追求回归"赤子婴儿"的人生"倒叙"境界,其中道家主张"复归于婴儿",儒家要求"不失其赤子之心",而佛教则提倡"婴儿行"。为了阐明并实现这种"倒叙"境界,儒佛道三家各自开出了相应的思想和方法,这些思想和方法极大地丰富了中国文化的内涵。

关 键 词: 儒家 佛教 道教 婴儿 境界

佛教说人有"生老病死";道教说人能"长生不老"甚至"长生不死";儒家的孔子说:"吾十有五而志于学,三十而立,四十而不惑,五十而知天命,六十而耳顺,七十而从心所欲不逾矩。"[①]又说:"加我数年,五十以学易,可以无大过矣。"[②]清朝学者张潮(1650—?)说:"十岁为神童,二十三十为才子,四十五十为名臣,六十为神仙,可谓全人矣。"[③]东晋僧人僧肇(384—414)在《物不迁论》中说到一个叫"梵志"的出家人:"梵志出家,白首而归,邻人见之曰:'昔人尚存乎?'梵志曰:'吾

---
① 《论语·为政》。
② 《论语·述而》。
③ 张潮《幽梦影》,中州古籍出版社2008年1月版,第80页。

犹昔人,非昔人也。'"唐代诗人贺知章(659—744)有《回乡偶书》(之一)诗曰:"少小离家老大回,乡音无改鬓毛衰;儿童相见不相识,笑问客从何处来?"另外,时下还有网语调侃女人,说:"女人20岁像足球,20个人抢;女人30岁像篮球,10个人抢;女人40岁像乒乓球,2个人推来推去;女人50岁像高尔夫球,打得越远越好。"①这些经典表述告诉我们,人类个体有一个自然生长和人为成长的过程,此一过程乃是人生故事的一个"顺叙"(如果我们把人生比作一部小说的话),这个人生故事的"顺叙"伴随着年龄的代数递增而展现其或精彩或乏味的情节。

对于人生的上述"顺叙"过程,儒佛道三家虽然都予以承认,但却都希望在这个"顺叙"过程中插入"倒叙"的修行实践,也就是回归"婴儿行"和"赤子心"以实现人生的"倒叙"境界。

一、道家:"复归于婴儿"

我们现在所说的道家,往往是被道教诠释过了的从而带有道教色彩的道家而不是以老庄思想为代表的原始道家,不过原始道家的一些基本理念还是作为道家文化的根本特质而存留了下来并通过各种渠道来加以表达,比如《老子》第二十八章中所说的"知其雄,守其雌,为天下溪。为天下溪,常德不离,复归于婴儿。"其中的"复归于婴儿",就是道家所追求的一种人生"倒叙"境界,这种境界在下面有关老子出生的传说中得到了反映,曰:

> 据传,被道教奉为太上老君的老子是彭祖的后裔,在商朝阳甲年,公神化气,老子寄胎于玄妙王之女理氏腹中。理氏在村头的河边洗衣服,忽见上游漂下一个黄澄澄的李子。理氏忙用树枝将这个拳头大小的黄李子捞了上来。到了中午,理氏又热又渴,便将这个李子吃了下去,从此,理氏怀了身孕。理氏怀了81年的胎,生下一个男孩,这男孩一生下就白眉白发,白白的

---

① 参见 http://pc.sj.91.com/message/all/Detail.aspx? Platform=WM&msgid=34359。

大胡子,因此,理氏给他取的名子叫"老子"。老子生下来就会说话,他指着院子中的一棵李子树,说:"李就是我的姓。"①

传说不是事实但却比事实更能生动形象地反映某种特定的理念。从生理学上讲,老子绝不可能被"理氏怀了 81 年的胎"并且"一生下就白眉白发,白白的大胡子"或"生下来就会说话"。这个传说之所以要让老子以如此"不经"的方式亦即作为一个"老婴儿"而出生,其目的无非是想借此来表达道家所追求的"婴儿"境界——实际上,"老子"这个名字本身就是对这种境界的一个绝佳诠释,因为在道家看来,人生的过程,年龄会越来越"老",但是通过修炼,身体却可以保持在婴儿亦即"子"的状态,这就是所谓的"老子"。"老子"的境界是如此地有名,以至于从古至今一直有人把"二十四孝"故事中的"戏彩娱亲"也说成是老子所为。该故事出自《艺文类聚·孝引列女传》:"相传春秋时楚国老莱子事亲至孝,年七十,常著五色斑斓衣,作婴儿戏。上堂,故意仆地,以博父母一笑。"这里"年七十"还"作婴儿戏……以博父母一笑"的老莱子往往被解读为就是老子。②

虽然我们无法断定老莱子就是老子,但是老莱子确实也和老子一样有着"婴儿"的境界,这种"婴儿"的境界在《老子》中受到了极大的推崇。《老子》第十章诘问曰:"专气致柔,能如婴儿乎?"意思是你能像婴儿那样"专气致柔"吗?按照严格的定义,婴儿是指"不满一岁的小孩"③,不满一岁的小孩元气充盈,不曾损耗,因而实际上就是"一团"滑溜凝动的元气,就是"一块"绵软淳朴的"肉球"(有个"尿不湿"广告中的婴儿就给我这感觉),婴儿的这种状态就是所谓的"专气致

---

① 参见 http://baike.baidu.com/view/2237.htm。
② 《庄子·杂篇·外物》中有关于老莱子的如下记载:"老莱子之弟子出薪,遇仲尼,反以告,曰:'有人于彼,修上而趋下,末偻而后耳,视若营四海,不知其谁氏之子。'老莱子曰:'是丘也,召而来。'仲尼至,曰:'丘,去汝躬矜与汝容知,斯为君子矣。'仲尼揖而退,蹙然改容而问曰:'业可得进乎?'老莱子曰:'夫不忍一世之伤,而骛万世之患,抑固窭邪?亡其略弗及邪?惠以欢为,骛终身之丑,中民之行易进焉耳!相引以名,相结以隐,与其誉尧而非桀,不如两忘而闭其所誉。反无非伤也,动无非邪也,圣人踌躇以兴事,以每成功,奈何哉?其载焉终矜尔!"这里有孔子向老莱子请教的情节,而联系《史记·孔子世家》中有关孔子"适周问礼"于老子的记载,将老莱子说成是老子亦非完全无稽。
③ 中国社会科学院语言研究所词典编辑室编《现代汉语词典》,商务印书馆 2003 年 10 月版,第 1509 页。

柔",其中的"专"(也有作"搏"字的①)乃是积聚不散之意——道家修炼的目的就是要使元气积聚不散而像婴儿那样"专气致柔"。又,《老子》第二十章曰:"我独泊兮其未兆,沌沌兮,如婴儿之未孩。"其中"泊"是淡泊的意思;"兆"是兆头或表现于外的意思;"沌沌,形容婴儿混沌未分的样子";"孩",通"咳,婴儿的笑声",②这句话的意思是说:"我却独自淡泊宁静,无动于衷,混混沌沌啊,如同婴儿还不会发出嘻笑声。"③还不会笑的婴儿,那可是更加纯净无瑕的婴儿,其元气更未消散,因为笑也会损耗一些元气。

不但《老子》推崇婴儿的境界,而且道家的另一重要文本《庄子》亦是如此,且看《庄子·外篇·天地》对所谓"德人"的描述,曰:

> 德人者,居无思,行无虑,不藏是非美恶。四海之内共利之之谓悦,共给之之谓安。怊乎若婴儿之失其母也,傥乎若行而失其道也。财用有余而不知其所自来,饮食取足而不知其所从,此谓德人之容。

在庄子看来,"德人"的样子应该是"怊乎若婴儿之失其母也,傥乎若行而失其道也",意思是"那悲伤的样子像婴儿失去了母亲,那怅然若失的样子又像行路时迷失了方向"。④ 婴儿失去了母亲,其悲伤是自然的,没有任何的故意和做作,没有任何的价值判断夹杂其中,仅仅只是悲伤而已,这与《尚书·舜典》中所说的"二十有八载,帝乃殂落,百姓如丧考妣"之悲伤是完全不同的。"如丧考妣"乃是一种垂头丧气甚至痛不欲生的消极悲伤,它包含着丰富的社会意义和情感表达,可能想哭但却不哭或不敢哭,不想哭却又假装哭(这种现象在许多葬礼现场可以看到);与之不同的是,婴儿因"失其母"不见母亲而产生的悲伤则是纯粹是一种生理和心理的自然而积极的反映,想哭就哭,没有什么顾虑和更多的情感和社会

---

① 参见李红《老子本义》,湖南人民出版社 2009 年 3 月版,第 26 页。
② 司马志编著《老子全书》,中国纺织出版社 2010 年 10 月版,第 64 页。
③ 《道德经译文》,参见 http://www.tianyabook.com/gudian/daodejingyiwen/20.html
④ 参见 http://www.tianyabook.com/zhuangzi/012.htm

意义的承载,简单而率直。庄子认为,具有道家境界的"德人"不是不悲伤,而是像婴儿"失其母"那样纯粹而简单的悲伤,根本不是像"如丧考妣"那样复杂的悲伤。婴儿不会故意夸大或缩小自己的悲伤,不会像大人那样环顾左右地来决定自己的悲伤方式和悲伤程度,相反婴儿能够恰如其分地表达自己的悲伤,他对悲伤的表达实际上不多不少正好是其所产生的悲伤本身甚至就是婴儿本身。庄子认为,"德人"不但应该像婴儿那样准确地表达其本身,而且还应该像婴儿那样随方就圆,随顺一切而不违逆周围环境,这就好比"婴儿生,无硕师而能言,与能言者处也"①。婴儿刚生下来时不会说话,但因为天天"与能言者处",后者说什么,他就听什么,结果不知不觉就学会了说话。《庄子·外篇·人间世》将"德人"所要追求的这种随方就圆的婴儿境界归纳为"彼且为婴儿,亦与之为婴儿;彼且为无町畦,亦与之为无町畦;彼且为无崖,亦与之为无崖;达之,入于无疵",若能做到这样,那自然就境界纯熟,无有俗人的种种毛病了。② 虽然"德人"达到如此的婴儿境界确实是超凡脱俗了,但是,庄子并不像老子那样把婴儿境界就当作是人生的终极目标,《庄子·外篇·达生》中的下面这段话可以为证。

  闻之夫子曰:"善养生者,若牧羊然,视其后者而鞭之。"威公曰:"何谓也?"田开之曰:"鲁有单豹者,岩居而水饮,不与民共利,行年七十而犹有婴

---

① 《庄子·杂篇·外物》。
② "德人"的这种境界颇有点类似于《法华经·观世音菩萨普门品》中所说的观世音菩萨的随缘应化,即:"善男子,若有国土众生、应以佛身得度者,观世音菩萨即现佛身而为说法;应以辟支佛身得度者,即现辟支佛身而为说法;应以声闻身得度者,即现声闻身而为说法;应以梵王身得度者,即现梵王身而为说法;应以帝释身得度者,即现帝释身而为说法;应以自在天身得度者,即现自在天身而为说法;应以大自在天身得度者,即现大自在天身而为说法;应以天大将军身得度者,即现天大将军身而为说法;应以毗沙门身得度者,即现毗沙门身而为说法;应以小王身得度者,即现小王身而为说法;应以长者身得度者,即现长者身而为说法;应以居士身得度者,即现居士身而为说法;应以宰官身得度者,即现宰官身而为说法;应以婆罗门身得度者,即现婆罗门身而为说法;应以比丘、比丘尼、优婆塞、优婆夷身得度者,即现比丘、比丘尼、优婆塞、优婆夷身而为说法;应以长者、居士、宰官、婆罗门妇女身得度者,即现妇女身而为说法;应以童男、童女身得度者,即现童男、童女身而为说法;应以天龙、夜叉、乾闼婆、阿修罗、迦楼罗、紧那罗、摩睺罗伽、人非人等身得度者,即皆现之而为说法;应以执金刚神得度者,即现执金刚神而为说法。"所不同的是,"德人"的随缘只是为了自我完善,用佛教的话来说这还只是追求自度的小乘阿罗汉境界,而观世音菩萨的随缘则是为了"普度众生"的大乘境界。

儿之色，不幸遇饿虎，饿虎杀而食之。有张毅者，高门县薄，无不走也，行年四十而有内热之病以死。豹养其内而虎食其外，毅养其外而病攻其内，此二子者，皆不鞭其后者也。"

鲁国有一个叫单豹的人，"岩居而水饮，不与民共利，行年七十而犹有婴儿之色"，养得白白嫩嫩的，结果却反而被饿虎吃了，成了老虎口中的美味佳肴，这说明了什么？庄子说，这说明了他还不善于养生，因为"善养生者，若牧羊然，视其后者而鞭之"。我们都知道，牧羊人赶着一群羊逐水草而放牧，他总是要鞭打落在最后面的那只羊而使整个羊群往前移动①，其道理有点类似于美国管理学家彼得所提出的"短板效应"(Buckets effect)或"水桶定律"(Cannikin Law)，即"一只水桶盛水的多少，并不取决于桶壁上最高的那块木块，而恰恰取决于桶壁上最短的那块"。按照这个定律，凡人都有自己的"短板"，你即使有最高的人生境界，若不注意和看护好自己的"短板"，那就会像单豹一样成为老虎的口中餐。在庄子看来，"行年七十而犹有婴儿之色"的单豹之所以会被老虎吃掉，就是因为他"不鞭其后者"，没有看护好自己的"短板"，言下之意就是，片面地具有婴儿的境界，哪怕这种境界非常非常地高，都并非是真正的道家养生，一个人只有消除了自己身上的"短板"，达到全面发展，才能最终实现道家全真保命、颐养天年的人生目的而不至于发生"豹被虎吃"的惨剧②，才是真正的道家养生。从这里我们不难看出，在庄子理想的人生境界中，婴儿境界只是其中的一部分而不是全部，这与老子视婴儿境界为生命之终极和全部的理念是不同的。

不管是老子还是庄子，其"婴儿"思想后来也都成了道教修炼的指南针，比如

---

① 而不是象赶牛车那样去打前面的牛而非牛后面拉的车。南岳怀让(677—744)曾问马祖道一(709—788，或688—763)："如牛驾车，车若不行，打车即是，打牛即是？"参见[宋]普济《五灯会元》，中华书局2002年8月版，第127页。
② 单豹被老虎吃与古希腊哲学家泰勒斯(Thales，约公元前624年—公元前546年)掉井里有着异曲同工之处。话说"泰勒斯有一天晚上走在旷野之间，抬头看着星空，满天星斗，可是他预言第二天会下雨，正在他预言会下雨的时候，脚下一个坑，他就掉进那个坑里差点摔了个半死，别人把他救起来，他说谢谢你把我救起来，你知道吗？明天会下雨啊，于是又有个关于哲学家的笑话，哲学家是只知道天上的事情不知道脚下发生什么事情的人。"参见 http://baike.baidu.com/view/5781.htmchusheng。

作为道教修炼方法之一的"辟谷","又称'断谷'、'绝谷'等,就是不吃食物。道教认为,人的饮食会在肠胃中积结为粪便,从而产生浊气,所以难以成仙,正如《黄庭内景经》所说:'百谷之食土地精,五味外美邪魔腥;臭乱神明胎气零,那从反老得还婴?'"①

二、儒家:"不失其赤子之心"

儒家《三字经》开宗明义曰:"人之初,性本善。""人之初"就是指婴儿,婴儿"本善"之初心便是孟子(前372—前289)所说的"赤子之心"。② 孟子曰:"大人者,不失其赤子之心者也。"③我们都知道,在儒家的语境中,所谓"大人"就是指与"小人"相对的品德高尚的君子,而不是古代流俗或影视古装戏中所说的官高位重的人物④。在孟子看来,大人亦即君子乃是具有"赤子之心"的人,或者说,"赤子之心"乃是大人的品格,那么,何谓"赤子之心"? 焦循(1763—1820)《孟子正义》解释曰:"赤子,婴儿也。少小之心,专一未变化,人能不失其赤子时心,则为贞正大人也。"朱熹(1130—1200)《孟子集注》解释说:"大人之心,通达万变;赤子之心,则纯一无伪而已。然大人之所以为大人,正以其不为物诱,而有以全其纯一无伪之本然,是以扩而充之,则无所不知,无所不能,而极其大也。"一言以蔽之,"大人之心"即是"赤子之心",或者确切地说,大人虽然不是——当然不是——婴儿赤子,但大人之所以为大人,乃是因为他不但保有婴儿时代的"赤子

---

① 许鹤鸣《意识的演变》,云南民族出版社2012年6月版,第72页。
② 当然,在现代汉语中,"赤子之心"还常常被用来比喻华侨的"爱国心",比如有报道说出生在上海从事中医抗肿瘤治疗并在国外取得巨大成功的海外华侨雪莉(Sherry),"就在国外的事业如日中天之时,雪莉却做了一个令很多人看来不可思议的决定,她决定带着憧憬与赤子之心回到中国,续写抗击肿瘤的传奇。"参见《治肿瘤海外传神奇,归祖国再续新篇章——访PRC德意志医疗集团中国区总裁雪莉女士(一)》,载《城市信报》2011年12月16日A16版。
③《孟子·离娄下》。
④ 在我国古代理想的"人治"文化中,当官的都应该同时是品德高尚的人,因而把当官的称为"大人",有表示尊敬之意,此是就其品德而非官位而称之;若要明其官位,那就称"知府大人""知县大人"等;只是到了后来,多少与那些当官的品德普遍堕落有关,人们想当然地就把"大人"直接当成了官位而忽视了其原本的品德含义,况且"大人"之"大"确实也可以理解为官高位重的意思。

之心"①并且还能将其"扩而充之",这个可以被"扩而充之"的"赤子之心",其具体内涵也就是孟子所说的"四端心"。孟子说：

> 恻隐之心,仁之端也;羞恶之心,义之端也;辞让之心,礼之端也;是非之心,智之端也,人之有是四端也,犹其有四体也。有是四端而自谓不能者,自贼者也;谓其君不能者,贼其君者也。凡有四端于我者,知皆扩而充之矣,若火之始然,泉之始达。苟能充之,足以保四海;苟不充之,不足以事父母。②

"端"者,开始也,开端也。人生的开端就是婴儿,而人心的开端则无疑是婴儿的"赤子之心"。孟子认为,儒家所提倡的仁、义、礼、智,其"端"亦即根源分别在"恻隐之心""羞恶之心""辞让之心"和"是非之心",此之谓"四端心","人之有是四端也,犹其有四体也",乃是与生俱来的,这与生俱来的"四端心"即是"赤子之心"。肯定有人会觉得奇怪甚至反对我,一个乳臭未干只会哭只会笑不会走不会说的婴儿怎么会有"恻隐之心""羞恶之心""辞让之心"和"是非之心"这"四端心"呢？应该正好相反没有才对呀？没有此"四端心"才合乎对婴儿的日常观察呀？婴儿在大庭广众之下光着小屁股有时还屎尿迸射,你见他表现出"羞恶之心"了吗？婴儿肚子饿了就不管三七二十一急不可待地在妈妈身上哺乳,哪有什么"恻隐之心"先让刚下班或刚从地里疲惫回到家的妈妈先喝口水歇一会儿？总之日常经验似乎并不支持将"四端心"与"赤子之心"联系起来的做法,而且孟子自己也没有白纸黑字地这样明确地说过,然而,《中庸》却无意间透露出了这样的信息:

> 君子戒慎乎其所不睹,恐惧乎其所不闻。莫见乎隐,莫显乎微,故君子

---

① 用孟子自己的话来说,这叫"求放心"。"求放心"语出《孟子·告子上》:"仁,人心也;义,人路也。舍其路而弗由,放其心而不知求,哀哉! 人有鸡犬放,则知求之;有放心而不知求。学问之道无他,求其放心而已矣。"
② 《孟子·公孙丑上》。

慎其独也。喜怒哀乐之未发谓之中,发而皆中节谓之和。

君子之道费而隐,夫妇之愚,可以与知焉,及其至也,虽圣人亦有所不知焉;夫妇之不肖,可以能行焉,及其至也,虽圣人亦有所不能焉。

请注意上述这两段引文中的"其所不睹""其所不闻""隐""微""未发""费而隐"等语词,它们告诉我们,儒家所提倡的"君子之道"乃是看不见摸不着的,其中就应该包括婴儿身上所潜藏的作为"赤子之心"但日常却难以觉察的"四端心"——最近国外的一项心理学研究有力地支持了我的这一判断和看法,曰:

据英国《独立报》10月8日报道,研究发现婴儿早在15个月的时候,就显示出利他主义的迹象,这无疑提出了这样的问题:婴儿的公平感是与生俱来的,还是从看护自己的大人那里学到的?

华盛顿大学一项试验表明,当有人受到不公平的待遇时,那些蹒跚走路的孩子便会露出惊讶的脸色。研究人员指出,这证明人类这些品质的发展比以前想象的要早,同时也显示他们的社会期望和自己的行为之间存在着某种联系。

负责这项研究的是心理学副教授卡西卡·沙莫维,她认为,这些研究结果还表明婴儿身上表现出来的平等和利他主义之间存在着某种联系,因此,对食物公平分配比较敏感的婴儿,也更可能与人分享他们喜欢的玩具。①

"恻隐之心""羞恶之心""辞让之心"和"是非之心"这"四端心"本质上就是上述研究所关注的"公平感"与"平等和利他主义"的最初萌芽,而作为该研究的结论,这种萌芽在婴儿时期就已经有了,换言之,即"四端心"在婴儿时期就有了,或者说,"四端心"就是"赤子之心"的重要内容。

---

① 《美国华盛顿大学研究显示人类的公平感可能与生俱来》,载《中国社会科学报》2011年10月18日,第13版。

当然,当代的心理学研究只能为儒家在人格实践上回归"赤子之心"的合理性作一个外在的支撑,至于其内在的理据,还必须回到儒家创始人孔子(前551—前479)和孟子那里去寻找,而孔子和孟子在这一点也似乎是事先约定好似的互相配合极力满足我的论述需要,其中孔子说:

言必信,行必果,硁硁然小人哉。①

孟子说:

大人者,言不必信,行不必果,惟义所在。②

孔孟一唱一和,一个说"言必信,行必果",那是小人;另一个说"言不必信,行不必果",那才是大人,两话一意思,然而,按照一般的理解,反过来才对呀,即大人应该"言必信,行必果",而小人则"言不必信,行不必果",孔孟大圣人怎么会糊涂到连这个基本的道理都不知道呢? 不是孔孟糊涂,而是孔孟以有无"赤子之心"来分判大人与小人。作为一个常识,婴儿是"言不信,行不果"或"言不必信,行不必果"的,也就是说了不一定会去做,做了也不一定要有结果(有的还不一定能说得清楚做得利索呢),非常天真,不会执著,这就是"赤子之心",婴儿就是这么一个特点和形象,他不会计较太多而只求合乎自己的本真,"惟义所在",其中,"义者,事之宜也"③,婴儿的一切行为无非是在追求与自己与环境的相适宜而已,试想,儒家所崇尚的大人或君子不也就像婴儿那样力图寻求和表达人生在方方面面的适宜性吗? 这种适宜性就是儒家所崇尚的"和"。孔子曰:"君子和而不同,小人同而不和。"④又孔子的弟子有子曰:"礼之用,和为贵,先王之道斯为

---

① 《论语·子路》。
② 《孟子·离娄下》。
③ 《新刊四书五经》,中国书店出版社,1992年4月版,第47页。
④ 《论语·子路》。

美。"①君子所追求的"和"一如婴儿的本身的"和"——婴儿本身就是"一团和气",因为他跟谁都没有矛盾没有冲突。不要说婴儿笑脸迎人时惹人怜爱引人亲近,就算是他又哭又闹也不会导致别人的厌恶和反感,反而会引来人们的爱护和关怀,相反,年纪大的人若又哭又闹可就不是那么回事了。不过,话得说回来,孕育于孔子并由孟子明确地提出来的作为儒家之精神境界的"赤子之心"在先秦以后便渐渐地被模糊了,而在隋代确立科举制度将儒学知识化(同时也是伦理化)并用于标准化考试后,原始儒家的"赤子之心"便完全被遮蔽了,因为举子一旦有"赤子之心"就肯定名落孙山考不上,在这种背景下,谁还有兴趣去谈论几乎成了科举"丧门星"的"赤子之心"? 谈论既无,那就更不要说有人去培养自己的"赤子之心"了,于是乎,久而久之,"赤子之心"在儒学内部就被"科举儒学"彻底埋没了,以至于连急于恢复儒家道统的韩愈(768—824)都没想起要去重新唤醒儒家的"赤子之心"而只是鼓捣鼓捣旨在恢复儒学原初古朴表达方式的"古文运动"而已。这事一直拖呀拖,直到明代思想家李贽(1527—1602)才想起作为儒家境界层面之根本关怀的"赤子之心"。

　　李贽是"批判儒学"的代表人物,当然他所批判的儒学乃是"科举儒学"。在其著名的仅一千来字的《童心说》中,李贽将科举儒学中的"儒家经典作为造成当时中国人心灵蒙蔽的罪魁祸首而加以谴责。他说,童心是人的'最初一念之本心',人的本心是如何失去的呢? 主要是受到由外而入的经验知识的遮蔽"②,亦即科举之"多读书识义理而反障之也","以多读书识义理障其童心矣",书读多了反而把"童心"给障蔽了,"以童心既障,而以从外入者闻见道理为之心也。夫既以闻见道理为心矣,则所言者皆闻见道理之言,非童心自出之言也,言虽工,于我何与? 岂非以假人言假言,而事假事、文假文乎! 盖其人既假,则无所不假矣。由是而以假言与假人言,则假人喜;以假事与假人道,则假人喜;以假文与假人

---

① 《论语·学而》。
② 傅秋涛《试论李卓吾与佛教的关系及其禅学观》,载《中国湖北第二届黄梅禅宗文化高峰论坛论文集》,上册,第 476 页。

谈,则假人喜。无所不假,则无所不喜。"①李贽这里所说的"童心"实际上就是儒家的"赤子之心"。② 在李贽看来,"童心"被障蔽的结果,就是"满场是假",而要想从"假"回到"真",就必须恢复"童心",因为"童心"乃是"真"的基础,"夫童心者,真心也。若以童心为不可,是以真心为不可也。夫童心者,绝假纯真,最初一念之本心也。若失却童心,便失却真心;失却真心,便失却真人。人而非真,全不复有初矣。童子者,人之初也;童心者,心之初也。"③

三、佛教:"婴儿行"

李贽之提倡"童心"或"赤子之心"固然是儒家阵营内部的一种拨乱反正,但李贽的这种拨乱反正却是受了当时对文人士大夫有着重要影响的佛教禅宗的刺激。他将"童心"与禅宗所谓的"本来面目"联系起来甚至作某种程度的等同。在李贽看来,"称为本来面目就是指人本来就有的,由于受到各种尘垢的污染而被遮蔽,禅修就是要通过清除这些遮蔽而迷途知返,禅学则是从对这个过程的一种思想的把握,也就是说,禅学并不能积极地增加一些什么知识,而是消极地消除遮蔽而已"④。以禅修的方法来消除对"童心"的遮蔽,"以禅治儒",这就是李贽"童心说"的落脚点。

李贽的"童心说"把我们引到了佛教的语境,原来佛教也是十分重视"婴儿赤子"境界重视"童心"的,比如《法华经》中反复赞叹的"质直无伪""质直柔软""常修质直行""质直意柔软""柔和质直""清净而质直""心意质直",《坛经》引《维摩诘经》"直心是道场,直心是净土"之观念而极力提倡的"心行平直""常行一直心"

---

① 张建业主编、刘幼生副主编《李贽文集》,社会科学文献出版社2000年5月版,第一卷,第91页。
② 李贽肯定知道孟子所说的"赤子之心"及其在儒学中的地位,然而他却不直接说"赤子之心"而是换汤不换药偷梁换柱地将"赤子之心"说成"童心",我想个中原因可能是为了避嫌,因为李贽是批判儒学的,如果他把儒学中原有的"赤子之心"直接拿来用并极力鼓吹之,那他对儒学的批判就失去了说服力:你不是批判儒学吗?怎么还去赞赏儒家的"赤子之心"呢?所以还是换个说法,说"童心"吧。
③ 张建业主编、刘幼生副主编《李贽文集》,社会科学文献出版社2000年5月版,第一卷,第91页。
④ 傅秋涛《试论李卓吾与佛教的关系及其禅学观》,载《中国湖北第二届黄梅禅宗文化高峰论坛论文集》,上册,载第476页。

"但行直心""纯一直心""一念平直",无论是《法华经》中的"质直"还是《坛经》中的"直心",它们实际上都具有"童心"的内涵,因为"直"无疑是"童心"的根本特征之一。孩童的心是"直",而大人的心则是"曲"或"谄曲"。① 《法华经》告诫"邪智心谄曲""谄曲心不实",《坛经》认为"直与曲对",并要求"莫心行谄曲",两者无非都在教导佛教修行者要从"谄曲心"回到"直心"亦即"童心"或"赤子之心"。据《太子瑞应本起经》卷上的记载:"定光佛兴世,有圣王名曰制胜治,在钵摩大国,民多寿乐,天下太平,时我为菩萨,名曰儒童。"②这里的"儒童"乃是释迦牟尼佛前生为菩萨时的名号。有趣的是,这个"儒童"的名号后来在中国佛教中被加到了孔子头上,孔子被佛化为"儒童菩萨"。③ 另据《普曜经》记载,释迦牟尼"佛初生刹利王家,放大智光明,照十方世界。地涌金莲华,自然捧双足。东西及南北,各行于七步;分手指天地,作狮子吼声:'上下及四维,无能尊我者。'"④后来,关于释迦牟尼初出生形象的这一经典描述被通俗化为"一手指天,一手指地,周行七步,目顾四方,云:'天上天下,唯我独尊。'"⑤现在,在纪念释迦牟尼诞辰的浴佛节(农历四月初八)上,佛教徒排着队依次恭恭敬敬地用小铜勺盛满香汤浴灌的佛像就是这"一手指天,一手指地"的释迦牟尼初生像,俗称"太子像"。我们都

---

① 安徒生(Hans Christian Andersen,1805—1875)著名童话《皇帝的新装》中小孩与大人对"皇帝新装"的不同反应就生动形象地说明了这一点。
② 《大正藏》卷三,第 427 页下。
③ 据唐代释法琳(571—639)《破邪论》卷上引《清净法行经》载:"佛遣三弟子震旦教化,儒童菩萨彼称孔丘,光净菩萨彼云颜回,摩诃迦叶彼称老子。"(《大正藏》卷五十二,第 487 页下)释法琳在他的另一本著作《辩正论》卷一中还说:"太昊,本应声大士,仲尼即儒童菩萨,先游兹土,权行渐化,愍济五浊,宣布五常。"(《大正藏》卷五十二,第 493 页下)另外,我还曾在网上看到过这么一段非常有趣的关于孔子是儒童菩萨的讨论:"相传孔子号儒童菩萨,或曰:'吾夫子万代斯文之祖而童之,童之者,幼之也;幼之者,小之也。彼且幼小吾师,何怪乎儒之辟佛也? 又僧号比丘,丘,夫子讳也;比者,并也。僧,佛弟子,而与夫子并。彼且弟子吾师,何怪乎儒之辟佛也? 是不然,童者,纯一无伪之称也。文殊为七佛师,而曰文殊师利童子;善财一生得无上菩提,而曰善财童子,乃至四十二位贤圣,有童真住,皆叹德之极,非幼小之谓也,故曰大人者,不失其赤子之心者也。若夫比丘者,梵语也。梵语'比丘,'此云乞士,亦云破恶,亦云怖魔。比非比并之谓,丘非丘陵之谓,盖仅取音不取字也,例如梵语'南无,'此云归命,南不取南北之南,无不取有无之无也。噫,使夫子而生竺国,必演扬佛法以度众生;使释迦而现鲁邦,必阐明儒道以教万世。盖易地则皆然,大圣人所作为。凡情固不识也,为儒者不可毁佛,为佛者独可毁儒乎哉?"参见 http://apps.hi.baidu.com/share/detail/45645394。
④ 【宋】普济《五灯会元》,中华书局 2002 年 8 月版,上册第 3 页。
⑤ 同上书,下册,第 924 页。

知道,"天上天下,唯我独尊"乃是释迦牟尼悟道成佛后的"世尊"形象,而佛经描述佛一生下来就"一手指天,一手指地,周行七步,目顾四方",并且还说"天上天下,唯我独尊",这与道家说老子"一生下就白眉白发,白白的大胡子"或"生下来就会说话"具有异曲同工之妙,无疑是想藉此一夸张的说法以表明佛的境界也是一种"婴儿赤子"境界。另外,无独有偶,位列中国佛教"四大译经家"之首的佛学大师鸠摩罗什(梵语 Kumārajīva,344—413)的名字也具有"老子"的意蕴和境界,"这位鸠摩罗什法师,他这个名字真有意思,有什么意思呢?'鸠摩罗什'是梵语,翻译成中文就叫'童寿',童是童子,就是小孩子;寿就是长命、长寿,在这儿就当'老年人'讲,言其童年而有耆德,就是有老人之德,有老人这个德行,就是说,鸠摩罗什虽然是个小孩子,年纪不大,但智慧非常大,辩才大,道德也大,有长者的风度,有长者的德行,有长者的思想,所以叫童寿。不是他的寿命长,而是他有长者的德行,所以他的名字就是这个意思"①,显示出"赤子婴儿"之境界,这种"赤子婴儿"的境界被元代断云智彻禅师(1330—?)称为"圣胎",他说:"向水边林下,保养圣胎。"②禅宗的"圣胎"与藏传佛教(密教)的"胎藏界"有着异曲同工之妙。藏传佛教的《大圆满密续》用一个有趣的故事来表现所谓的"胎藏界",即"它提到有一只神话中的鸟,名叫金翅鸟,一出生就已经发育完成,这种影像象征我们的本性本来就是完美无瑕的。金翅鸟的后代,在蛋里就已经羽毛丰满,但在出来之前并不会飞,一直要等到蛋壳破裂,才能够一飞冲天。"③"一飞冲天"的不单单是破壳而出的小金翅鸟,而且还有小龙女。

在《法华经·提婆达多品》中,文殊菩萨讲述了一个"小龙女成佛"的故事,曰:"有娑竭罗龙王女,年始八岁,智慧利根,善知众生诸根行业,得陀罗尼,诸佛所说甚深秘藏,悉能受持,深入禅定,了达诸法,于刹那顷,发菩提心,得不退转,辩才无碍,慈念众生,犹如赤子,功德具足,心念口演,微妙广大,慈悲仁让,志意和雅,能至菩提。"对于"年始八岁"的小龙女就能"于刹那顷,发菩提心"而成佛,

---

① 《鸠摩罗什》,参见 http://baike.baidu.com/view/19679.htm
② 《断云智彻禅师示众》,载《禅》2011 年第 5 期,第 1 页。
③ 索甲仁波切著、郑振煌译《西藏生死书》,浙江大学出版社 2011 年 5 月版,第 86 页。

作为佛十大弟子之一的舍利弗觉得"是事难信,所以者何？女身垢秽,非是法器,云何能得无上菩提？佛道悬旷,经无量劫、勤苦积行,具修诸度,然后乃成。又女人身犹有五障,一者不得作梵天王,二者帝释,三者魔王,四者转轮圣王,五者佛身,云何女身速得成佛？"在舍利弗看来,"女身垢秽……犹有五障",因而女人是不能成佛的,怎么小龙女却能成佛而且还"速得成佛"？舍利弗在这个问题上犯了糊涂。实际上,小龙女能成佛,既不是因为其"女",也不是因为其"龙",而是因为其"小",也就是说,她凭着一颗小小的"赤子之心"而成佛,成的乃是"赤子之佛"——《法华经·方便品》中所说的"乃至童子戏,聚沙为佛塔；如是诸人等,皆已成佛道"也正是类似的意思。

与《法华经》中的小龙女遥相呼应的是《华严经》中的善财童子（梵文 Sudhana Kumāra）。据《华严经·入法界品》的记载,善财童子凭着一颗好奇又好学的"童心",次第南行,先后向菩萨、佛母、比丘、比丘尼、优婆塞、优婆夷、天神、地神、主夜神、王者、城主、长者、居士、童子、天女、童女、外道、婆罗门等各界人士求教,最终获证菩提,成就佛道。善财童子的这样一颗"童心",其实就是佛心。从善财童子身上,我们看到了"童心"所蕴含的深刻的佛性。

包括释迦牟尼和善财童子在内的许多佛教人神被赋予"婴儿赤子"的境界,这些听起来颇为有趣并不无浪漫的个案汇聚起来,使我们不得不去深思其背后的理论根源,而这种理论根源至少在《涅槃经》中是有所体现的。《涅槃经·圣行品》阐述了"专心思惟五种之行,何等为五？一者圣行,二者梵行,三者天行,四者婴儿行,五者病行",其中对"婴儿行"的解释可以看作是佛教"婴儿赤子"境界的一种理论依据,曰：

> 善男子,云何名婴儿行？善男子,不能起、住、来、去、语言,是名婴儿,如来亦尔。不能起者,如来终不起诸法相；不能住者,如来不着一切诸法；不能来者,如来身行无有动摇；不能去者,如来已到大般涅槃；不能语者,如来虽为一切众生演说诸法,实无所说,何以故？有所说者,名有为法,如来世尊非是有为,是故无说。又无语者,犹如婴儿,语言未了,虽复有语,实亦无语,如

来亦尔。语未了者,即是诸佛秘密之言,虽有所说,众生不解,故名无语。又婴儿者,名物不一,未知正语。虽名物不一,未知正语,非不因此而得识物,如来亦尔。一切众生,方类各异,所言不同,如来方便,随而说之,亦令一切因而得解。又婴儿者能说大字,如来亦尔,说于大字。所谓婆呣,呣者有为,婆者无为,是名婴儿。呣者名为无常,婆者名为有常,如来说常,众生闻已,为常法故,断于无常,是名婴儿行。又婴儿者,不知苦乐,昼夜父母,菩萨摩诃萨亦复如是,为众生故,不知苦乐,无昼夜想,于诸众生,其心平等,故无父母亲疏等相。又婴儿者,不能造作大小诸事,菩萨摩诃萨亦复如是。菩萨不造生死作业,是名不作。大事者即五逆也,菩萨摩诃萨终不造作五逆重罪;小事者即二乘心,菩萨终不退菩提心而作声闻辟支佛乘。又婴儿行者,如彼婴儿啼哭之时,父母即以杨树黄叶而语之言:"莫啼莫啼,我与汝金。"婴儿见已,生真金想,便止不啼,然此杨叶,实非金也。木牛木马,木男木女,婴儿见已,亦复生于男女等想,即止不啼。实非男女,以作如是男女想故,名曰婴儿。如来亦尔,若有众生欲造众恶,如来为说三十三天常乐我净,端正自恣,于妙宫殿,受五欲乐,六根所对,无非是乐。众生闻有如是乐故,心生贪乐,止不为恶,勤作三十三天善业,实是生死无常无乐无我无净,为度众生,方便说言常乐我净。又婴儿者,若有众生厌生死时,如来则为说于二乘,然实无有二乘之实,以二乘故,知生死过,见涅槃乐,以是见故,则能自知,有断不断,有真不真,有修不修,有得不得。善男子,如彼婴儿于非金中而生金想,如来亦尔,于不净中而为说净。如来已得第一义故,则无虚妄,如彼婴儿于非牛马作牛马想。若有众生于非道中作真道想,如来亦说非道为道。非道之中实无有道,以能生道微因缘故,说非道为道,如彼婴儿于木男女生男女想,如来亦尔,知非众生说众生想,而实无有众生相也。若佛如来说无众生,一切众生则堕邪见,是故如来说有众生,于众生中作众生想者,则不能破众生相也。若于众生破众生相者,是则能得大般涅槃,以得如是大涅槃故,止不啼哭,是名婴儿行。

这段似乎有点长的引文透过对婴儿特征的准确描述（堪称传神）告诉我们，婴儿有什么样的特征，"如来亦尔"，如来亦即佛也有什么样的特征，比如婴儿"不能起者，如来终不起诸法相"；又如婴儿"语言未了，虽复有语，实亦无语，如来亦尔，语未了者，即是诸佛秘密之言，虽有所说，众生不解，故名无语"，婴儿与佛就这样一一对应。虽然从语法上讲，这样的言说方式属于比喻，但从佛理上讲，这并非完全是比喻，而是反映了佛与婴儿之间的"特征同构"，这种"特征同构"最明白不过地表明了佛具有婴儿的品格。

四、"婴儿"是这样"炼"成的

作为一个自然的生理过程，人生是一个由赤子婴儿开始慢慢成长直到老年而死亡的"顺叙"发展过程，不过，古今中外却有那么些人，他们希望在身心上——当然主要是心性上——"倒叙"着"回到赤子婴儿"，其中有些是隐士或隐者，"不啻中国，外国也有隐者，美利坚合众国的梭罗就是一位……如徐霞客、梭罗这般，不论身在何处，都得以怀着一颗赤子之心，以真性情得大自在者，为'心之归隐'"①。西方文化传统并不能为这种"倒叙"的"心之归隐"提供任何思想指导或理论基础，尽管西方也不无像梭罗（Henry David Thoreau，1817—1862）那样"心之归隐"的"倒叙"实践者。要找寻这种"倒叙"的思想资源，只有把目光投向中国的儒佛道三教。中国儒佛道三教的境界论各自都发展出了丰富的"倒叙"人生的思想和方法，从而指导人们藉着某种特定的修身或修行实践而在心性上返归赤子婴儿的状态，也就是回归人生之"本来"，这个"本来"在儒家谓之"性"，在道家谓之"朴"，而在佛教禅宗则谓之"自性"或"本来面目"。不同于西方犹基伊三教——指犹太教、基督宗教和伊斯兰教——之向上外求于"唯一神"的宗教模式，中国的儒佛道三教乃是向下内求于自己的"本来面目"（我们暂且就按佛教的术语来说），或者，简单地说，西方的犹基伊三教提倡向外的信仰，而中国的儒

---

① 《隐者，是谁向往的生活？》，载《和谐之旅》2011年第10期，第56—57页。

佛道三教则主张向内的回归,比如,明海法师在谈到佛教的皈依时说,"皈依这个词,顾名思义,皈是回来,回归,依是依靠。回归的反面是流浪,所以皈依其实是找到精神家园……回到原点"[1],这"原点"就是我们每个人的"本来面目"。我们的"本来面目"在世俗生活中被"尘劳"所遮蔽、所侵染甚至所破坏,就像一粒本来清纯的西瓜子,与其他芸芸瓜子一起,被拌以"食用盐,八角,花椒,高良姜,小茴香,甘草,食用植物油,食品添加剂(甜蜜素、糖精钠),食用香精"而炒制成"千滋味"五香味黑瓜子[2],虽然吃起来香脆可口,但却失去了原味,甚至还因为添加了太多的食品添加剂而有害健康,如果你吃多了的话。人类个体的成长过程就像这粒瓜子一样,在世俗的大锅中被炒来炒去炒得失去了原味,远离了自然,尤其是在今天这样一个高度发达的电子时代,且看下面这两则微博上的言论:

@张朗郎的独白:回到远离喧嚣都市的马里兰,晚上自己慢慢散步时忽然恍然大悟,现在每天多数时间我都生活在电子空间里,或机械空间里,总之在人造空间里。很久了,没有抚摸过一棵树,没有仔细看看野草或飞鸟。电子世界让我们只能看见夸张的色彩,闪光的线条,忘记了质朴的自然是什么样的了,我已经是个准机器人了。

@范志红-原创营养信息:我坚持每天自己买菜做饭,因为食物是保持人类和自然联系的最后纽带。[3]

就儿童的天性而言,他喜欢在草地上打滚、在田野里玩泥巴远胜于躲在五星级宾馆里玩变形金刚、打电子游戏,然而无形的电子空间却大大地阻隔了人与自然之间本有的联系而使人成为"准机器人",越是到"开心农场"去"偷菜"就越是远离山间田野的真菜,越是远离自自然然的"赤子婴儿"境界,这是当代人的悲哀

---

[1] 明海《信仰的力量与三皈五戒(二)》,载《禅》2011年第5期,第11—12页。
[2] 山东日照新华瑞食品有限公司产品,该产品标准代号:GB/T22165;食品生产许可证编号:QS371118010178;食品标签评价编号:FLC371100085—2011。
[3] 转引自《济南时报》2012年1月30日A24版《微言博义》栏目。

与无奈,而儒佛道三教就是要为你提供一些行之有效的修炼方法,帮助你回到人生的原味和心理的自然,做一粒"原汁原味的瓜子",也就是回到"赤子婴儿"的境界,比如,傅味琴老居士在谈到佛教禅修时就依据自己的亲身经验肯定了禅定具有"返老还童"的妙用,他说:

> 修禅定的人皮肤会变,脸和手人人看得见,黑皮肤会变白,粗会变细。老人有老年斑,也会褪掉。十多年前上海有个学禅定学生,有一天跟我说:"你课讲得好,可是我没有产生信心。你给我们带修禅定盘腿时,我看到你一只手一伸,我就产生信心了,你的手就像小孩子的手。"我到现在72岁,手上没有老斑。83年,我从医院里辞职出来,想好好地修禅定。上海有个龙华公园,我每天到公园深处,在安静的草地上一坐,坐下去是十点钟,等我起来看表,下午三点钟,每天一坐就是五个小时,坐了三个月。后来,外地聘书来了,我又开始忙去各地讲学,一直忙到现在。有时在回忆中还留恋着这大草坪,那时我的学生说我变了婴儿的皮肤。[1]

禅定不但是一种佛教修炼,而且也被许多人理解为是一种完全可以获得"治疗"成功的"人生治疗",就像一个名叫杰克·康菲尔德的佛教徒在描述其禅修境界时所说的:"在静坐和调身治疗中……我学会了把手放在肚子和心脏处承接痛苦和空虚,那感觉有时就像一个贪得无厌的饿汉,有时让我感觉很幼小。……我会蜷缩成一团,呈现出来的自我形象像在电视里看到的埃塞俄比亚孩子。我给这个男孩取名为厄舍。是的,他要食物,但他最想要的是爱,那才是他心灵渴求的食物,而我通过多年的禅修,逐渐学会供给自己精神食粮"[2],这"精神食粮"就是他在禅修过程中所观想的"幼童"形象。我们都知道,在禅修时佛教徒所观想的一般是佛像(如果他需要观想的话)而不是像杰克·康菲尔德那样去观想

---

[1] 傅味琴《禅修前的开导(第一册)》,浙江开化县文殊院2011年11月印行,第5页。
[2] 杰克·康菲尔德《自恨的反思》,载《杭州佛教》2011年第3期第40页。

"幼童"。现在杰克·康菲尔德既然通过观想"幼童"也能达到佛教的境界,那就说明"幼童"与佛像在佛教修行上有着同等的价值。为了进一步佐证"幼童"形象在禅修中真的有其作用,杰克·康菲尔德还举了一位名叫罗丝的64岁老太太如何接受他的指导而回到"童心"摆脱心灵困境的案例,这个指导过程是这样的:

> 罗丝是个佛法修行者……她天性害羞。"同人打交道对我来说很困难,"罗丝说,"我知道,这部分是由于我的天性,但一部分是由于我家族历史的痛苦。我不能忍受任何人的眼光落到我身上。"在我们交谈时,她闭上了眼睛,这样她会感到安全。……当罗丝专心说着自己的经历时,竟哭了起来。我问她,是否能在身体里找到任何安全的地方。她说,找不到。她是否能从小时候找到某一刻的幸福吗?罗丝想了一段时间,最后,她睁开了眼睛,摩擦着右手,说:"蜡笔。"此时脸上露出微笑。她还记得当时才5岁,开心地抱着一盒彩色蜡笔的情景。我说这样她可以用它们来画画了。"不,不!"她回答,"我画什么,他们都会批评我。只有拿着它们,我才会没事。"……我让罗丝闭上眼睛,想象自己抱着这个拿着蜡笔的小女孩。然后我问:"如果没有人在看,那么接下来会发生什么事?"她仍然闭着眼,仰着头展开双臂说:"我会抱着她跳舞,就像童话里的公主,这就是我一直想要做的。"……我给她买了一盒彩色蜡笔。那一天,罗丝走进树林翩然起舞了,然后,她画了一张彩图,这是她童年以来的第一张画。她把画拿给我看。当她回去打坐时,内心充满了喜悦,她的心是开放的,她那64岁的身体充满了幸福。[1]

罗丝在杰克·康菲尔德的指导下"回到"了自己的童年,并最终从折磨她的痛苦中解脱了出来,"身体充满了幸福"。从杰克·康菲尔德本人以及他所指导的罗丝身上,我们看到了佛教"回到童年""回到婴儿"的"倒叙"实证,明白了"婴

---

[1] 杰克·康菲尔德《自恨的反思》,载《杭州佛教》2011年第3期第41页。

儿"在佛教中究竟是怎样"炼"成的。不但佛教可以"炼"成"婴儿",儒家和道教"亦复如是"。总之,以儒佛道三教为核心的中国文化乃是能让你"返老还童"的福地,只要你愿意进入这块福地,比如深受弘一大师(1880—1942)的佛学思想及其佛教人格影响并执弟子礼的著名画家丰子恺(1898—1975)就极为推崇儿童的天性,认为儿童"天真烂漫,人格完整,才是真正的'人'"。他曾说:"我看见世间的大人都为生活的琐事所迷着,都忘记了人生的根本,只有孩子们保住天真,独具慧眼。"据其女儿丰一吟透露,"他不仅是一位喜爱儿童的艺术家,甚至是一位儿童崇拜者,他称自己为'老儿童'。"[1]另外,台湾著名漫画家蔡志忠,其漫画"题材涉及古典小说、诸子百家、佛经等,蔡志忠的漫画题材和风格是中国化的",画着画着,这种中国化的漫画画多了,蔡志忠居然把自己也"漫画"成一个儿童,"谈起话来手舞足蹈,说完笑话,自己笑得周身抖动。'他的身体里,一直住着一个4岁的孩子。'刘继蕊说。回到房间,打开电脑,桌面背景是一张小孩的脸。'我在想为什么只要是小的,不管是小孩、小狗、小鸡、小熊,都让人喜欢。'他很严肃地跟记者说。'为什么?''因为纯洁,没有杂念。'他回答。"[2]再比如,"文革"期间曾被打成右派并遭流放的老革命牟宜之(1909—1975)在中国古体诗的写作上有很高的造诣,他"在1957年后的150首诗作中,乐观豁达的句子几乎随处都有,信手拈来,如'良辰乐事难兼有,白发青衫益放歌';'清风朗月何须买,多子能诗岂谓贫';'黄昏落日犹不倦,独倚柴门看晚霞';'长啸放歌豪情在,旋身起舞亦从容'。作为在那边捱流放,举目荒凉日子过来的人,从内心深处体验这种境界,绝非一般人所能企及,真是凭着一颗赤子之心在写诗,在做人"[3]。

---

[1] 转引自瞳紫《烂若星河的民国教育界》,载《旅客报》2012年第1期,第71页。
[2] 柴爱新《多面蔡志忠》,载《人海灯》2011年第3期,第43页。
[3] 李锐《读牟宜之诗》,《炎黄春秋》2009年第2期,第80页。

从《提谓波利经》看北朝儒佛思想之交融

——以 P.3732 敦煌本为例

侯广信

南京市委党校 南京市行政学院

摘 要：自汉武帝"罢黜百家,独尊儒术"以来,以忠孝观念为核心的儒家思想成为中国思想文化之主流。佛教传入中土曾与儒家思想产生激烈的冲突、碰撞。后经历代高僧大德不懈努力,不断将之与儒家思想相调试并逐渐与其融合。这加快了佛教中国化的进程,为中国化佛教的发展与形成做出了重要贡献。因此,研究儒、佛思想之融合对探究中国传统文化与佛教中国化有重要意义。本文以 P.3732 敦煌本《提谓波利经》为例,分析该经所蕴含的"忠孝"思想,以此来探究北朝儒、佛思想交融的情况。

关 键 词：北朝 儒家 佛教 忠孝 五戒

一、《提谓波利经》之概况

《提谓波利经》为北朝僧人昙靖于宋武帝时(约 460 年)在原一卷本《提谓经》基础之上融入儒家"五行""忠孝"与道教"增寿""延命"等思想创作而成。该经以佛为在家居士提谓、波利二人说法为线索,以宣扬"五戒十善""人天因果"为主要内容。经文原本已经佚失,现仅有敦煌四个写本存世,且均为残卷。写本虽残,亦可观其大貌。据其可将内容分为：广说五戒、受戒仪轨、持斋守戒、善求明师、因果报应五个部分。

该经自产生之后便在社会上产生深远影响,隋朝开皇年间关中地区曾出现"往往民间犹习《提谓》"之高潮,民间出现了专门修习该经的团体——"邑义",且"兴斋"之风亦随之大盛。后受唐、宋、元、明、清历代高僧学人备加推崇、引用,对佛教思想的传播与弘扬产生了重要的影响。

二、儒家忠孝论

中国自古就是以血缘关系为纽带建立起来的宗法社会,它以家庭为基本单位,有着共同血缘关系的家庭又组成家族,不同的家族又组成带有地域性质的乡,不同的乡又组成整体性、统一性的社会群体——国。所以"国"又称为"国家"或"家国"。要保证"国家"正常运转就要维持"家"的稳定与团结,而"孝"则是维持和加强家庭成员联系的基本观念。

在关于"孝"的诸多著作中,产生较早、影响较深、应用较广的当属《孝经》。它由孔子、曾参及其弟子(亦或弟子的弟子)所作,其最晚成书年代不晚于公元前241年。该书以《孝经》为名,体现了"孝"在儒家思想中的重要地位。

> 夫孝,德之本也。

人之所以为人在于有德;而德之所以为德,其根本在于孝。"孝"是做人最基本的要素和条件。

> 夫孝,天之经也,地之义也,民之行也。

"孝"是天地之间永恒不变的大道与规律,是人最重要、最根本的品行。它是打通天、地、人三者之间的关键。

> 身体发肤,受之父母,不敢毁伤,孝之始也。立身行道,扬名于后世,以显父母,孝之终也。

保护身体不受伤害是做到"孝"的基本要求,立身弘道、扬名后世是"孝"的最高的境界。如《礼记·祭义》载:

> 父母全而生之,子全而归之,可谓孝矣。不亏其体,不辱其身,可谓全矣。

《孝经》虽全文在讲"孝",但其核心则在于"以孝劝忠,以孝尽忠,以孝治天下"。

> 君子之事亲孝,故忠可移于君。

"君子"是有德之人,若能孝敬双亲,必能忠于君王。对"亲"尽"孝",对"君"尽"忠";二者的关联就在于"可移",即移"孝"作"忠"。

> 夫国以简贤为务,贤以孝行为首。孔子曰:"事亲孝故忠可移于君,是以求忠臣必于孝子之门。"

"孝"为根本,"忠"是从"孝"中生发出来的,是对"孝"的扩展和深化,是扩大了的"孝"。"孝亲"扩展、深化后变成"忠君";"父子"扩展、深化后导向"君臣";"君臣"也就变成了"君父臣子";为"君"尽"忠"就是为"父"尽"孝"。"君臣"关系的本质就是"父子"关系;"忠""孝"相互联系、密不可分,成为儒家思想的重要组成部分。

先秦诸子虽多提到"孝",但只有在儒家那里才受到重视。汉武帝"罢黜百家,独尊儒术",《孝经》地位空前,受到西汉大儒推崇,董仲舒便是其一。他不仅继承了《孝经》的思想,而且还将其发展到前所未有之高度。六朝时社会上出现皇帝、太子"听经、讲经、注经"的高潮;"北朝各国也以《孝经》立于学官"。而北朝所产生的《提谓波利经》在时代与社会思潮的影响下也吸收了"忠孝"的思想,形成了其独特的"五戒忠孝等同说"。

三、《提谓波利经》的忠孝思想

如前文所述,《提谓波利经》关涉儒、佛、道三家思想,其中儒家的"五行说"与"忠孝说"在该经体现尤为突出。此处以 P.3732 敦煌本《提谓波利经》为例,对其中的"忠孝"学说加以分析,以探讨儒、佛思想之交融。

1. 持戒、五刑与忠孝

戒律是佛教宗教修行之规范与日常生活之准则,为"三藏"之一,在佛教占有重要地位;"忠孝"为儒家的核心思想;两家思想在《提谓波利经》中相互交融。

> 持戒當行忠孝,不行忠孝者為不持戒。(P.3732)

上文从两个方面论述了"持戒"与"忠孝"的关系:一是从肯定的方面认为如果"持戒"就应当践行"忠孝",进行道德上的规劝;二是从否定的方面认为如果不尽"忠孝"就是不"持戒"。这就意味着二者互为条件、缺一不可,把"忠孝"与"持戒"直接等同起来。

为了进一步论证"持戒"与"忠孝"的关系,该经还将"不持戒"与"五刑"相关联:

> 不持戒者,罪屬五刑。何荨為五刑？東方劓,為臏,木刑,正法五十,屬五百。南方墨刑,為火,正法百,屬千。西方割刑,金亦剋割,誅木枝杆,割刑亦去人枝杆,正法百,屬千。北方大辟刑,水滅火盡其性命,辟刑亦煞人、滅人姓命,正法廿,屬二百。中央宫割刑,土塞水不淂戒溢,宫割刑亦禁人情態、不淂婬姝,正法卅,屬三百,合三千。三千之罪,皆屬五刑。五刑屬五官,五官分治五戒。(P.3732)

为了便于理解,可将上文转化为表1:

表1

五方		东	南	西	北	中
五行		木	火	金	水	土
五刑	名称	劓	墨刑	割刑	大辟刑	宫割刑
	正法	五十	百	百	廿	卅
	属	五百	千	千	二百	三百

如前文所述,"不敢毁伤""不亏其体""不辱其身"是"孝";相反,"敢毁伤""亏其体""辱其身"便是"不孝"。这与"五刑"又有怎样的关系呢?

　　五刑之属三千,而罪莫大于不孝。

按律法可处"五刑"的罪有三千多条,而其中最大的莫过于"不孝"。"不孝"便会受"五刑"惩罚。"五刑"的每一种都是极其严酷的肉刑,不但对"身体发肤"都有所"毁伤",还会对精神、心理造成严重的伤害,不能"全而归之",即"不孝"。

据《逸周书逸文》载:

　　火能变金色,故墨以变其肉;金能克木,故刖以去其骨节;木能克土,故劓以去其鼻;土能塞水,故宫以断其淫;水能灭火,故大辟以绝其生命。

"五刑"是根据"五行相胜"的说法而来,可将上文以表2的形式加以分析:

表2

五行相克	理	火克金	金克木	木克土	土克水	水克火
	文	火能变金色	金能克木	木能克土	土能塞水	水能灭火
五刑	文	墨以变其肉	去其骨节	去其鼻	断其淫	绝其生命
	名	墨刑	刖刑	劓刑	宫刑	大辟

又《尚书·吕刑》载：

墨罚之属千，劓罚之属千，剕罚之属五百，宫罚之属三百，大辟之罚其属二百。五刑之属三千。

可将上文转之为表3：

表3

五刑	墨刑	劓刑	剕刑（刖刑）	宫刑	大辟
罪	千	千	五百	三百	二百
	三千				

为了更直观地分析《尚书·吕刑》《逸周书逸文》《提谓波利经》三者关于"五刑"论述之间的关系，可见表4：

表4

		《逸周书逸文》					《尚书》					《提谓波利经》				
五方												东	南	西	北	中
五行	名	火克金	金克木	木克土	土克水	水克火						木	火	金	水	土
	文	火能变金色	金能克木	木能克土	土能塞水	水能灭火						膑木		金亦剋割	水灭火	土塞水
五刑	文	墨以变其肉	去其骨节	去其鼻	断其淫	绝其生命								去人枝杆	尽其性命	不得淫妷
	名	墨刑	剕刑	劓刑	宫刑	大辟	墨刑	劓刑	剕刑	宫刑	大辟	劓刑	墨刑	割刑	大辟	宫割
罪	单						千	千	五百	三百	二百	五百	千	千	二百	三百
	合						三千	三千								

从表4的内容来看，《提谓波利经》关于"五刑"的内容来源主要有三个：一是《逸周书逸文》"五行生克"与"五刑"的论述；二是《尚书·吕刑》关于犯"五刑"之罪的数目；三是该经"五方"对"五行"的论述，即《提谓波利经》这部分内容是在吸收儒家"五方""五行""五刑"相关学说下所创作完成的。

"持戒"要求佛教信仰者受而能持、持而莫犯；按照"戒"的要求去规范和约束自身的语言、行为和意识，就不会触犯世俗律法，不会受到"五刑"的惩处，保全自身就做到了"孝"；"孝"又是"忠"的根本，这样就做到了"忠孝"。反之，"不持戒"就有可能受到"五刑"的惩处而毁伤身体，即是"不孝""不忠"。

2. 五戒、五常与忠孝

《提谓波利经》还具体论述了"五戒"与"忠孝"的关系。

> 佛言：人不持五戒者，为无五行。煞者为无仁，飲酒為无礼，婬者为无義，盗者为无知，兩舌者为无信，罪属三千。先能行忠孝，乃能持五戒。不能行忠孝者，終不能持五戒。不忠、不義、不孝、不至，非佛弟子。（P. 3732）

不持"五戒"便没有"五行"，但这里的"五行"并非前文所指之金、木、水、火、土之"五行"，而是被赋予了新的内容——"五常"。将名为"五行"的"五常"与"五戒"相互比附。具体对应关系如表5所示：

表5

五戒	煞	饮酒	淫	盗	两舌
五行（五常）	无仁	无礼	无义	无知	无信

上文一是论"五戒"与"五常"的关系；二是论"忠孝"为持"五戒"的条件。从第一层看，杀生无仁爱之心，故"无仁"；酒为狂水，饮则乱人心性，心性乱则行不端，行不端则常违礼法，故"无礼"；淫为乱行，悖人伦、夫妻之义，故"无义"；盗则取他人之物而占之，触犯刑法，必遭刑罚，非明智之举，故不"不智"；两舌者，恶口无实，挑拨事非，失信于人，故"无信"。杀、盗、淫、妄、酒，皆可触犯刑法，"罪属三

千"而遭受刑罚,毁伤父母所生之体,故为"不孝"。

又《吕氏春秋·孝行览·孝行》载:

> 身者,父母之遗体也。行父母之遗体,敢不敬乎?居处不庄,非孝也;事君不忠,非孝也;莅官不敬,非孝也;朋友不信,非孝也;战阵无勇,非孝也。五者不遂,灾及乎身,敢不敬乎。

"不庄""不忠""不敬""不信""无勇"五者都有可能招致灾祸、危及人身,都是"不孝"的表现。关于这方面《提谓波利经》中亦有相似记载:

> 佛言,持五戒為人行,行十戒淂生天,……煞、盗、婬、欺、忘言、兩舌、戒口、呪咀、飲酒醉乱、不孝父母、為臣不忠、為父不仁、為母不慈、為君不平、為臣不順、為弟不恭、為兄不敬、為婦不礼、為夫不賢、奴婢不良,死入地獄,不孝師父,其罪不請。(P. 3732)

由此可见二者的论证内容与理路是相一致的。

从第二层看,"行忠孝"是"持五戒"的前提条件;不"行忠孝"就不可能做到"持五戒"。该经还将"忠""义""孝""至"作为"佛弟子"的必要条件,否者就失去做"佛弟子"的资格。这将儒家的核心理念"忠"和"孝"在佛教经典中提到一个前所未有的高度。

四、结语

通过上述分析可以看出儒家"忠孝论"对《提谓波利经》影响之深。该经不仅吸收儒家"忠""孝"观念,还将之与佛教"五戒"相结合,使二者相等同。南北朝虽乱世,但儒家思想仍具有强大的生命力,尤其是作为核心的"忠孝"观念;各国皆以讲习《孝经》为风尚。在这样的政治、历史、思想背景下,佛教顺应时势发展,由最初的被动适应主动调整为借鉴学习,不断吸收中国本土的思想元素丰富自身理论学说。由此,佛教既可借助儒家思想弘扬佛教思想,吸引更多受儒家思想影响的人学习佛教;又在弘扬佛教思想的同时,客观上促进儒家思想在佛教信仰者之间的发展与传播;从而促使两家思想不断地进行交流、融合,催生了具有儒家伦理特色的佛教伦理。这是佛教中国化的鲜活、生动的实例,也是中国化佛教阶段性的成果。可见,南北朝佛教已经不再是从初传中土时的佛教了;它已经变成融合了中国本土思想文化的佛教;它已经找到了适合自己生存和发展的道路,且其生存和发展已有自身的特点与个性。这为后来隋唐佛教的繁荣与发展打下了坚实的基础。

"相忘而游"与庄子的"友谊共同体"

吴忠伟

苏州大学　哲学系

中文摘要：庄子的精神修炼哲学不是纯粹的"自修"，而是隐含了一伦理学思考，其实质在于将"他者"视为"友"，通过自我与他者"相忘"于"道术"而建立一"友谊"共同体，从而否定了对他者作侮辱、欺压、利用之非伦理向度的考虑。从思想史的角度看，庄子试图以"真人"集团这一"友谊"共同体来对抗战国后期权力主体对"士"之自主性的侵凌。

关 键 词：庄子　相忘而游　友谊共同体　他者　真人

众所周知，庄子致力于自我之精神修炼，对"逍遥"之境的达至。然庄子的"美学家"形象不应让我们产生误解，以为庄子专于"己"修而对他者有所忽略。事实上，庄子特别关注建立与他者的"友谊共同体"，通过"相忘"于"道术"，庄子将"己"与"人"之合作建立在一真正道德的心智基础上。

一　友与相忘而游

"朋友"是一人际关系、人伦维度，在不同思想学派那里，对"朋友"关系不仅有着评价"态度"上的差异，且也存在一个理解视角的问题。在先秦诸子中，庄子于人际关系中特重"朋友"一维，此点颇可与早期儒家的视角作比。孔门其实亦重"朋友",《论语》首章《学而篇》"有朋自远方来,不亦乐乎"显示此点。儒家之重"友",这是出于立"己"之需要。在诸多人伦关系对象中,"友"乃是一在道德、学问以及志趣上与自我相称之"他者",通过"友",某一自我得到唱和、规劝,故"友谊"乃是在两个独立个体之间基于相互"欣赏"与"尊重"而形成的人际关系。缘此,夫子很强调"勿友不如己者",因为"平等尊重"是"友谊"得以形成的前提,而并非是"不道德"之举。当然,孔门虽然重"友",但朋友只是五伦之一,相较君臣、父子、夫妇、兄弟等关系,此关系的给出缺乏一"制度"上的优先性。因为父子、兄弟关系、夫妇关系具有"亲属关系"上的给定性,君臣关系则具有"政治身份"上的必要性,而"朋友"关系超乎亲属关系与政治关系,其非"给定",实要求更大的"自主选择"性,这也就可以理解儒家谈"友",特别重从己人对举角度入手,突出了相互的"知己"性。至于庄子一派则不然,其极端看重"朋友",甚至可以说将之置于诸多人伦关系之首。作出这一判断并非难事,此可通过对比庄子一派对其他人伦关系的态度看出,其中要特别区别人伦关系之"事实"与对人伦关系之评价"态度"。父子关系在庄子一派不被看重,因为在此派看来,人乃"道"之造化的结果,非人为之刻意所成,故其对生死如此安然接受,虽然其并不否认父子关系之存在,但对父子之情则确乎淡之,所以整个《庄子》一书也甚少提及此一人伦维度。君臣关系,此亦为儒家所高度重视,而在庄子一派则竭力排斥,以为此关系非是"与生俱来",这也对应于其方外之人的身份角色。至于兄弟关系,庄子一派不太提及,或许朋友关系已将兄弟关系涵盖。至于夫妇关系,虽是后天而成,庄子一派倒颇有述及,即便庄子有"妻死"而"鼓盆而歌"之逆俗之举,然此并不意味着其对夫妇关系的"看低",而只是庄子生死观贯彻落实于至亲的表现而已。事实上,在庄子一派中,"夫妇"乃是仅次于"朋友"一伦者。但即便如此,庄子一派可以忽略"夫妇"关系而只谈"朋友"之维,此亦不同于纲目化为"三纲"之一的儒家夫妇关系。

由此,相对于儒家"友"之"知己"性,庄子一派对"朋友"的理解似乎更重"伙伴"性,即能够共同参与某一"空间""场域"游戏之"同行",所以也就格外凸显了"朋友"的"相与"性,即"个我"与几个人同时成为"游戏"伙伴。自然,要加入此一游戏伙伴圈进而相与为友并非容易之事,需要相当之"心智"条件作为前提,其根本在于对"生死"大限的突破。在《庄子·大宗师》中,颇多此例。如"子祀、子舆、子犁、子来四人相与语曰:'孰能以无为首,以生为脊,以死为尻;孰知死生存亡为一体者,吾与之友矣。'四人相视而笑,莫逆于心,遂相与为友。"在此,有一个"拣选"朋友之机制,即通过"言行"显示其通达生死一体,随顺大化这者即被"确认"为朋友,所以相与为友其实也是个"我"之间交互"拣选"的过程,其评价之标准即是他们之间"不约而同"的"默契"。有此"默契",即成朋友;无此默契,即失之交臂。也许,这样一种"默契"会被视为过于"玄乎",但其实是非常"实在"而"有效"的。我们可以这样设想,在一个一定规模的社会空间里,个"我"之间并非完全是"熟人",而是处于"相互不知"之状态,这虽非可以"无知之幕"比之,但"他者"之"心"包括其兴趣、爱好、信仰、立场并不全然了解。在此情形下,要寻求一个能与己同"游"之"友"者,即要通过一定的形式发出"求友"之信息,所谓"嘤嘤其音,求其友声"。"求友"之信息自然不是通过"媒体"的途径,以"正儿八经"之形式"广而告之"的,而是在非"正式"的场合,以一种"私人"交谈的形式而出的。因为必须警惕、提防,在一定范围的人群中,有"潜在"的"朋友",但更多是"潜在"的"对手"或"泄密者",故"求友"是要"试探"的。"试探者"不约而同地"发出"同样的信息,而又不约而同地"接收"到同样的信息,所以他们既是"求友"信息的发布者,又是接收者。事实上,这样给出的"求友"信息虽具有一"意义"指向,但更像是一道"测试题","求友"者既要测试别人,也要被别人所测试,故是"相互"测试,譬如"子桑户、孟子反、子琴张三人相与为友,曰:'孰能相与于无相与,相为于无相为,孰能登天游雾,挠挑无极,相忘以生,无所终穷?'",此中的"孰能相与于无相与,相为于无相为,孰能登天游雾,挠挑无极,相忘以生,无所终穷?"可视为"试题",其与前文之"孰能以无为首,以生为脊,以死为尻;孰知死生存亡为一体者,吾与之友矣"在形式是相似的,而表述内容则依语境之不同而稍异。值得注意的是,"测试题"是以"言语"形式,似"有口无心"地说出,而对"测试题"的回答不是以言语形式,乃是"心领神会",故"相视而笑,莫逆于心"。通过测试者,遂相与为友。

庄子一派的"友"既是一游戏共同体,而其得以维系的条件则可以从两个方面理解：一是朋友人数规模之限定，一是相忘无情。我们首先看前者。庄子一派之"相与为友"往往有一人数上的标识，或是三人，或是四人、五人，过少如二人，或过多超出五人以上，均少见，这是颇耐人寻味的。显然，"道友"人数上的设定并非是任意而为，而是有其心理学与社会学意义上之意涵。从数学角度讲，"三"与"二"无有特别之别，而一旦数词与"人"结合，形成一人员"组成"形式，则产生"质"的差异：两人成"对"，三人成"群"（所谓三五成群），"群"之异于"对"也。两人关系（"对"）是最基本的人际关系，也是一切人际关系的基础。两人关系是以一特别强烈之"情感"纽带来维系的，譬如夫妇、父子，但儒家强调可以"两人"关系为基础来理解更复杂的社会关系，譬如君臣之间也要有相应之"情"要求。至于三人关系（"群"），显然更为复杂，因为从数学来讲，其可组合出六种关系形态，其中每一个体在处理与其他二者之一的关系时，要考虑到其他二者之间本身的关系，反之亦然。三人乃至四人、五人关系客观上制造了一"博弈"格局，使得在两人之间特别发展出的情感维系纽带难以特别发展出来，但由于这种"人群"之规模仍是有限的，故"同伴"之间的关系有可能维持在一"均质"状态，无有"偏向"性的"分化"，这就使得"相与为友"之"相与"成为可能。何谓"相与"？"相"显指二人相对，但"相与"不是"相互"，后者特指在一个封闭之两人关系中，而前者则是在三五而成之"群"中，"群"员之间以一"交叉"的形式两两相对，故其排斥与在此"群"之外的人员"为友"，而在此"群"内部之"结友"则是无有"偏向"性。即以《庄子》中人物为例说明之，子桑户、孟子反、子琴张三人相与为友，则子桑户同时与孟子反、子琴张为"友"，而无有"偏向"性，孟子反、子琴张亦然。事实上，庄子一派所给出的这一"友谊共同体"模式是十分独特的，其既非是排他的单一性"一对"朋友关系，亦非松散的"四海之内皆朋友"，后者之模式可以包容个"我"与不同他人结友之"偏向"性，也允许"我"之"友"之"友"未必是"我"之"友"，这样也就无所谓"相与"性。由于满足"相与"要有相当之条件性，故庄子一派的"友"之"群"的规模必须限定在一定人数范围内。

而与此友"群"之规模相应的是，庄子一派的"友"在心智条件上亦有极高之要求。既要做到"相与为友"，无有"偏向"性，则惟有"相忘无情"。这似乎是一

"吊诡",既然相与为友,自当有特别之情,念念牵挂,然又以为当"相忘无情",此似不可解。对之还是必须联系"无待"(无所待)之概念来处理。即如庄子所云,个"我"不知"真宰"之无有,不识"道"之造化,待于彼我之分,生扬己辱人之心,日以心斗,则他人者非友也,而皆为竞争者或可利用者,故"有待"(有所待)之人无"友"也。个"我"若达"道"之为"造物者","我"之乃待"道"而在,非"踊跃之金",故生化皆随顺之,则"彼"非"我"之竞争者、被利用者,而实同为"道"之所造化者也。在此本源意义上,彼我实为"友"也。然彼我封界,天人判分,此一"本源"共在之"友"的关系遂被遗忘,《大宗师》篇即多次以"鱼相忘于江湖"之譬说明此点。如"泉涸,鱼相与处于陆,相煦以湿,相濡以沫,不如相忘于江湖",又有"孔子曰:'鱼相造乎水,人相造乎道。相造乎水者,穿池而养给;相造乎道者,无事而生定。故曰:鱼相造乎水,人相忘乎道术。'"鱼乃是赖水而存活,在水中自在而不觉他,故"忘之",无水则只能相互之间以吹水泡来暂且安慰。自然,鱼之"相濡以沫"亦属难能可贵,可称是"患难兄弟",然此非根本之策,实苟且一时之术也,故不足依,所以"不如相忘于江湖"。显然,鱼之"相濡以沫"滋生了一"相念"之"情",然此"情"非是一种"必要",而是一种无奈之"剩余物","鱼"在江湖之中是无需此"剩余物"的。不妨再作推理,若强化此"剩余物"意识,不即是总要置"鱼"于"泉涸"之地邪?故此,真正"友"之关系应是建立于"相忘于道术"之基础上,不"念"其友,才真为其友。从根本上来讲,庄子之"相忘"是一精神修炼之"技术",其要求个体由"有意识"的活动方式向"自发"的活动方式转化,即所谓"从低级机制向高级机制的过渡当中,意识会消失,或是部分地消失,或是改变功能,或是发生变化"。故在"友"之生死大化之际,庄子一派的态度是达观的,不持俗世执守存念之心,相反倒是要坚持履行对"道"之造化的依从。如子祀、子舆、子犁、子来四人为"友",子舆示疾,子祀探疾,二人仍是在依"道"而言。子舆自我调侃:"伟哉,夫造物者以予为此拘拘也……",子祀不示哀伤而以验其临化之心境:"汝恶之乎?"对曰:"亡,予何恶也。……且夫得者,时也;失者,顺也。安时而处顺哀乐不能入也,此古之所谓悬解也。而不能自解者,物有结之。且夫物不胜天久矣,吾又何恶焉?"

事实上,对友之"死"的处置态度是最能验修道者道心之是否。《养生主》讲述了一故事:"老聃死,秦失吊之,三号而出。弟子曰:'非夫子之友耶?'曰:'然。''然则吊焉若此,可乎?'"秦失吊唁老聃,而无哀切之情,故为弟子所怪。秦失的解释是:"然。始也吾以为其人也,而今非也。向吾入而吊焉,有老者哭之如哭其子,少者哭之如哭其母。彼其所以会之,必有不蕲言而言,不蕲哭而哭者,是遁天倍情,忘其所受,古者谓之遁天之刑。适来,夫子时也;适去,夫子顺也。安时而处顺,哀乐不能入也。……"秦失以此自释。其实,"相忘于道术"是一高难度之技术,要求友与友同时要"忘",若一者忘之,一者不忘之,则不成"相忘"。一者不忘,即显"有待"之"心",嗜欲、犹豫、相信、偏执等种种"认知"(心想)情态即有相应之"貌象"显示,个"我"显此"貌象"即露"破绽,其虽稍纵即逝,旋为对方所捕捉,此即为他人所看轻而"受辱",或自感有惭,心生愧意,不能与友比肩。故"友"者,互重而不辱也,因不能忘而"不自重",即成"受辱"之情势,"友"之联盟即告瓦解。

二 师生与道友

庄子既重"友",而相与为"友"之可能在于彼此对"道"的遵从,则此"友谊共同体"实"修道"共同体也,由此必然涉及师生关系问题。较诸孔门,庄子一派师生关系有其显著之特色,其表现在:一是重"对话",师生往往在对话中展开讨论,其中不乏学生对老师的辩难、质疑;二是师生共同体在组织形态上有一松散性,师生之间乃是因"道"而聚。就此而言,庄子一派之"师生"之间乃是道友关系。

我们首先来看"对话"。庄子一派善言语辩说,《庄子》内七篇乃至整个《庄子》几乎就是由"对话"而成的"故事"组成,这是颇引人注目的。事实上,对话无非两种可能,一是异见者的辩论,一是师生间的讨论。从广义上讲:某人就某一问题请教他者,即构成一事实性的"师生"关系,所谓"三人行必有我师"。而一般之师生关系则是就狭义上说,是特指在某一"专业"领域,由于教导、传授某一知识、技能而形成的关系。就庄子一派来说,"道"自然是所传授之"知识",然此"知识"既是"亲证"知识,实"得之于心而应之于手",故非文字言词所能传也,所谓"知者不言,言者不知"。所以较诸孔门教导六艺之外尚有经典之学习,庄子一派无有"经典"之凭借。"道"既不传授,则师生相授岂非枉然? 然实不应作此想也。"道"虽非相授而传,但由"心得",然师生间的互动对话是"入道"之阶梯、前奏,藉此可助己之得道,《齐物论》中南郭子綦与颜成子游之对话即是著名之例。故此,对话于庄子一派师生关系极为重要,因为对话非止于一次性的"问答",而有一层层推进性,且不乏波澜,"师"作为得"道"者,自然肩负指导、点化之责,然"生"亦非尽然只是唯唯诺诺,而有反辩,故"对话"引导"生"朝向对"道"的更好把握。如果我们将庄子一派的"对话"与《论语》之"语录"形式对比,颇可见其异趣之不同。

当然需要指出的是,在《庄子》内七篇中,对师生对话的描写其实有两个不同的维度,除了上述专门围绕"道术"而展开的师生对话外,还有围绕"政治"主题而展开的"事君"之"术"的对话,这在《养生主》《大宗师》等篇中颇有记述。虽然庄子一派以"方外"自居,不以治世为任,不越俎代庖,然并不表明其与"政治"毫无关涉。相反,通过师生关系,真人与世俗政治可迂曲地建立一种关联,此颇可以对应于《天下篇》所云的"内圣外王"之道。在此,"师"扮演的角色总是一"道"之"教导者","生"则是某一政治使命之履行者。如最为著名的师生关系典型为孔子与颜渊,二人在《人间世》中有一对话,主题是关于"事君",具体内容则是:颜回入仕卫国前辞行夫子,请教入世之方。由于卫国是有名之乱邦,要降伏暴君之心并非易事,故孔子指出"先存诸己而后存诸人",先要自修,然后可以治人。己修不及而化人,或有"好名"之过,反招"杀身"之"辱",此已有关龙逢、比干之前鉴。至于"自修"亦有层次之分,若未达最高之"心斋"境界,则己心未化犹不可化人。所谓"心斋",如前已述,"颜回曰:'回之家贫,惟不饮酒不茹荤者数月矣。若此,则可为斋乎?'曰:'是祭祀之斋,非心斋也。'回曰:'敢问心斋。'仲尼曰:'若一志,无听之以耳,而听之以心;无听之以心,而听之以气。听止于耳,心止于符。气也者,虚而待物者也,惟道集虚。虚者,心斋。'""心斋"是治世之心智前提,师资之相授确保了弟子在入世事君时不遭"羞辱",此与庄子一派总体拒绝参与"政治"以"免辱"的立场似有差异,不过也不能说完全有异。因为庄子一派之参与政治似仍有限制:不是作为"真人"的"师",而是"弟子"入世,"师"但是弟子入世的"指导者",而非"君王"的"指导者"。这样一种限制,使得"真人"与现实政治仍可保持一种"间隔",维持其"职能"的独立性。

至于庄子一派师生关系组织形态之松散性,则也很理解。因为"道"乃"自修"而"心得",非由"师授",故"师傅领进门,修行靠个人"。既然我们无法保证"学生"在某一给定期限内必然"得道",则"得道乃返"似乎也就没有必要。"弟子"完全可以在接受"老师"的基本教导后,离师自修,至于最终是否得道则是看个人的"造化",此亦非其师所能为也。所以我们也就能看到《应帝王》中列子经壶子点化后,返家自修,最终得道。若此,在庄子一派那里,师生之间确可谓是因"道"而集,未必一定构成一个相对封闭的修道团体,此点或可与六朝道教修道团体作一有意义的对比。事实上,如"师"但是一行"道"之"指导者",其"职能"但在点化弟子,而不是要将"道"传之于人的话,则"师"(真人)并无有"道"之不传的焦虑,故而在庄子一派那里,后世"谱系学"意义上的师生相授关系并没有建立起来。至少同孔门之"师道"相比,庄子一派并未发展出一明晰的学说传承谱。当然这样一来,庄子一派的"真人"或可以一广泛意义上的"师"自居,其可接受非弟子身份之他者的请求,为其点化,如《人间世》中的"叶公子高将使于齐,问于孔子",如何处理"人臣之使命之难",孔子一方面以为臣事君义也,但行之不可有好恶,进而劝之顺物之自然以致命。显然,孔子对子高之教不同于对颜回,一为"慕名者",一为"弟子",故对子高,特强调其之"致命"。

其实,庄子一派之重"师"乃是建立在重"友"之基础上。"师"无非是先知"道"者也,"生"为后进,当尊其师,然一旦精进入道,其与"师"则成"道友",甚至有反转师生之可能。还是以颜回与夫子之对话为例:"颜回曰:'回益矣。'仲尼曰:'何谓也?'曰:'回忘仁义矣。'曰:'可矣,犹未也。'他日复见,曰:'何谓也?'曰:'回忘礼乐矣。'曰:'可矣,犹未也。'他日复见,曰:'回益矣。'曰:'何谓也?'曰:'回坐忘矣。'仲尼蹴然曰:'何谓坐忘?'颜回曰:'堕肢体,黜聪明,离形去知,同于大道,此谓坐忘。'仲尼曰:'同则无好也,化则无常也。而果其贤乎,丘也请从而后也。'"孔子不耻以弟子为师,其与颜回之师生关系就此倒转。自然,这只是一个颇有"调侃"意味的故事,但这样的故事确实也只能在庄子一派那里才可能出现。

三 馈赠与无何有之乡

据庄子,"自我"之在世,不是决然孤独的,而是可以"相与为友"的。偕友而游,此是有"真知"之"真人"的"游戏"。从真人个体来说,其于"游戏"无有任何功利之想。不过从一"社会组织"来说,真人之"集合"为友谊共同体还是具有一"社会学"之意义,即在最广义上将"他者"普遍地视为"友",从而在此世俗社会之运作机制之外给出了另一套心智运作逻辑。不过此一"真人"集团本身如何可能存在、运作下去呢?对此我们看到,庄子一派似乎同时有两个维度的思路:一是拒绝与"权力主体"的交换,而同时"给予""馈赠"世间;二是规避"有用""无用"之价值评价。

在《逍遥游》中,庄子一派给出了"不食五谷"的"神人"形象,所谓"藐姑射之山,有神人居焉,肌肤若冰雪,绰约若处子。不食五谷,吸风饮露,乘云气,御飞龙,而游乎四海之外。其神凝,使物不疵疠而年谷熟"。"神人"是神奇独特的,其无须与"人文世界"进行交换而"自养",因为其非但止于不"熟食"而"生食",且根本就是"不食"五谷,即"辟谷"。自然,神人"辟谷"非是短期的,而是"修以成性",习以为常了。当然,"不食"五谷不意味着什么都不食,其还是需要有外界能量之输入,故"吸风饮露"。常人靠"风""露"自然不能"滋"身,俗语"喝西北风"意谓"无东西可吃",而"露"作为"水"但可解一时之渴,实非可食之物也。然于神人,既"吸风饮露",则其能够直接地从所谓的"无生命"的"无机之物"中提取所需之"元素",此"神人"确乎"神"乎其"神"也。事实上,人之进化,即在将"自然"转化为"文化",饮食制度尤显此点,结构人类学家列维·斯特劳斯(Claude Lévi-Strauss)对此颇有说明。"神人"既"吸风饮露",则其能依"自然"而"自养",也就无须通过与"他人"交换而存身,这样也就意味着对"分工"的否定。依涂尔干(Emile Durkheim)的观点,社会分工之必要乃在于"强化"社会合作,对分工的否定也就是指向社会分裂。"神人"无有交换,则其意似在否定社会合作矣。然我们能作出此断语,以为庄子一派之"神人"形象定然是对社会分工的否定,对社会合作的拒绝。实非可也,事实上,神人之"不食五谷"只是说明神人可以"自养",无须事"君"以得"糊口"之资,此否定的只是与权力世界交换的必要性;相反,若承认这一"交换",神人必然要承担权力世界所指定之"职能",此非神人所能堪也。神人非不有"职能"定位也,只是在此权力世界之外而"自设",其虽不与权力世界交换,而于俗世反有一"馈赠",即所谓"其神凝,使物不疵疠而年谷熟"。因其"职能"是"自定"的,故得有此"馈赠"之用,亦可说,"神人"因让渡了其"饮食"之"需求",故得以成就其"馈赠"之"职能"。从"神人"之形象,我们依稀可见上古"巫史"集团独立于"王"之事实的"痕迹",当然,对庄子一派来说,这样一种构拟只是"象征"手法。

"神人"之"不食五谷"毕竟是一象征,其不仅要"食五谷",且还要"熟食",然其既非"自耕农",则"食"不能"自给",必当仰他人之"给",就此而言,神人必须接受"社会分工",而其也当承担某一"职能"以获"糊口"之资。换言之,"神人"要"有用"。事实上,庄子给出的"不食五谷"的"神人"隐喻了作为"士"的"真人"集团,此真人集团虽在权力世界的控制范围之边缘,实际承担一"师"之"职能",尤主精神意义上的"丧礼"以指导世人。真人点化弟子及慕名求教者,令其事君而无辱,其主导原则即为"丧我"以"顺化"。然真人既据此"师"位而履行其职能,即为"有用","有用"则真人亦不能豁免"受辱",此"真人"所陷之吊诡窘境也。为免辱,庄子一派给出了一"无用之'用'"的概念,并以"无何有之乡"而处其身。在《逍遥游》结尾部分,庄子一派集中探讨了"有"与"无用"的问题。从形式逻辑的矛盾律看,"用"即非"无用",反之亦然,二者不并存。然于庄子一派,其特别关注"用"之"适用范围"的"有效性"问题,不考虑"用境",并不妥当。如文本所叙述:"宋人资章甫而适诸越,越人断发文身,无所用之。尧治天下之民,平海内之政,往见四子,藐姑射之山,汾水之阳,窅然丧其天下焉。"此两个故事一前一后,以前者隐喻后者也。宋人重文明制度，故贵衣冠服饰，而越人则野而朴质，不尚服装，以是贩衣冠于越地者，失其所用。同样，尧以仁义治天下，然至神人之所，其所依恃亦失去效用。此两个故事说明了文化制度有其"特殊"之"地方性"，不具"普适"性，虽有用于"此"而或失效于"彼"。这里很重要一点是指示，"物"（广义之物亦包括文明制度）之"用"与否有赖于一评价"语境"，实并无有一"用"之"定值"。接下来的两则故事则是由庄子、惠子之辩论而给出。第一则是关于"瓠子"之"用"。惠子说："魏王遗我大瓠之种，我树之成而实五石。以盛水浆，其坚不能自举也。剖之以为瓢，则瓠落无所容。非不呺然大也，吾为其无用而掊之。"惠子苦恼于瓠子的大而无用，庄子则以宋人之"不龟"之"药"譬喻，以为惠子"拙于大用"，不知瓠子之大用，"今子有五石之瓠，何不虑以为大樽而浮乎江湖，而忧其瓠落无所容，则夫子犹有蓬之心也夫"。惠子单考虑瓠子之作为"器皿"盛物之功，未及瓠子浮水渡河之能，确乎蔽于小用。庄惠此辩，辩乎大用小用也，妙于用，则无用之物可有大用。庄子一派为何还是强调"大用"呢？因为瓠之无用，故受掊之，不能免辱，故要"示"之有"大用"。然"用"本为庄子一派所竭力避免，瓠子既有"大用"，不终有受辱之结局吗？此确乎庄子一派所思考者，故有所谓近于"才不才之间"。事实上，如前所说，在人类文化制度中，瓠子被"天然"地设定为"容器"，或盛水或舀水，然惠子之"瓠"为"五石"之"大"，其"制"远超出作为"容器"之范围，因"大而无当"，用之不"灵"，故受"无用而掊之"之辱。

"瓠"大而过其"制"，故无其用，此隐喻着"真人"超出既有体制之范围，其"职能"无所定位，故要"规划"之。故在第二则故事中，惠子以所种之樗木，不合规矩，斥之为无用，以喻庄子言论之"大而无当"。庄子一派自要坚持"大而无当"的合法性，以其"职能"自有适应领域，不可以"小用"规划之。所以说："今子有大树，患其无用，何不树之于无何有之乡，广漠之野，彷徨乎无为其侧，逍遥乎寝卧其下。不夭斤斧，物无害者，无所可用，安所困苦哉？""樗木"隐喻着"士人"，若权力主体不对"樗木"作有用、无用之价值判定，任其处于"无何有"之所，则"樗木"得以尽其天年，并在不经意中生此"荫蔽"大用。"无何有之乡"是庄子一派为维护士人"职能"之独立性，对"真人"集团之"自治空间"的诉求。

结语

"相与为友"而同时又"相忘而游",庄子给出了一吊诡的"友谊共同体"。虽然这一"理想模型"于现实之人似乎不近人情而不可理喻,然其并非不可能在某一特定的时空条件下,于少数心智能力极高之个体间达致。由此也就引出这样一个推论:"至人无己"不是可以单独实现的,也非是一孤立状态,"至人"实要求于"己"而"无己",于"人"而"相忘",故"友谊"于"至人"不是外在之"消费"资源,而是一内在"必须"之自我修炼。由是,在庄子一派,"友"之共同体之维持要求个体自我一生的"依道"而"行",此非"世俗"之"道德"所能范围,而需要更高的"道德技艺"。

"道生、物形"论：先秦道家万物生成论的基本模式及其理论意义

周 耿

北京交通大学 马克思主义学院

摘 要：老子的万物生成论可以概括为"道生、物形"论：道的支配某种物质生成万物。老子后学多把"物"解释为"气"，形成了形态各异的道、气生物论，如：上博简《恒先》的"'恒'、气'有与'论"；《文子》、庄子的"道生、气形"论；《管子》四篇的"道、(精)气和合论"等。郭店简《太一生水》则选择水作为最初的"物"，构建了"道(太一)生、水辅"论，但仍与道、气生物论有着千丝万缕的联系。"道生、物形"论的揭出，一方面有助于梳理先秦道家万物生成论衍变的脉络，另一方面彰显万物生成论与政治思想、人性论之间的对应结构与内在逻辑。

关 键 词：先秦道家 万物生成论 "道生、物形"论 基本模式 理论意义

随着道家类简帛文献的出土，探索先秦道家万物生成论的基本模式并对其衍变进行整体梳理，成为先秦道家思想研究中的热点问题。学者们多认为，道家诸子之间，特别是出土文献与传世文献之间的生成模式有着很大不同，两类文献之间及道家诸子之间的生成模式究竟有何同异，异中是否有同？这是本文尝试解决的问题。本文拟从老子之道的内涵及其生成论开始讨论，结合出土文献与传世文献，揭出先秦道家万物生成论的基本模式，并通过这一模式把先秦道家万物生成论整体面貌部分地呈现出来，最后阐述这一基本模式的揭出对于理解道

家思想整体的理论意义。

一、老子的"道生、物形"论

老子说:"道可道,非常道。"(《一章》)道难以言说,"以一个现成的现代的(实际上来自西方的)哲学概念来定义或描述老子之道是非常困难的",部分学者不主张对老子之道下一个实质性的定义,而更倾向于给一个"功能性、描述性定义",描述性的定义对道不做"是什么"的解释,在保全了道整全性的同时,也模糊了"道"之于同类哲学概念的独特性。

《老子·二十五章》载:"有物混成……吾不知其名,字之曰'道',强为之名曰'大'。"裘锡圭先生在解释《太一生水》中"名""字"时说:"'名'指能直接反映事物的本名,'字'(取义于与人名相配的"字")则指不能直接反映实质的一种惯用名。"老子所说的"道"也是为了指称那么一个"混成"之"物",老子甚至认为自己也不能给那个"物"一个直接反映其实质的"名",而只能给它一个不能直接反映其实质的惯用名。据此可知,在如何定义那个"物"上,老子已经意识到下一个实质性定义的困难,但他仍然勉强地下一个定义,那个东西可以叫做"道",尽管称之为"道"不能反映其全部实质。也就是说,老子面对有那么一个东西不可说,仍然主张去说,去给一个实质性的定义。既然如此,我们也应当审慎地把"道"说出来,给道一个实质性的定义。

如何去给老子之道下一个定义,学者们一般采取两种解释学的立场:第一种是分类解析,例如唐君毅、陈鼓应先生等。陈先生说:"《老子》书上所有的'道'字,符号形式虽然是同一的,但在不同章句的文字脉络中,却具有不同的意涵;有些地方,'道'是指形而上的实存者;有些地方,'道'是指一种规律;有些地方,'道'是指人生的准则、指标或典范。"但陈先生又说:"同时谈'道',而意涵却不尽同。意涵虽不同,却又可以贯通起来。"如何贯通,陈先生没有明确解释而这便牵涉到第二种诠释学立场:贯通解释。

孔子说:"吾道一以贯之。"(《论语·里仁》)孔子的自述表明:思想家对自身思想的贯通性、系统性有一种深刻的自觉。孔老的"道"虽各有不同,但是,他们对一以贯之之道的追求是共同的,这还可以从《老子》文献本身可以看到:

> 昔之得一者:天得一以清,地得一以宁,神得一以灵,谷得一以盈,侯得一以为天下贞。其致之,天无以清,将恐裂;地无以宁,将恐发;神无以灵,将恐歇;谷无以盈,将恐竭;万物无以生,将恐灭;侯王无以贵高,将恐蹶。(《三十九章》)

> 修之于身,其德乃真;修之于家,其德有余;修之于乡,其德乃长;修之于邦,其德乃丰;修之于天下,其德乃普。(《五十四章》)

道贯通天地人,它不仅是天地自然存在的根据,同时又是一种治国的原则、修身的原则。也就是说,我们去认识的"道"也就是作为万物根源与根据的"道",而并非另有一个道。因此,如果从"贯通解释"这一解释学立场出发,在学者们诸多意见中,我们更赞成把道理解为规律、原则,而不是气。气虽然可以解释道之为万物的根源和根据,但不能贯通性地解释,"气"不能作为可供修身治国遵循的原则,换言之,道只有作为一种抽象的规律、原则才能够为人们所把握、遵循。

需要说明的是:道作为万物的总规律,是所有规律的总和,而万物是无穷的,具体规律也是无穷的,从这一意义上来说,道是无法完全被认识的,其精髓难以被把握。正如朱熹所说:"天下之物莫不有理,惟于理有未穷,故其知有不尽也。"其次,规律是"事物之间的内在的必然联系,决定着事物发展的必然趋向。规律客观存在,也叫法则"。对必然性的肯定并不妨害人的自由。例如"勇于敢则杀,勇于不敢则活"(《老子·七十三章》)是老子总结出的为人处世的规律,老子认为,人的行为方式(敢、不敢)与行为结果(杀、活)之间存在必然联系,在老子看来,行为方式与行为结果之间的必然联系是不可选择的,人可以选择、决定自己的行为方式,在此意义上,人是自由的。

道作为抽象的规律与原则能否贯通,最关键的问题是如何用它来去解释老子的万物生成论。关于老子的生成论,《老子·五十一章》的论述最为关键:

道生之,德畜之,物形之,势成之。(王弼本)

道生之而德畜之,物形之而器成之。(帛书本)

道生之,德畜之,物形之,势成之。(汉简本)

关于这段材料,陈鼓应先生据王弼本解释说:

万物成长的过程是:一、万物由道产生;二、道生万物之后,又内在于万物,成为万物各自的本性(道分化于万物即为"德");三、万物依据各自的本性而发挥个别独特的存在;四、周围环境的培养,使各物生长成熟。

刘笑敢先生据帛书本解释说:

道不是直接地简单地产出万物,其所谓"生"其实是抽象因素和具体因素、总体因素和个体因素(道、德、物、器)共同作用的结果,是一个复杂的有机变化过程。

道、德、物、器四者是从整体到个体,从抽象到具体的阶梯和过程。道是最高的总体和抽象,器是最后的个体和具体,物介于其间,但偏重于器,是一切具体之器的共同之物,相当于形、气、质料、物质一类普遍之物的存在。德则介于道与物之间,虽比道有更具体的意义,却比物抽象,离具体之器较远。

陈、刘两位先生把《五十一章》的这四句话解读为万物生成的一个过程,从语法上看,这一解读最大的问题是:文中四个"之"字如何理解?依照陈先生的解释,"道生之""德畜之"的"之"指万物,"物形之"的"物"指万物,"之"指"个别独特的存在",既然"万物由道产生",也就同时具备了各自的本性或者说独特的存在,如何万物已经产生却不是各各独特的存在呢?而刘先生认为,道、德、物、器是一个从抽象到具体的过程,"物"是"一切具体之器的共同之物",那么,"器成之"的"之"代指什么?

我们认为,四个"之"字作为代词,所代指的应为同一宾语,即万物。如刘先生所言,万物的生成是抽象因素与具体因素共同作用的结果。第一句"道生之"指出,道(规律、原则)是万物生成的抽象因素、内在因素,"生"在这里表示间接产生、帮助产生的意思。如詹剑峰先生说:"'道生万物',并不若母之生子,子离母体,各自独立存在,由此可见,'道'之所谓'生'与'易'之所谓'生'是根本不同的,'易'是传递因,而'道'是内在因。"

"生"的这种用法在老子书中很常见,例如:

圣人处无为之事,行不言之教,万物作而不辞,生而不有,为而不恃,功成而弗居。夫唯弗居,是以不去。(《二章》)

(圣人)生之、畜之,生而不有,为而不恃,长而不宰,是谓玄德。(《十章》)

圣人虽然思想境界很高,但毕竟还是人,人不可能凭空直接生出万物来,否则,老子的万物生成论中又多了一个来源。道生万物并不是说道就好像母亲生出孩子一样可以直接生成万物,而是说道帮助产生万物,是万物产生的根据。正因为道只是万物生成的内在因素、抽象因素,因此,万物的生成还需要具体因素辅助,这便是"物形之",即某种物质使得万物得以成形。

归纳说来,老子认为,万物的产生、成长必须具备四个条件:道(规律、原则)、德(本性)、物(物质)、势(环境,大环境即空间)。整句话的意思是说,道使万物得以产生,本性使万物得以蓄养,某种物质使万物得以成形,环境使万物得以产生、成长。单从万物生成的角度来看,势(环境)主要指时空是永恒存在的,是万物生成的一个已有的先决条件,而并非一个元素或者说来源,据此,张松辉先生把老子的生成论归纳为"道、物二元论",意在强调道不是"物",例如气,道、物是万物生成的两个要素。鉴于"二元论"容易与西方哲学中的"二元论"概念混淆,我们把老子的万物生成理论称作"道生、物形"论:万物的生成是在道的支配下,道与某种物质相互配合形成的。

老子的生成论思想与希腊哲学家亚里士多德类似。亚里士多德认为，任何事物的生灭变化都归于"四因"：质料因、形式因、动力因和目的因。后来，他把后三因都归纳为形式因，亚里士多德认为只有形式和质料相结合才能形成事物。道、物就类似于亚里士多德所说的形式因和质料因，二者的不同之处在于，亚里士多德把神看做最高形式、最高原因，而老子之道是无意识的。

需要说明的是，我们对老子万物生成论的阐释主要依据王弼本等传世本，帛书本"势成之"作"器成之"，仅仅代表帛书本对老子思想的理解，事实上，汉简本便作"势成之"，既然"'器'、'势'古读音相同，可互相假用"，传世本"势"字不一定假借为"器"，从我们对老子生成论的理解来看，或许帛书"器"当假借为"势"。在《老子》一书中，"器"一般表示具体的器物，如"民多利器"（《五十七章》）等，还有表示（政治）环境的用法，如"天下神器，不可为也"（《二十九章》），与"势"相类。

总之，"道生、物形"论是老子生成论的基本构架，"道生一""有生于无"不代表老子生成论的核心内容，只是反映了老子生成论的特点。"道生、物形"论强调的是：道不是物，道的支配某种物质生成万物。

二、"道生、物形"论诸形态

道支配何种物质生成万物，老子并没有明确指出。老子后学根据各自的理解，对"道生、物形"论进行了阐释，其中，把"物"选择为"气"，建构"道生、气形"论者居多，例如《恒先》、《文子》、《管子》四篇、庄子等思想家，而《太一生水》则选择水作为最初的"物"，构建了"道（太一）生、水辅"论，以下予以分述。

（一）《恒先》的"恒"、气"有与"论

作为老子后学，《恒先》为了突出其道论的创新性，把"恒"当作"道"的代名词。采取这一代名词的哲学意义在于：一方面突出道的永恒存在性，确立道作为万事万物形上根据及价值根源的权威性。有关《恒先》的生成论，其文载：

恒先无有，朴、静、虚。朴、大朴，静、大静，虚、大虚。自厌，不自忍，或作。有或焉有气，有气焉有有，有有焉有始，有始焉有往者。往者未有天地，未有作、行、出、生，虚静为一，若寂寂梦梦，静同而未或明，未或滋生。气是自生，恒莫生气。气是自生自作。恒、气之生，不独、有与也。或、恒焉生？或者同焉。

《恒先》首句说："恒先无有"。其意为："恒"先于连有形事物都没有之前就已经存在了，具体说明了"恒"的恒在性；另一方面，"恒"意为"常"，凸显道是一种不为任何外物所改变的、可以为人所遵循把握的常道。《恒先》说："[举]天下之作也，无许恒，无非其所。举天下之作也，无不得其恒而果遂。庸或得之，庸或失之。""许"当读为"迕"，意为忤逆。这句话的意思是说：举凡天下没有违背"恒"的行为，没有哪里不是它的处所。意即不违背"恒"道，办事就会恰到好处。凡天下的作为，没有不是因为获得"恒"而最终获得成功的。但事实上，只是部分人能获得"恒"、按照"恒"办事，有些人则不能。整句话的意思是强调行事遵循常道就会成功、顺利。道无处不在，人们行事只有遵循常道才会获得成功。关于道的永恒存在性及根源性，老子有着明确的论述，老子说，道"象帝之先"。

"恒"的根本性质体现为："朴、静、虚。朴、大朴，静、大静，虚、大虚。"老子在论及道的性质时也说："道常无为""道常无名，朴虽小……""道冲，而用之或不盈。"《恒先》强调："静，大静。"所谓"大静"即"含动之静"，显示出万物生成的动力所在，我们把"含动之静"理解为："恒"自身不动但规定、推动事物的运动。这实质上是对老子"道常无为而无不为"这一思想的阐发。

综上所述，"恒"就是万事万物的总规律以及由此引申的原则、方法，与道家之道的内涵是一致的。规律无形而又永恒存在，它支配着万事万物的生长、发展，但自身又无任何主观意志与欲望，人们可以通过认识、遵循规律来获得事业上的成功。

那么，"恒"作为抽象的规律如何生成万物呢？在讨论这个问题之前，先要弄清楚"气"与"或"的内涵及两者间的关系。

《恒先》说:"或、恒焉生? 或者同焉。"这句话直译为:"或"与"恒"哪里会有产生呢?"或"与"恒"一样是永恒存在的。"或"读为"域",即实在的空间,意即空间与道一样是永恒存在的。据此,"或作"并非指空间的产生,而是指空间的某个区域开始运作、运动。《恒先》说:"有或焉有气。"这里并不是说"或"产生"气",而是说有了空间也就有了气,空间与气是同时存在、永恒存在的,空间的运作变化实际体现为气的运动变化。

《恒先》说:"气是自生,恒莫生气。气是自生自作。"这句话的意思是说气是自我生成,"恒"不直接产生气。"气是自生"并不是说还有一个没有气的阶段,然后产生了气。恰恰相反,《恒先》在这里要强调的是,气是生物的最初元素,它不再由另一种更原初的东西产生。一旦气仍为另一种东西所产生,它就失去了化生万物的功能。《文子·九守》说:"夫生生者不生,化化者不化。"《庄子·大宗师》说:"杀生者不死,生生者不生。"气的"自生、自作"体现为气由混沌状态"自生、自作"为有清、浊的状态。

通过以上分析可以看到,"恒"虚静无为,气永恒存在于空间之中,那么,"恒"与气有何关系,而"恒"又在气生万物过程中有何作用?

《恒先》说:"恒、气之生,不独,有与也。"部分学者把"恒气"读为一个词,解释为"本原之气"或"最初的气"。廖名春先生则认为:"不能将'恒气'释为'恒之气',当为'恒、气',即'恒'与'气'。'恒、气之生'是'恒'与'气之生',并非'恒之生'与'气之生'。因为'气'有'生'之说,而'恒'无'生'的问题。"陈静先生持类似观点。我们赞同廖先生"恒气"读为两个词,但我们认为,这里的"恒、气之生"并非指"恒"、气自身的"生",而是指"恒"、气生成万物。在"恒"、气生物过程中,二者并不单独发生作用,而是"恒"、气"相与"也即相互配合生物,在"恒"、气生成万物的过程中,"恒"占主导地位,支配气自我生成,不断转换自身的存在形态,由混沌之气逐渐分出清、浊,进而产生万物。并且,"恒"、气"相与"生物之后,"恒"还继续发挥着它的作用,支配着事物从开始到发展再到复归于开始(即死亡)的整个循环过程。据此,我们把"恒先"的万物生成论归纳为"'恒'、气'有与'论","'恒'、气'有与'论"是"道生、气形"论的一种形式,是对老子"道生、物形"论的继承与阐释。

(二)《文子》的"道生、气形论"

《文子》一方面说"道生万物"(《自然》),一方面又说"气者,生之元也"(《九守》),学者们据此认为,道就是气,直接产生万物。

我们认为,道不是气。首先,学者们论证道是气,主要根据一句话:"幽冥者,所以论道,而非道也。"这句话的意思很明确,正如孙先生所解释的:"幽冥是用来说明道的特性,而非道本身。"《文子》继承了老子"道可道,非常道"的思想,强调道很难言说,提醒人们"视之不见其形,听之不闻其声"的"幽冥"是用来形容道的特点,而并非道本身。可是学者们马上向前推论了一步:气也具备幽冥的特性,不是道本身那就是气,这是"从气的特征这一侧面来说明道即气"。我们认为,这一论证过程值得商榷,道也具备"视之不见其形,听之不闻其声"这一特性,不能因为道与气都具有这一特性就认为"道是气"。

其次,道作为抽象的规律"寂然不动",而气只有在未生成天地万物之前是"寂然清澄"(《九守》)的。一旦开始形成天地、分化为阴阳二气,就将交通成和、流动变化以形成万物,而道本身始终是不动的,它支配天地万物的变化,反之,天地万物的变化反映了大道的运行。第三,道是永恒不变的,它先于天地而存在,不因为收藏蓄积而增多,也不因为布施给予而减少。而阴阳二气是可以累积交通的,"阳气蓄而后能施,阴气积而后能化。"(《上德》)第四,道能够被人们所学习、遵循,这进一步证明道只能是抽象的规律、原则。《文子》说:"夫道,无为无形,内以修身,外以治人,功成事立,与天为邻,无为而无不为,莫知其情,莫知其真,其中有信。"(《道德》)道可以用来修身治人,这有力地说明道是规律而并非物质性的东西。

以上论证了道不是气,而是一种抽象的规律,而规律不能单独生成万物,所以它需要气的配合下生物,所以《文子》一方面说"道生万物",同时又说:"气者,生之元也。"元,来源、本原。气既是天地万物产生的来源,又是天地万物存在的根据、基础。《文子》说:"阴阳陶冶万物,皆乘一气而生。"(《下德》)这进一步表明气在生物过程中的关键作用,那么气的作用具体是什么?《自然》篇说:"天地有始……天地以成,阴阳以形,万物以生。""阴阳以形"一句明确指出,阴阳二气的作用在于赋予万物以形体。

整体说来,道、气在生物过程中关系如何?徐灵府在解释《自然》篇时说:"天地有始者,谓道也。""天地以成,阴阳以形"的"以"字下省略了"之"字,"之"即句子主语"天地有始"的"道",这句话的意思是说,天地万物凭借道而产生,阴阳二气在道的支配下赋予万物以形体,辅助道生万物的。《自然》篇另有一句,表达的意思更为显豁:"故阴与阳,有圆有方,有短有长,有存有亡,道为之命……""道为之命"鲜明地指出,道、气生物过程中,道占主导地位,命令、支配阴阳二气生物。据此,我们可以说《义子》的万物生成论是"道生、气形论"。学者们认为万物的来源只有一个,而《文子》一方面说"道生万物",一方面又说气是万物的来源,于是才得出了道是气,直接产生万物的结论。

(三)《管子》四篇的"道、(精)气和合论"

《管子》四篇是稷下道家的代表作。学者们一般认为,《管子》四篇中的"道"就是"(精)气"。张岱年先生则认为:"郭老对于《心术》和《内业》中所谓道的理解也是不确切的。《心术》虽然讲'虚而无形之谓道',但未尝称之为无,亦未尝称之为气,更未称之为心。在《心术》《内业》中,道、虚、气、心是属于不同层次的,何能混为一谈呢?"张先生在论及《内业》篇中的"道"时说,"这所谓道即是万物生成的规律","从《内业》的这些话来看,道、心、气既是有区别的,又是可以相互结合的"。

结合文献本身,我们更赞成张先生关于道是万物生成的规律这一观点。《管子》四篇认为,道是天地万物存在的根据。《白心》篇说:"天或维之,地或载之。天莫之维,则天以坠矣;地莫之载,则地以沉矣。夫天不坠地不沉,夫或维而载之也夫。"道不仅是天地存在的根据,还是人的存在根据,是人事成败的原则。《内业》篇说:"人之所失以死,所得以生也。事之所失以败,所得以成也。"天地需要道的维系、承载才不会沉坠,人的生死也有赖于道的规定,道体现于天地人即为自然规律。同时，道又是人事成败的依据，道体现于人事即为社会规律，是一种"民之所以"(《白心》)的价值依据。同时，《管子》四篇认为，社会规律例如法律来自于道。《心术上》说："法出乎权，权出乎道。"合起来说，"凡道，无根无茎，无叶无荣，万物以生，万物以成，命之曰道。"(《内业》)道是一切万事万物赖以产生、存在、完成的总规律，它自身不依赖于任何外物而独立存在。

《管子》四篇与老子一样，认为道的根本性质是清静无为。《心术上》说："无为之谓道""天之道虚，地之道静，虚则不屈，静则不变，不变则无过，故曰不伐。"道的根本性质是无为虚静。并且，道虚而无形，普遍存在，其存在表现为对万物的绝对支配作用。《心术上》说："道在天地之间也，其大无外，其小无内""天之道，虚其无形。虚则不屈(尹注："竭也")，无形则无所低牾，无所低牾，故遍流万物而不变。"《内业》篇也说："不见其形，不闻其声，而序其成谓之道。"因为道虚无无形，所以道的作用不会穷竭；又因为道虚无无形，所以它普遍作用于万物而自身不会改变。需要指出的是，道本身是静的，是"遍流万物而不变"的，以上所引材料中的语词"流""动"实指道的功用而言，并非指道本身会流、会动。而精气作为一种细微物质是"流于天地之间"的，只有有形的东西才能动，无形的东西是不能动的，这也可进一步证明道不是"精气"。

《内业》篇说："道满天下，普在民所，民不能知也。"道无形、不能像具体事物那样能为人们所持握，它虽然普遍存在、在日用常行中为人们所不自觉地遵循、运用，却不被人们所认识。《白心》篇说："道者，一人用之，不闻有余。天下行之，不闻不足，此谓道矣。"试想，规律作为一种无形的、抽象的东西为人们所使用，又如何会穷竭呢？正所谓"虚则不屈"。规律作为一种抽象的东西，"忽忽乎如将不得，渺渺乎如穷无极"(《内业》)，而一旦认识了，"折折乎如在于侧……此稽不远，日用其德。"(《内业》)

以上论证道是万物产生的规律，那么仍旧回到这个问题，道作为规律如何产生万物呢？

《管子》四篇一方面说包括人在内的万物是由道产生的，"彼道不远，民得以产"(《内业》)；另一方面说人秉精气而生，《心术上》说："世人之所职者，精也。"尹知章解释说:"职:主也。言所禀而生者,精也。"不少学者据此认为道就是精气。其实不然,道之"生"是间接的"生",是指道为万物的生成提供根据。而精气是生物的质料,人秉精气而生是指人的生成需要精气作为质料,包括人在内的万物的生成道支配精气形成的。

《内业》篇说:"气,道乃生。"这句话对于理解四篇的万物生成论至为重要。历来有三种理解:第一,气需要在道的支配下才能生物。尹知章解释便是如此:"气得道,能有生。"张舜徽也采纳了这种解释,他说:"气必得道而始生。"第二,戴望则认为:"'气道乃生',犹言气通乃生耳。"赵守正采取了这一解释:"气,通达开来就产生生命。"第三,张佩伦说:"当作'道乃气,气乃生'。"张岂之《中国思想学说史》据此认为:"道化为精气而产生万物。"考核文意、两相比较,我们认为第一种解释更为合理,依据训诂学的原理,第二种解释借助通假来解释文意,第三种解释随意改换字句均不可取。"气,道乃生"一句明确说明了《管子》四篇的万物生成论:道支配精气产生万物,这与老子"道生、物形"论的根本思路是一致的。

道的作用是给予万物的生成以规定。《内业》:"不见其形,不闻其声,而序其成谓之道。"此"序"字很重要,气是往来反复,而道给气一定的秩序,使之成为某物。形成每一事物之气是相同的,但由于道的不同规定性,即给予气不同的秩序,所以形成之物各有不同。

《管子》四篇强调,只有当阴阳二气调和时,万物才能化生。《白心》说:"化物多者,莫多于日月。"尹知章注:"日,阳也;月,阴也。物皆秉阴阳之气然后化之也。"《内业》篇说得更清楚:"凡人之生也,天出其精,地出其形,合此以为人。和乃生,不和不生。"天赋予人以精神,地赋予人以形体,天地和合,神形相合形成人。二气的调和,其形上根据在于道给阴阳二气以秩序与规定。据此,我们把《管子》四篇的万物生成论是"道、(精)气和合论"。

(四)庄子的"道生、气形"论

关于老庄之道的内涵是否相同,学者们看法不一。冯友兰先生认为:"庄学之哲学,与《老子》不同,但其所谓'道''德',则与《老子》同",都是指规律。而牟宗三、徐复观、陈鼓应等先生认为老庄之道的基本内涵不同,例如陈鼓应先生说:"老子的道和庄子的道,在内涵上有着很大不同。概略地说,老子的道,本体论与宇宙论的意味较重,而庄子则将它转化而为心灵的境界。其次,老子特别强调道的"反"规律以及道的无为、不争、柔弱、处后、谦下等特性,庄子则全然扬弃这些概念而求精神境界的超升。"庄子之道是否与老子之道相同,都表示规律,以下通过对庄子中相关文献的梳理进行论证。

首先,道是万物存在的根据与人们行事的原则。庄子说:"道者,万物之所由也,庶物失之者死,得之者生,为事逆之则败,顺之则成。"(《渔父》)"万物之所由"可以理解为万物共同所走的路。在这里,庄子把金文中"道"的本义所指称的对象扩大了,最重要的是,庄子对道之共同性做了哲学意义上的强化和引申,庄子认为,道既是万物存在的根据,又是人们行事的原则。

其次,道的根本性质是清静无欲,庄子在论及道的根本性质时说:"夫虚静恬淡寂漠无为者,天地之平而道德之至"(《天道》),"夫恬惔寂寞,虚无无为,此天地之平,而道德之质也。"(《刻意》)成玄英解释说:"虚静恬淡寂漠无为,四者异名同实者也。"

再次,庄子在描述道的特点时说:"夫道,有情有信,无为无形;可传而不可受,可得而不可见;自本自根,未有天地,自古以固存;神鬼神帝,生天生地;在太极之先而不为高,在六极之下而不为深,先天地生而不为久,长于上古而不为老。"(《大宗师》)道无形而先于天地存在,是万物产生的根源,但同时又可以为人们所学习、遵循,能够用来修身治人,人们可以用语言传达大道,却不能像接受某种具体事物一样可以用手接着。并且,道自身不动,主宰万物的运动。庄子说:"杀生者不死,生生者不生。其为物,无不将也,无不迎也;无不毁也,无不成也。其名为撄宁。撄宁也者,撄而后成者也。"(《大宗师》)

并且,庄子认为,道贯通于生成论、政治思想等各个部分。"狶韦氏得之,以挈天地;伏戏氏得之,以袭气母"(《大宗师》)表明万物的生成离不开大道;"维斗得之,终古不忒;日月得之,终古不息"表明道是日月星辰、运行以及山川万物存在的根据;"傅说得之,以相武丁,奄有天下,乘东维、骑箕尾而比于列星"说明道包含治国的原则,同时又是精神修养的重要方法,得道可以精神永存。从道的性质、特点、功能等多方面来看,庄子之道与老子之道的基本意涵相同,都是指天地万物的总规律而言。

庄子认为,气是永恒存在的。在庄子中,气又被称作"精"。把气称为"精"在先秦古籍中也很常见,如《周易·系辞上》说:"精气为物。"孔颖达解释说:"精气为物者,谓阴阳精灵之气氤氲积聚而为万物也。"那么,作为物质性的"精"或者"气"的具体内涵是什么,《秋水》篇载:

> 夫精,小之微也;郛,大之殷也;故异便。此势之有也。夫精粗者,期于有形者也;无形者,数之所不能分也;不可围者,数之所不能穷也。可以言论者,物之粗也;可以意致者,物之精也;言之所不能论,意之所不能察致者,不期精粗焉。

庄子认为"精"是有形体的东西,但是它的形体非常微小,以至于无法用感官观察,而只能凭思想想象。可见,在庄子哲学中,"精"或者"气"就是指一种极其细微的物质颗粒。并且,庄子认为"气"是永恒存在的。庄子说:

> 万物自古以固存。
> 有先天地生者物邪?物物者非物,物出不得先物也,犹其有物也。犹其有物也,无已。(《知北游》)

郭象解释说:"谁得先物者乎哉?吾以阴阳为先物,而阴阳者即所谓物耳。谁又先阴阳者乎?吾以自然为先之,而自然即物之自尔耳。吾以至道为先之矣,而至道者乃至无也。既以无矣,又奚为先?然则先物者谁乎哉?而犹有物,无已,明物之自然,非有使然也。"庄子认为物质存在是永恒的,在天地没有生成以前还有一段"气"的时期,而气也是一种物质,它永恒存在。其次,从万物生成论的角度来看,"杀生者不死,生生者不生",而气作为万物生成的来源之一,生成万物而不能为其他东西所产生,因此,我们说气也是永恒存在的。

道是天地万物的总规律,气是细微的物质颗粒,那么道与气如何生物呢?庄子说:"夫道,……伏羲氏得之,以袭气母。"(《大宗师》)在这里,"之"代指"道",成玄英解释说:"袭,合也。气母者,元气之母,应道也。为得至道,故能画八卦,演六爻,调阴阳,合元气也。"气母只有与道相合或者说在道的支配下才能分化为阴阳二气,化生万物。这团气中重浊的气形成了地,精微的气形成了天,从而也就有了阴阳二气,于是阴阳二气变化,产生万物。在阴阳二气交合产生万物的过程中,庄子特别强调道的支配作用。庄子说:"是故天地者,形之大者也;阴阳者,气之大者也;道者为之公"(《则阳》)《尔雅》解释说:"公……君也。"在这里"为之君"者、"为之纪"者就是指道,道支配阴阳二气交合生成万物。据此,我们把庄子的万物生成论归纳为"道生、气形"论。

(五)《太一生水》的"道(太一)生、水辅"论

郭店简《太一生水》的万物生成论颇具特色,学者们多认为这是一种全新的生成论模式,通过对《太一生水》与《老子》的仔细研读与思考,我们认为《太一生水》与老子的万物生成论在根本思路上是一致的,是对老子"道生、物形"论的阐释与发挥。

"太一"简本原作"大一","大"通"太"。在《老子》书中,"大"就是"道",老子说:"吾不知其名,字之曰道,强为之名曰大。"(《二十五章》)而"一"作为哲学概念常被老子后学理解为道,甚至把它作为道的代名词,例如"天得一以清"(《三十九章》)等处的"一"。从"大""一"到"大一(太一)"是一种同义词的组合,反映了古汉语词汇从单纯词向复合词发展衍变的规律,证实了"大一"即老子说的"道"。

关于"太一(道)"的性质、特点,《太一生水》描述说:

> 是故太一藏于水,行于时,周而【又始,以己为】万物母;一缺一盈,以己为万物经。此天之所不能杀,地之所不能埋,阴阳之所不能成。

"太一(道)"无所不在。"太一藏于水,行于时"都是对万物例如水、四季的运行等处处都体现"太一(道)"的一种形象的解释,"藏"并非意在说明水是"太一(道)"的藏身之所,事实上,"太一(道)"并不需要一个藏身之所,它在生水之前早已存在,并且是独立自存的,它的存在不需要任何环境与条件,"太一藏于水",是对水体现了"太一(道)"的一种形象的说法。"太一(道)"是"万物母",它的母性体现为,是万物运行所遵循的规律("万物经"),支配着万物周而复始地循环运动。"太一(道)"虽支配万物循环运动,"一缺一盈",但它自身独立存在永不改变,即便天地阴阳也不能损害它、改变它。

"太一(道)"是规律,那么"太一(道)"如何生成天地万物呢?《太一生水》载:

> 太一生水,水反辅太一,是以成天。天反辅太一,是以成地。天地【复相辅】也,是以成神明。神明复相辅也,是以成阴阳。阴阳复相辅也,是以成四时。四时复【相】辅也,是以成沧热。沧热复相辅也,是以成湿燥。湿燥复相辅也,成岁而止。故岁者,湿燥之所生也。湿燥者,沧热之所生也。沧热者,【四时之所生也】。四时者,阴阳之所生也。阴阳者神明之所生【也】。神明者,天地之所生也。天地者,大一之所生也。

"太一"作为一种抽象的规律如何生水,或者说,"太一"与何种物质配合生成水,这是首先要说明的问题。这个问题一旦提出,往前可以提出无穷的类似问题:"太一"又与另外哪种物质形成了这种物质?……这种终极的追溯是得不到答案的。但是,从老子对"生"字的用法来看,可以从"太一生水"中得出"太一"是"生水"的必要条件。

"太一"生成水以后,水帮助"太一"生成天,需要注意的是水所生成的天,"上,气也,谓之天。"天是由气构成的,这里的气是单纯的物质性的气,是由水在"太一"支配下形成的,我们可以称作"水气"或者说天之气,它的形质较为单一,因为这时地并没有产生,所以这个阶段的气与阴阳二气不同。当天之气在"太一"的支配下生成出地,"下,土也,谓之地。"天之气中混浊的一部分下降形成土或者说地,那么此时地气,或者说土气就产生了。"土气"这一概念在《国语》中有记载,虢文公在劝说周宣王要重视春耕时说:"古者,太史顺时覛土,阳瘅愤盈,土气震发,农祥晨正,日月底于天庙,土乃脉发。"这里是说阳气厚积引发土气,所以需要春耕疏导土气。

天地产生以后,共同辅佐"太一",产生了阴阳二气,阴阳二气又共同辅佐"太一",产生四季、寒热、湿燥,直到形成一年。在这一过程中,"太一"始终发挥着支配的作用,而具体的某一物发挥辅佐的作用。

从以上分析可知,"太一"在生成天、地过程当中总是需要一个物质性的东西如水、天(气)来"反辅",为什么需要"反辅"呢？正是因为"太一"不能直接产生天地,所以需要一个"物"来帮助它产生天地。《太一生水》把老子那里的"物"依次解释为水、气、阴阳二气,在万物生成论的根本架构上与老子"道生、物形论"一致,由于《太一生水》自身的理论特色,我们把它的生成论概括为"道(太一)生、水辅"论。在这里进一步做出说明的是,"太一"为何要先生成水,而不直接生成气呢？

首先,回到思想史的现场,水与气作为万物本原的思想同样存在于思想界,气论并不占有优势地位。水作为万物组成的元素最明确地提出是在西周时期,《尚书·洪范》篇认为世界是由包括水在内的五种元素组成,但是这五种元素并不具备作为万物本原的意义。水作为万物的本原最清楚地表述在《管子·水地》篇:

水,具材也。

水者何也？万物之本原也,诸生之宗室也,美恶、贤不肖、愚俊之所产也。

《管子》认为水是天地万物的本原之一,是一种形成天地万物的材料、物质。

气很早就被人们用来解释自然现象,西周末年,周卿士虢文公用"阳气""土气"来说明春耕的重要性,伯阳父运用阴阳二气来解释地震产生的原因,"至春秋时期,许多人用阴阳二气来说明事物的发展变化,但阴阳二气在当时还没有被看作是化生世界万物的元素或本原,它们还不具备以后'阴阳'概念那样的普遍性和深刻性。"直至老子"道生一"章,"第一次提出了万物由'气'化生而成的思想"。据此可知,在老子之前,虽然用阴阳二气解释天地现象的历史由来已久,但是"气"作为万物生成元素的观念可能尚未形成。水与气作为万物本原均是《太一生水》作者解释老子的思想资源,气论并不占有优势地位。

其次,从水与气在老子哲学中的地位来看,气在《老子》中只出现了三次。其一,老子说:"万物负阴而抱阳,冲气以为和"(《四十二章》),在这里,老子肯定了天地万物包含阴阳二气两个对立面,但关于气的思想说得很隐微、很少。除此之外,两次都是指精神。老子说:"专气致柔,能婴儿乎?"(《十章》)、"心使气曰强"(《五十五章》)。这两句的意思分别是说:"专一精神已达到柔弱的状态,大概能够像婴儿一样了吧?""理智能够控制自己的欲望叫做强大。"

与"气"相比,老子多次谈到水,并且非常推崇水:"天下莫柔弱于水"(《七十八章》),"水善利万物而不争。处众人之所恶,故几于道"(《八章》)。在老子看来,水柔弱的特性近似于道的性质,而"贵柔"是老子的核心价值观,《太一生水》接受了《老子》"贵柔"的观念,主张"天道贵弱",由此,《太一生水》把"物"选择为水,最为重要的原因是为主张"贵弱"的价值观念提供形上依据。

四、"道生、物(气)形论"提出的理论意义

从老子及其后学文献来看,"道生、物形论"更好地反映了老子及其后学生成论的实质。这一生成论基本模式的揭出,不仅帮助我们更好地理解先秦道家的生成论,更为重要的是,根据这一生成论模式,可以更好地理解先秦道家政治思想、人性论与生成论之间的内在逻辑。先秦道家的生成论不仅仅是一个纯粹自然哲学的问题,还是一个人性论与政治哲学的问题。以下我们分别以《恒先》和《文子》为例说明这一问题。

曹峰先生指出:"'气是自生'、'恒莫生气'是一种'被选择'的宇宙论和动力

因,目的是为政治哲学提供天道的依据","上篇论述'恒莫生气'、'气是自生、自作',目的是为了导出下篇'自为'以及'因'之政治哲学的合理性。"曹先生关于"气是自生"是"自为"政治的形上依据的观点很好地启发了我们关于《恒先》政治哲学形上根源之气论的一面,但同时应看到,"恒"有着对于《恒先》政治哲学更为根本的意义。

依据上文论证,"恒"不是气,"恒"、气和合生成万物之后,"恒"还继续发挥着它的作用,支配着事物从开始到发展再到复归于开始(即死亡)的整个循环过程。不仅"气"为《恒先》的政治哲学提供依据,与此同时,"恒"也为《恒先》的政治哲学提供了形上依据。"自为"之所以能够达成,正在于"恒"之"朴、静、虚",进一步说,只有懂得大道的"明王"清静无为,老百姓才能"自为"关于"自为"之道论基础,老子有着明确的讨论。老子说:"我无为而民自化,我好静而民自正,我无事而民自富,我无欲而民自朴。"民之"自化""自正"源自君主清静无为,而这一政治思维的形上根据就在于"道常无为而无不为"。"恒"不仅为"自为"的政治哲学提供形上依据,同时还为如何治国提供了可以操作的原则和方法。

因此,"'恒'、气和合生物论"在承认"气是自生"为"自为"政治形上基础的同时,还彰显了"恒"在政治哲学中的根源性意义,反映了道家政治思维的特色,从理论上更加明确了"恒"在整个《恒先》思想中的至高地位。

"'恒'、气'有与'论"对《恒先》生成论的解释,揭示出不仅"气是自生"为"人是自为"的政治哲学提供了形上依据,同时还指出"恒"之"朴、静、虚"是"自为"政治哲学更为重要的价值根源,并且为如何治国提供了贯通形上与形上两个层面的具体的原则和方法。

万物生成论是人性思想的形上根据,人性思想是万物生成论的具体展开。《文子》"道生、气形"论模式的揭出,帮助我们理解《文子》人性论的双重路径及生成论与人性论之间的对应结构。

《文子》认为,道、气都是人性善的来源。《道德》篇说:"道者,德之元。"道是先天之"德"也即人性的来源。"道者,虚无、平易、清静、柔弱、纯粹素朴,此五者,道之形象也。"(《道原》)道的根本性质是清静无欲,而"德"的性质与道的性质是一样的。《精诚》篇说:"夫道之与德,若韦之与革。"作为道的产物——人的天性同样也是清静无欲的。由于外在环境影响下,人们内心欲望不断膨胀,逐渐离开大道、丧失了自身美好的本性,"人从欲失性"(《道原》)。《文子》主张学习大道以复归天性,"通于道者,反于清静,究于物者,终于无为",反之,"不闻道者,无以反其性,不通物者,不能清静。"(《道原》)

人是由道支配气形成的,人性不仅根源于道,还与气直接相关。《文子》在讨论万物生成论时,从精神与肉体两个层面讨论了人的来源。《九守》篇说:"精神本乎天,骨骸根于地,精神入其门,骨骸反其根,我尚何存? ……夫精神者,所受于天也;骨骸者,所禀于地也。"《文子》这里所说的"精神"的内涵不同于我们现在所说的"精神",还包括人的性格、本能等一切人所具有的天性,与"性"是相通的。关于"精神本乎天",徐灵府解释说:"天气清,化而为精神;地气重,凝而为骨骸,故言禀受。"徐灵府的解释有所依据,"精神本乎天"的前文有"精微为天",并且,"人受天地变化而生"(《九守》),由此推论,精神的来源应与"精微"之气直接相关,但需要注意的是,此一"精微"之气与万物化生过程中"精气为人"之"精气"不同,是比此一"精气"更加精微的未形成人之前的"精微"之气,这一最为"精微"之气可能不再具备我们现在通常所说的"形体",否则精神将导源于有形之精气。熊十力在批评唯物论有关"精神是物质的副产品"这一观点时说:"总之,万变万化万事万物不能无中生有。此一大定则,实从一切事物之因果律体验得来。倘可无中生有,则宇宙间诡怪不堪设想,而科学无可成立矣。其然,岂其然乎? 余不敢轻信精神是物质之副产物,则以精神与物质之间不能有因果关系,以其绝无类似处故耳。"

从气的角度看,未形成人体以前的气的性质是"精微""清澄"的、是善的,并且,在人们的刚刚出生时或者说处于婴儿状态时,阴阳二气处于调和状态,这是的气也是善的,因此我们从气的角度看,人的天性是清静的。《文子》认为人的自然性来自于气。《文子》用为阴气的兴起解释了人性中恶的来源,用阴阳二气的消长解释了现实人性的复杂性,并主张通过"守气""养气"来复归人清静的本性,最后达到"与天同气"(《符言》)的精神境界。

人性修养论呈现出双重路径：学道复性、养气复性，最后达到与道合一、与天同气的人性境界。在《文子》人性论中，道、气赋人以善性，道支配万物的运动及阴气的兴起为人性的异化提供了解释，最终学道、与道合一；养气、与天同气，实现人性的复归。道、气分开，揭示出人性论中道气两条路径。

总结全文，老子的生成论模式可以概括为"道生、物形"论：道的支配某种物质生成万物。老子后学多把"物"解释为"气"，形成了形态各异的道、气生物论，如：上博简《恒先》的"'恒'、气'有与'论"、《文子》庄子的"道生、气形"论、《管子》四篇的"道、（精）气和合论"、屈原的"道、阴阳三合"论等。郭店简《太一生水》则选择水作为最初的"物"，构建了"道（太一）生、水辅"论，究其理论实质，仍是变异了的道、气生物论。"道生、物形"论的揭出，一方面有助于梳理先秦道家万物生成论衍变的脉络，另一方面彰显万物生成论与政治思想、人性论之间的对应结构与内在逻辑。

以往我们在理解出土文献的生成论时，往往强调与传世文献的不同，对"道生、物形"论及其衍变的探讨提醒我们还应注意到思想史上的"同"。注重"同"也就是注重思想演变的延续性，特别是老子这样的大思想家，它的思想是有着很强的生命力或者说延续性，对延续性的注重是非常重要的。并且，延续性与创新性是连接在一起的，"同"与"不同"是联系在一起的，这就要求我们在讨论思想史时，注重"不同"中的"同"，"不同"是在"同"的基础上的"不同"。老子说："蔽则新。"（《二十二章》）无论古今，要提出一个完全"不同"于前辈思想家的理解是非常困难的，我们的"不同""新"都是建立在旧有的基础之上，或修补、或综合，老子"蔽则新"之说在思想史研究的方法论上有着极为重要的意义。

性情与礼教

——关于先秦儒学"以德立人"的生存本体诠释

华 军

吉林大学 哲学社会学院

[摘 要]先秦儒学是在继承古初文明传统基础上形成的一种人学体系。其以德立人之道及相应的文化本体诠释皆依存于其整体性的生存诠释而获得自身证明。在先秦儒学中,人之自然实存由性情彰显。在体贴性情并寻求其中道实现的生存诠释立场下,通过探讨性情与礼教的终始相生之道来解读先秦儒学以德立人思想可谓是一个富于意义的理解尝试。在此理解过程中,人始终被视为是在自然性情与人文自觉互证互成活动中的一个具有本源性的、整体性的和充满生命力的存在。以上内容的阐明有助于深入推动当代价值观建设。

[关键词]性情 礼教 生存

先秦儒学,是在人文自觉基础上,通过继承与阐扬以人的自我实现为核心、以"天人一体"为依归的古初文明传统而形成的一种人学体系。"立人之道"是这一体系的核心内容,"以德立人"则是先秦儒学立人之道的精神主旨。"德"的内涵包括仁、义、礼、智等多个德目,而"仁""义"是其中的核心,故"以德立人"亦可借用《易传·说卦》的典型说法来表达,即:"昔者圣人之作《易》也,将以顺性命之理,是以立天之道曰阴与阳,立地之道曰柔与刚,立人之道曰仁与义。"准确诠释

[基金项目]国家社会科学基金项目(16BZX040)

这一精神主旨,是把握并确立先秦儒学立人之道的关键。先秦儒学发展中出现的有关"以德立人"的诸多思想认识及彼此间的差异与矛盾多与此诠释活动相涉,当代儒学传承与创造性转化更须深化这一诠释活动,以便切实把握儒学立人之道的因革脉搏。有鉴于此,本文拟做一尝试性的研究,以就教于方家。

一、生存本体的确立

关于先秦儒学的"以德立人",以往曾有多种诠释路径。如在"仁义内在""我固有之"的认识基础上讲"为仁由己""求则得之",即认为"以德立人"是人在本心发明基础上的自立自成,此为内在诠释路径。又如在"从人之性,顺人之情,必出于争夺,合于犯分乱理,而归于暴"以及"性,犹杞柳也;义,犹桮棬也"等认识基础上讲"师法之化,礼义之道"以及"教所以生德于中者也",即认为"以德立人"是人后天思而为之、反身立教的外范之举,此为外在诠释路径。如此种种诠释路径反映了对"以德立人"的不同认知,那么究竟何者属于准确诠释呢?其得以确立的基础又是什么呢?这便是本文首先着力探讨的问题。

作为先秦儒学立人之道的精神主旨,"以德立人"彰显的是一种人道准则。这种人道准则作为人的生存本体,它的呈现可谓奠基于人对自身存在本质的逻辑与思想内涵的两方面认识。首先,从逻辑上讲,它包含着这样一种认识,即一切存在只能是其所是,不能是其所非是。这体现了两方面内容的统一。一方面内容是指存在之为存在,即存在的真实性,用儒家的话讲,就是诚、真实无妄。所谓人道准则就是建基于此的质的规定,故《孟子·告子上》有云:"《诗》曰:'天生蒸民,有物有则。民之秉彝,好是懿德。'孔子曰:'为此诗者,其知道乎!故有物必有则,民之秉彝也,故好是懿德。'"朱子《集注》释云:"有物必有法……是民所秉执之常性也。"朱子又曾有言:"天下无无性之物。盖有此物,则有此性,无此物,则无此性。"这里明确点出了"有物有则"之意;另一方面内容则是指对此真实存在的价值肯定,即以之为善,并使其真正地存在起来,正所谓"诚之"与"思诚"者,此为生存之道,它明确表达了一种对存在之应然之境的追求。《易·系辞上》有云:"天地设位,而易行乎其中矣。成性存存,道义之门。"孔颖达疏:"此明易道既在天地之中,能成其万物之性,使物生不失其性,存其万物之存,使物得其存成也。性谓禀其始也,存谓保其终也。"此可谓得其意旨。所谓存在的"是其所是"就体现为以上两方面内容的统一。它的实存与实现成为包括人道准则在内诸种生存原则得以表达的基础与动因。其次,从思想内涵上讲,关于人之存在本质的认识包含着对人的生存背景、生存要素、生存构成方式以及生存境遇、生存矛盾及其生存意义的深入理解。它最终显现为在人的自然的个体实存(主体性)基础上来彰显人文的超越的整体性(类)诉求,并具体体现为人以德性统摄知性的实践理性意识。这一形成过程恰恰印证了这样一句话:"生存惟有通过理性才会明晰,而理性惟有通过生存才赋予内容",由此,存在的自明性乃发展成为存在的明证性。与此同时,这种实践理性意识又以它的历史性存在来统摄着当下的存在,为生存的连续性发展和即时自省提供了根据。如果说,以德立人可以视为先秦儒学之人学本体形式的话,那么有关人之存在的逻辑肯定与内涵揭示就是这一本体生存意蕴的表达。它在属人这一根本立场下,使"以德立人"这一儒学本体形式奠基于个人与整体相统一的社会历史的生存实践基础上。仅从这个意义上讲,"以德立人"亦可谓是"由生活世界承运的,并内在地超越于生活世界的。它把经验的、感性的生活作为哲学活动的直接出发点,要求超越对人生存的实存性理解,自觉地把人的生存看成是一种既超越于一般存在物,又与周围世界关联着的意义性存在……既强调个体生命存在的意义,同时这种理解本身就内含着对人生存的整体性的和历史性的理解。"

对于"以德立人"所蕴含的人之生存个体与整体,历史与当下相统一的思想意蕴,我们亦可围绕《庄子》一书中的部分内容做进一步的讨论。《庄子·天下》云:"天下之治方术者多矣,皆以其有为不可加矣。古之所谓道术者,果恶乎在?"这段话包含了两个相应的概念,即"方术"与"道术"。对此,曾先后出现历史、哲学等不同角度的解读。如顾实先生认为,道术是已逝去的五帝三代实行的治术,方术则是当世所行的法术。王青先生则以为,由道术到方术的转变正对应了学术史上王官之学向诸子之学的转化。高晋生先生的看法与上面不同,他认为

"'方术'对下文'道术'言,道术者,全体。方术者,一部也。方,一方也,方术者,一方之术。"钟泰先生亦云:"全者谓之'道术',分者谓之'方术',故'道术'无乎不在。"以上解读因诠释角度不同而各有所长,但亦有会通之处,这就是它们对道术与方术之间的源流关系存有一定共识。

在《庄子·天下》中,作为方术发生之源的道术,在职能上可谓"配神明,醇天地,育万物,和天下,泽及百姓,明于本数,系于末度",由此以往乃可见"天地之纯,古人之大体"。《说文》认为"纯,丝也",段注"纯""同醇"。"纯""醇"有质朴、纯粹之意。在《庄子》一书中,这种意义的"纯""醇"往往又是原初混沌之德的体现。《淮南子·俶真训》讲至德鸿蒙之世,就曾云:"浑浑苍苍,纯朴未散,旁薄为一。"这里的"纯朴"就有混沌未判的原始含义。基于以上"纯"之二义,道术可谓是体现生存之混沌源在与纯粹质朴相统一、彰显生存本质的学问,它强调与生存本身相始终,以本质实现为归宿,所谓"六通四辟,小大精粗,其运无乎不在"。《庄子·大宗师》曾借孔子之口说:"鱼相造乎水,人相造乎道。相造乎水者,穿池而养给;相造乎道者,无事而生定。故曰:鱼相忘乎江湖,人相忘乎道术。"此可谓对道术周运基础上生存自身实现的理想表述。

道术是方术发生的前提基础。相对道术而言,"方术"可谓得乎一端(边)之见。不过,一旦它"多得一察焉以自好",就可能显现为一种极端化的具有封闭色彩的本体观念。站在主张存在本质实现、反对人为褊狭造作的生存立场上,《庄子·天下》认为"方术""以自为方""不该不遍""不能相通",乃是"一曲",故对其持批判态度;以为"道术"能备于"天地之美""万物之理""古人之全",故称道之。《庄子·天下》的这一认识对于不同时代的文化解蔽无疑是极富启发性的。

不过,它的另一层深意也当予以足够的重视,这就是《庄子·天下》对于"方术"与"道术"内在关联的诠释与肯定,而深入领会这一点对于把握"以德立人"之整体性与历史性意涵至为重要。对此,可参照《庄子·天下》中的另一段话:"古之人其备乎!配神明,醇天地,育万物,和天下,泽及百姓,明于本数,系于末度,六通四辟,小大精粗,其运无乎不在。其明而在数度者,旧法世传之史,尚多有之。其在于《诗》《书》《礼》《乐》者,邹、鲁之士、搢绅先生多能明之。其数散于天下而设于中国者,百家之学时或称而道之。"由这段话可见,"道术"之运时或显于百家之学,而百家之学作为"一察"之"方术",亦因得乎"道术"而"皆有所长,时有所用"。由是,"道术"与"方术"具有了内在关联。但是如何看待这种关联则是一个很值得讨论的问题。如上所述,如果说"方术"体现的是一种得乎一端(边)的文化本体观念的话,那么"道术"所诠释的内容显然更为深邃、丰富。它是体现生存之混沌源在与纯粹质朴相统一的学问,并以生存本质的全体实现为归宿,并且它所表达的乃是最广泛而本质的生存实现。《庄子·天下》对于"方术"的肯定之处,就其表面而言乃是方术作为道术之一部分而存在;就其深层而言则是作为一种文化本体观念的"方术"开放地面向并置身于道术所彰显的最广泛而本质的存在以获得生存实现,以使人文化成合于生存之整体和历史的实现。二者相权,后者之含义尤为值得关注,因为它是前者含义得以成立的基础。对此,儒家有着自己的体会。譬如孔子在阐释何为"士人"这一问题时曾有言:"所谓士人者,心有所定,计有所守,虽不能尽道术之本,必有率也;虽不能备百善之美,必有处也。是故知不务多,必审其所知;言不务多,必审其所谓;行不务多,必审其所由。智既知之,言既道之,行既由之,则若性命之形骸之不可易也。富贵不足以益,贫贱不足以损。此则士人也。"(《孔子家语·五仪解》)由此可见,在春秋时期的士人观中,道术仍为安身立命之终极根据。在此情境下,人道准则作为一方之术则是以开放的普遍关联的面相深置于道术之中,并通过与生存本身相互诚明来达成人的生存本质的实现,亦即生存的整体性与历史性的全体实现。把握这一点,对于理解先秦儒学"以德立人"之人道准则,进而评判种种相关诠释路径至为关键。

二、性情与礼教

在先秦儒学中,人的自然实存乃是由性情承载的。有关人之存在本质的认识亦是立足于个体性情的实存来发掘人之性情的整体性与历史性的实现。在此基础上形成的先秦儒学"以德立人"的人道准则,本质上即是人之性情在个体与整体、历史与当下相关联的中道实现。由此出发,体贴性情并寻求其中道实现,便成为理解先秦儒学"以德立人"的基础和判断其合理性的尺度。

在先秦儒学中,由"以德立人"所表达的人道自觉在以性情中道为指归的前提下乃具体体现为性情与礼教的终始相生之道,并包含有三个理论层次:首先,它体现了人之生存中的质、文统一,这是人文化成之端,所谓"文质彬彬,然后君子",其要在于得乎性情之真;其次,它体现了人之生存中的理、欲统一。理、欲统一乃有人道确立,其要在于准情度理;再次,它体现了人之生存中的知、行统一。知、行统一乃有人道证成,其要在于人情顺达。

以上三个理论层次贯穿于性情与礼教终始相生之道中。比较而言,性情乃为自然,是生生之体;理为必然,是生生之道;礼以性情为本,以理为文,体现了自然与必然的一贯,正如《礼记·乐记》所言:"先王本之情性,稽之度数,制之礼义。"通情达礼是性情与礼教终始相生之道的核心精神。"通情"可谓生存之基,它是性情在义理明达基础上的实现。在理解路径上,"通情"是由自明的性情体验到明证的内外一体的心知经历,其理想之境便是"以天下为一家,以中国为一人";在践行原则上,"通情"是生存的个体差序性与整体和同性的一贯。"达礼"属于人文化成,内含礼、乐、刑、政四教。礼、乐同其情,得其和、序;刑、政治其情,致其诚、一。但是,礼乃"称情立文",《礼记·礼运》引孔子之语云:"夫礼,先王以承天之道,以治人之情。故失之者死,得之者生。"《礼器》又云:"君子之于礼也,非作而致其情也。"于此可见,"达礼"必以性情实现为根本,故又有"五至三无"之说。"五至"者,"志之所至,诗亦至焉。诗之所至,礼亦至焉。礼之所至,乐亦至焉。乐之所至,哀亦至焉。哀乐相生。是故,正明目而视之,不可得而见也;倾耳而听之,不可得而闻也;志气塞乎天地,此之谓五至";"三无"者,乃"无声之乐,无体之礼,无服之丧,此之谓三无"。总之,"达礼"之要在于得乎性情之中,故在践行中需有节(五伦十义)有权。作为性情与礼教终始相生之道的核心精神,"通情达礼"保有一定的宗教义,即它包含着宗教性的情感、观念和仪式。其信仰体系是由三本所展开的天、地、君、亲、师系列,这一信仰体系现实而非抽象的存在方式以及其圣、凡一体的理解方式使"通情达礼"的生存实践得以不断变现,先秦儒学"以德立人"之道正是在此基础上得以多向度展开,并获得系统发展。

在体贴性情并寻求其中道实现的生存理解下，通过探讨性情与礼教的终始相生之道来解读先秦儒学"以德立人"的人道准则可谓是一个富有意义的理解尝试。在此理解过程中，人始终被视为是在自然性情与人文自觉互证互成活动中的一个具有本源性、整体性、历史性、充满生命力的存在。他既非一个冰冷、抽象、极端理性化的文化象征符号，亦不是一个个自我膨胀、"情识而肆"、张狂独立、具有价值相对主义乃至神秘主义倾向的个体，他就是那样一个于宇宙天地间相往还、具有整体性与历史性的生动的存在，经历着一种真实而有意义的生活。这一认识同样富有一定的现代意义。南乐山（Robert Neville）曾指出，现代世界中文明的日益多样化、多元化，导致不同文化、文明样式之间的碰撞与融合成为现代世界上的主要问题之一。它顺次又折射出两个问题，即个体生存实现问题与生存的多样性和整体性相统一的问题。很显然，抽象的道德说教与盲目信从法治并无助于问题的解决，甚至会导致形势的恶化。在此背景下，在体贴性情并寻求其中道实现的生存理解下，依乎性情与礼教终始相生之道而展开的先秦儒学立人思想研究便具有了广泛的现代意义：首先，它凸显了一种追求性情合义而整全实现的生存特质。在此，情理作为超越的道德实践意识，统摄着人的整个性情世界。人的实现便是建立在情理与情欲的一贯上。这对于思考现代个体生存真实、全面而自洽的实现无疑是有相应的启发意义的；其次，它揭示出一种"称情立文""情文俱尽"的礼教精神以及"有节有权"的践行原则，从而将人的生存实现安放在性情与礼教互证互成的基础上，这对于梳理现代生存中性情与规范的正当关系与合理实践当有所帮助；再次，它力图建立一个"体情而防乱""群居而不乱"的秩序与自由相统一的合理社会格局，既使个体情感得以安顿，又使不同个体彼此关系获得和谐。这对于在现代不同文化样式下处理生存的多样性和整体性问题，无疑是有借鉴作用的；此外，它指明礼教具有教养与惩治两个面相。前者指向礼乐反情合志的人文化成活动，重在实现人道自觉。后者指向刑政对"简不帅教者"的规诫训导，重在达成基于整体性的强制服从。比较而言，前者为主，后者为辅，体现了一种德主刑辅、礼法并治的指导原则，强调情动而理喻，因势利导，以实现社会标本兼治。这对于促进现代德法并治、警惕工具理性泛滥具有警示意义;最后,它所彰显的文化精神经过漫长的历史演化,已孕育出共同的民族信念和生活方式,构成了稳定的民族性,这使现实生存得以在历史延续中展开自身。这一点对于当代价值观的构建同样具有深刻影响。当代价值观作为民族精神的一种体现,当有其稳定的理念内核。它的建设需在传统与现代、民族的与外来的文化互动融合基础上进行。先秦儒学立人思想关注人的情感生活,推崇道德情感的超越意识,倡导情理交融、情文俱尽的人文精神,讲求个体自立自成与整体差序共存相统一的人格养成,主张礼乐相济,礼乐为先的教化成人理念,秉持"修礼达义"的革新精神,这些内容作为民族传统价值观的重要构成在国人生活世界中产生深远影响,它的阐明自然有助于深入推动当代价值观建设。

孔子哲学中的名言之学及其价值论意义

林孝瞭

中国计量大学　人文社科学院

中国传统的名言之学,在以西方哲学为普遍哲学的研究范式下,往往比附于西方哲学中的认识论。从现代哲学的视野来看,中国传统的名言之学无疑具有认识论方面的意义。但中国传统的名言之学不仅涉及事实认知的问题,也涉及人事评价的问题,也就是说,中国传统的名言之学具有认识论与价值论相统一的特点。中国传统名言之学的这一特点,奠定于孔子有关名言问题的讨论。孔子关于名言问题有两个基本主张,一是正名,二是知言。其中,知言又涉及言顺与言中两个问题。

一、正名

孔子的"正名"主张,与"为政"问题紧密相关。《论语》载称:

子路曰:"卫君待子而为政,子将奚先?"子曰:"必也正名乎!"子路曰:"有是哉,子之迂也!奚其正?"子曰:"野哉由也!君子于其所不知,盖阙如也。名不正,则言不顺;言不顺,则事不成;事不成,则礼乐不兴;礼乐不兴,则刑罚不中;刑罚不中,则民无所措手足。故君子名之必可言也,言之必可

行也。君子于其言,无所苟而已矣。"(《子路》,13.3)

孔子"为政"先"正名"的思想,应与郯子有关。《左传·昭公十七年》中记载:

> 秋,郯子来朝,公与之宴。昭子问焉,曰:"少皞氏鸟名官,何故也?"郯子曰:"吾祖也,我知之。昔者黄帝氏以云纪,故为云师而云名;炎帝氏以火纪,故为火师而火名;共工氏以水纪,故为水师而水名;大皞氏以龙纪,故为龙师而龙名。我高祖少皞挚之立也,凤鸟适至,故纪于鸟,为鸟师而鸟名。凤鸟氏,历正也。玄鸟氏,司分者也;伯赵氏,司至者也;青鸟氏,司启者也;丹鸟氏,司闭者也。祝鸠氏,司徒也;鴡鸠氏,司马也;鸤鸠氏,司空也;爽鸠氏,司寇也;鹘鸠氏,司事也。五鸠,鸠民者也。五雉,为五工正,利器用、正度量,夷民者也。九扈为九农正,扈民无淫者也。自颛顼以来,不能纪远,乃纪于近,为民师而命以民事,则不能故也。"仲尼闻之,见于郯子而学之。既而告人曰:"吾闻之:'天子失官,学在四夷',犹信。"(《左传·昭公十七年》)

在以上文献中,名可用作动词,如"少皞氏鸟名官";名也可用作名词,如"为鸟师而鸟名"。名,显而易见,是与指称事物相关的概念。

孔子学"名"于郯子。"名"在《论语》中,也是与指称事物相关的概念,同样可以用作动词或名词。名用作动词时,其意义为命名、称名。如孔子讲,"唯天为大,唯尧则之。荡荡乎!民无能名焉。"名用作名词时,其意义为名称、名号。如孔子曾讲,学《诗》可以"多识于鸟兽草木之名"(《阳货》)。名,在这里的意义显然是指物名。孔子还讲过,"君子疾没世而名不称焉"(《卫灵公》)。名,在这里的意义显然是指人名。

由上可知,孔子讲正名,正是要求事物的名称与事物自身能够相符,涉及的正是中国哲学中的名实关系问题。孔子讲正名,针对的是"名失",即名实不符的现象。《左传》载称:

夏四月己丑,孔丘卒。公诔之曰:"旻天不吊,不慭遗一老。俾屏余一人以在位,茕茕余在疚。呜呼哀哉！尼父。无自律。"子赣曰:"君其不没于鲁乎！夫子之言曰:'礼失则昏,名失则愆。'失志为昏,失所为愆。生不能用,死而诔之,非礼也。称一人,非名也。君两失之。"(《左传·哀公十六年》)

在上述文献中,子贡引用了孔子"名失则愆"的观点,并以"失所为愆"加以解释。那么,什么是"所"？"所",是指事物在相互关系中所处的位置。如孔子所讲:"为政以德,譬如北辰,居其所而众星共之。"(《为政》)在这里,"所"也就是"位"的意思,"居其所"也就是"居其位"。"位"同"所"的概念相近,并都与"为政"问题密切相关。如孔子讲:"不在其位,不谋其政。"(《泰伯》)在《左传》中,"名"与"位"两个概念已相提并论,如"名位不同,礼亦异数"(《左传·庄公十七年》)。"名"如果不能体现事物之间的关系,即为"名失",也就是"非名"的现象。所以,子贡讲鲁哀公"称一人,非名也"。杜预注:"天子称一人,非诸侯之名。"也就是说,诸侯无天子之位,不能用天子之名。

"名实"关系,既有"名所(位)"问题,也有"名形"问题。有关"名形"关系问题,《管子》曾指出"物固有形,形固有名"(《管子·心术上》)。在《论语》中,记载了孔子对"名形"不符现象的批评。孔子曾批评说,"觚不觚,觚哉！觚哉！"(《雍也》)《丹铅录》解释说:"古人制器尚象,以一觚言之,上圆象天,下方象地,且取其置顿之安稳焉。春秋之世,已有破觚为圆者。孔子于献酬之际,见而叹之。"觚本来是指方形的酒器,现在圆形的酒器也称为觚,这就导致了"名形"不符的现象,即孔子所谓"觚不觚"的"名失"现象。可见,孔子的"正名"思想,已经涉及到"名形"关系的问题。所以,后世的《尹文子》才会将"名形"问题与孔子的"正名"思想相联系。《尹文子》中称,"名也者,正形者也。形正由名,则名不可差。故仲尼云:'必也正名乎！名不正,则言不顺也。'"(《尹文子·大道上》)因此,先秦的形名之学,与孔子的"正名"思想是一脉相承,而非截然无关。

孔子正名思想,不仅涉及名所(位)、名形的关系问题,更涉及名义关系问题。所(位)、形代表了事物存在的事实之维,体现的是事物存在的本然秩序。义则代表了事物存在的价值之维,体现的是事物存在的人伦秩序。孔子的"正名",还包含了重建"君臣之义""长幼之节""父子之亲"等人伦秩序的理想。

《韩诗外传》载称:

孔子侍坐于季孙。季孙之宰通曰:"君使人假马,其与之乎?"孔子曰:"吾闻君取于臣,谓之取,不曰假。"季孙悟,告宰通曰:"今以往,君有取,谓之取,无曰假。"孔子曰正假马之言,而君臣之义定矣。《论语》曰:"必也正名乎!"《诗》曰:"君子无易由言。"(《韩诗外传·卷五》)

后刘向《新序·杂事》亦记载了几近完全相同的内容。在这段记载中,孔子通过对假与取两个概念的辨析,确立起了君臣之义。《论语》中,也载称:

齐景公问政于孔子。孔子对曰:"君君、臣臣、父父、子子。"公曰:"善哉!信如君不君、臣不臣、父不父、子不子,虽有粟,吾得而食诸?"(《颜渊》)

孔子讲"君君臣臣",所正的是君臣之义;讲"父父子子"所正的是父子之亲。而"君不君""臣不臣""父不父""子不子"与"觚不觚"一样,都属于"名不正",即"名失"的现象。《论语》中,还记载了孔子通过对"直"这一概念的辨析,确立"父子之亲"的人伦要求。

叶公语孔子曰:"吾党有直躬者,其父攘羊,而子证之。"孔子曰:"吾党之直者异于是。父为子隐,子为父隐,直在其中矣。"(《子路》)

另外,孔子对求益与速成概念的辨析,包含了对长幼之节要求。

阙党童子将命。或问之曰:"益者与?"子曰:"吾见其居于位也,见其与先生并行也。非求益者也,欲速成者也。"(《宪问》)

孔子通过"正名"以确立人伦秩序,这正是《左传》中所谓"名以制义"的思想。《左传·恒公元年》记载师服说:"夫名以制义,义以出礼,礼以体政,政以正民。是以政成而民听。"

二、言顺

孔子讲"名不正,则言不顺","言顺"要以"名正"为基础,同时"言顺"还要求"言"合乎一定的思维原则。人类思维,在本质是适应人类对世界认识需要的结果。孔子哲学,注重事物的相互关系。事物的相互关系,有两种基本情形,即相类(近)与相异。孔子的哲学思维,也可概括为两种相应的模式,即类的思维与中的思维。类的思维,处理的是事物相类(或相近)的情形;中的思维处理的是事物相异的情形。

(一) 类的思维

孔子哲学中类的思维,又可分为两种,一是"能近取譬"的类比思维,二是"举一反三"的类推思维。

"能近取譬"的类比思想,是孔子讲"仁之方"时提出的。孔子说:"夫仁者,己欲立而立人,己欲达而达人。能近取譬,可谓仁之方也已。"(《雍也》)孔子这里所说的"能近取譬",也就是后来荀子论"谈说之术"中所讲的"譬称以喻之"(《荀子·非相》)。在《论语》中,孔子经常以譬喻的方式来表达自己的思想,如"知者乐山,仁者乐水""岁寒,然后知松柏之后雕也"等。孔子还曾以堂与室比喻为学的境界。如《论语》中记载,

> 子曰:"由之瑟,奚为于丘之门?"门人不敬子路。子曰:"由也升堂矣,未入于室也。"(《先进》,11.15)

"能近取譬"的思维,是一种具象思维。一方面通过譬喻使思想富有暗示性,另方面要求思想贴近生活。这也正是中国传统哲学的重要特征。

"举一反三"的类推思维,是孔子谈论教学时提出的。孔子说:"不愤不启,不悱不发,举一隅不以三隅反,则不复也。"(《述而》)这里,孔子强调学习要有"举一反三"的能力,也就是善于从已知推出未知,也就是"告往知来"的能力。《论语》中记载:

> 子贡曰:"贫而无谄,富而无骄,何如?"子曰:"可也。未若贫而乐,富而好礼者也。"子贡曰:"诗云:'如切如磋,如琢如磨。'其斯之谓与?"子曰:"赐也,始可与言诗已矣!告诸往而知来者。"(《学而》)
>
> 子夏问曰:"'巧笑倩兮,美目盼兮,素以为绚兮。'何谓也?"子曰:"绘事后素。"曰:"礼后乎?"子曰:"起予者商也!始可与言诗已矣。"(《八佾》,3.8)

在这两个故事中,子贡和子夏都是善于"举一反三",从而获得了孔子的称赞。

孔子哲学在类的思维下,还形成了中国哲学一种独特的理论演绎方式。比如孔子讲:"名不正,则言不顺;言不顺,则事不成;事不成,则礼乐不兴;礼乐不兴,则刑罚不中;刑罚不中,则民无所措手足。"(《子路》)在这里,孔子关于"正名"与"为政"的关系,是基于以下的理论演绎方式,即"名正→言顺→事成→礼乐兴→刑罚中→民安(即民措手中)"。孔子这样一种理论演绎方式,亦成为先秦哲学一种常见的言说方式,如:

> 大曰逝,逝曰远,远曰反。(《老子》)
> 技兼于事,事兼于义,义兼于德,德兼于道。(《庄子·天地》)
> 有形则有短长,有短长则有大小,有大小则有方圆,有方圆则有坚脆,有坚脆则有轻重,有轻重则有黑白。(《韩非·解老》)

孔子哲学的这种理论演绎方式,在形式上类似于西方"A→B→C……"的形式逻辑演绎方式,表现出线性逻辑思维的特点,但在实质上,两者是不同的。形式逻辑演绎,是以形式逻辑的规则为基础。孔子哲学的类推演绎,是以事物发展中的邻近关系为基础。换句话说,孔子哲学的类推演绎不是以某种逻辑理论为基础,而是事实发展的秩序(即逻辑)为基础。

(二) 中的思维

"中"是孔子哲学中重要的概念,孔子不仅有"执中"的思想,并提出"中行""中庸"等概念。

在《论语》中,"执中"的思想还被追述至尧舜禹等圣王。《论语》载称:

> 尧曰:"咨!尔舜!天之历数在尔躬。允执其中。四海困穷,天禄永终。"舜亦以命禹。(《尧曰》)

何为"执中"?孔子曾说:"吾有知乎哉?无知也。有鄙夫问于我,空空如也,我叩其两端而竭焉。"(《子罕》)在这里,"两端"代表了相异(即相反)的两种意见,"空空如也"代表了孔子没有预设的立场(即"无知")。所以,孔子"叩其两端而竭",就是以"执中"的原则(即不预设立场的原则)统一相反(即相异)的意见。叶适曾将孔子这一思维原则概括为"一而两之",这是符合孔子思想的。

因此,"执中"也就是"执一"。"执中"要求以"一"超越"两端"的对立,从而实现对立的多样统一。比如,孔子曾讲"不得中行而与之,必也狂狷乎!狂者进取,狷者有所不为也。"(《子路》)"狂者进取"与"狷者有所不为",正相对立。孔子的理想则是"中行",即"进取"与"有所不为"的统一。由于孔子还讲过"吾道一以贯之",并以"一"与"多"相对。而"两"相对于"一",正是"多"。所以,"执一"也被理解为"执道"。

另外,"执中"也就是"执无"。因为"执中"要求"空空如也",要求"无知",也就是不能偏执一端。孔子不赞成以"一端"反对"另一端",说"攻乎异端,斯害也已!"(《为政》)因为"两端"互为"异端",相对于"中道"或为过,或为不及。从孔子"执中"的立场看,"过犹不及"。《论语》中记载:

> 子贡问:"师与商也孰贤?"子曰:"师也过,商也不及。"曰:"然则师愈

与?"子曰:"过犹不及。"(《先进》)

在上述对话中,子贡以"师愈"(即师更贤),是认为"过"比"不及"要好。孔子则讲"过犹不及",因为"过"与"不及"都是对"中行"的偏离。也就是说,从"执中"的立场出发,要求"无过",也要求"无不及"。所以,孔子才会讲"君子无众寡,无小大,无敢慢"(《尧曰》)。可见,孔子讲"执中",也正是"执无"(即无执两端)。

总之,"中"在孔子哲学中作为思维的原则,体现为"执中"的思想。同时,"中"还构成了理想的行为原则,即所谓的"中行"。进而,"中"的概念具有了德性论的意义,所以孔子会说"中庸之为德也,其至矣乎!"(《雍也》)中国近现代哲学家冯契曾主张"化理论为方法,化理论为德性",以此表明理论既有方法论的意义,也有德性论的意义。孔子哲学关于"中"的理论,正体现为方法论和德性论的统一。

三、言中

孔子讲"言必有中"(《先进》),也就是强调言语要符合道德的标准。"言中"既涉及言语的内容,也涉及言语的形式。

从言语的内容来说,"言中"要求"言以足志"。《左传》中记载:

> 仲尼曰:"《志》有之:'言以足志,文以足言。'不言,谁知其志?言之无文,行之不远。"(《襄公二十五年》)

志,即志意,是内在的精神意志。孔子讲"言以足志",要求语言要充分表达精神意志。关于志,孔子主张"志于道""志于仁"。所以"言以足志",也就是要求言语要符合道德仁义的要求,也就是所谓的"言中伦"(《微子》)。

可见,"言以足志"要求言语要以人伦道德为自身的内容。比如孔子讲"君子有九思",其中之一就是"言思忠"(《卫灵公》)。另外,《论语》中还记载:

> 子曰:"言忠信,行笃敬,虽蛮貊之邦行矣;言不忠信,行不笃敬,虽州里行乎哉?立,则见其参于前也;在舆,则见其倚于衡也。夫然后行。"子张书诸绅。(《卫灵公》)

"言思忠""言忠信",也就是要言之有德。孔子认为,对于君子只能悦之以道,"说之不以道,不说也";小人则相反,"说之虽不以道,说也。"(《子路》)孔子还批评了"言不及义"的现象,说"群居终日,言不及义,好行小慧,难矣哉!"(《卫灵公》)

从言语的形式来说,"言中"还要求"慎言无苟"。对于言语,孔子肯定的是"慎""谨""木""讷""切""孙(逊)"等言说方式,批评了"巧""佞""躁""隐""瞽""尤""苟"等言说方式。

孔子将"慎言"与"仁"相联系,讲"刚、毅、木、讷,近仁"(《子路》),讲"仁者,其言也讱"(《颜渊》)。所以,孔子主张"慎言",正是基于道德仁义的考量。与"慎言"相反的是"巧言"。孔子反对"巧言",认为"巧言乱德"(《卫灵公》)。《论语》中还记载:

> 子曰:"巧言令色,鲜矣仁!"(《学而》,1.3)
> 子曰:"巧言令色,鲜矣仁!"(《阳货》,17.17)
> 子曰:"巧言、令色、足恭,左丘明耻之,丘亦耻之。"(《公冶长》,5.25)

孔子还批评了"佞"。

> 或曰:"雍也,仁而不佞。"子曰:"焉用佞?御人以口给,屡憎于人。不知其仁,焉用佞?"(《公冶长》)
> 子路使子羔为费宰。子曰:"贼夫人之子。"子路曰:"有民人焉,有社稷焉。何必读书,然后为学?"子曰:"是故恶夫佞者。"(《先进》,11.25)

孔子还将"慎言"与"知"相联系,讲"可与言而不与之言,失人;不可与言而与之言,失言。知者不失人,亦不失言。"(《卫灵公》)

子曰:"邦有道,危言危行;邦无道,危行言孙。"(《宪问》)

子曰:"中人以上,可以语上也;中人以下,不可以语上也。"(《雍也》)

孔子于乡党,恂恂如也,似不能言者。其在宗庙朝廷,便便言,唯谨尔。(《乡党》)

朝,与下大夫言,侃侃如也;与上大夫言,訚訚如也。君在,踧踖如也。与与如也。(《乡党》)

孔子曰:"侍于君子有三愆:言未及之而言谓之躁,言及之而不言谓之隐,未见颜色而言谓之瞽。"(《季氏》)

"夫达也者,质直而好义,察言而观色,虑以下人。在邦必达,在家必达。"(《颜渊》)

孔子主张"慎言",与其强调"言之必可行"的思想有关。由于强调言的实践维度,孔子反对"空言"。如《史记·太史公自序》载称:"子曰:'我欲载之空言,不如见之於行事之深切著明也。'"与反对"空言"相一致,孔子还主张"言而有征"。《论语》中记载:

子曰:"夏礼,吾能言之,杞不足征也;殷礼,吾能言之,宋不足征也。文献不足故也,足则吾能征之矣。"(《八佾》)

子曰:"盖有不知而作之者,我无是也。多闻,择其善者而从之;多见而识之,知之次也。"(《述而》,7.28)

子张学干禄。子曰:"多闻阙疑,慎言其余,则寡尤;多见阙殆,慎行其余,则寡悔。言寡尤,行寡悔,禄在其中矣。"(《为政》)

在孔子看来,不实之言是无德的表现,说"道听而涂说,德之弃也。"(《阳货》)

"为之难,言之得无讱乎?"(《颜渊》)

"其言之不怍,则为之也难。"(《宪问》)

"古者言之不出,耻躬之不逮也。"(《里仁》)

"先行其言,而后从之。"(《为政》)

"讷于言而敏于行。"(《里仁》)

"敏于事而慎于言。"(《学而》)

宰予昼寝。子曰:"朽木不可雕也,粪土之墙不可杇也,于予与何诛。"子曰:"始吾于人也,听其言而信其行;今吾于人也,听其言而观其行。于予与改是。"(《公冶长》)

子曰:"辞达而已矣。"(《卫灵公》)

慎简乃僚,无以巧言令色,便辟侧媚,其惟吉士。(《冏命》)

子曰:"非礼勿听,非礼勿言。"(《颜渊》)

由慎言,孔子甚至主"无言"

子曰:"予欲无言。"子贡曰:"子如不言,则小子何述焉?"子曰:"天何言哉? 四时行焉,百物生焉,天何言哉?"(《阳货》,17.19)

德与言的统一,是孔子的理想。一方面,有德者要有言,因为"不言,谁知其志?"所以,"有德者必有言"。另一方面,有言者也要有德,因为"有言者不必有德"。

"立教有本而敷教有道"

——《大学》治平之道的理论展开及其特质

程 旺

北京中医药大学 马克思主义学院

摘 要：历来关于《大学》治平章的诠解少有精思，实则此章蕴含的思想非常丰富，而且其中不少理论关节易生误解，值得细致疏解。王船山立足"君子先慎乎德""治国之道，须立絜矩""絜矩之道在于公好恶""用人理财为同民好恶的两大端""大道必待忠信"五点对治平章的理论环节做了精到详实的诠释，有助于深化我们对儒家治平之道的理解。船山以"教化"精神提摄政教，使治平之道所内蕴的理论特质得以彰显。在儒家这种经由经典诠释参与政治文化的独特进路中，《大学》内圣外王政治理念所本具的经世关怀，也获得了更为实在的理论品格。

关 键 词：《大学》 治平章 治平之道 教化 内圣外王 经世

一

《大学》作为形塑儒家内圣外王政治理念的经世之书，在历史上产生了深远之影响，然此点亦曾颇受理论质疑。如劳思光先生的评议颇有代表性，他主张《大学》乃一"论德性生活的作品"，以政治旨趣为主，建立一"德性决定政治之主张"，强调"德性为政治秩序之本"，"全部《大学》中所涉及之政治思想，皆不外视政治秩序为个人道德之延长";"所谓治国平天下之问题,则仅看作德性之展开过程而已"。劳先生论《大学》的总体把握是有见地的,指出《大学》即内圣外王之学,政治理性与道德理性之间具有内在的关联,这与本文所持观点一致。不过不无可商之处在于,劳先生所着意提点的《大学》理论内涵之缺陷,他认为所论德性问题限于实践程序,主旨在本末先后诸点,未详加析论德性根源,故非心性论之基本著作;而《大学》虽涉及政治生活,但并未探究政治生活之特性,只视为八条目系列中的一环,并非严格的政治理论。前一点就文本自身所蕴之教化旨趣及其所依嵌的文化传统看,还有待商榷。后一点的问题在于政治哲学与政治科学本属不同层面,不宜以此强彼。此两点责难都触及《大学》内圣外王的理念论所需面对的理论困境,本文认为,从《大学》学的角度进行思考,也是一条有益的思路。具体而言,《大学》是否合乎严格的政治理论设计、能否在政治实践中发挥功效,亦即对《大学》如何对外王进行关照这一问题的探讨,不能仅限于《大学》文本本身,更不能以今度古,因为《大学》作为"大学之道",是在具体的历史世界中,与相应的历史情境相结合发挥其思想效应。也就是说对《大学》理念论,应"历史地看",从其具体的历史效应中审视其全部意蕴,这是《大学》之"道"本然要求,也是对《大学》作出合理定位的基本前提。以宋代为例,余英时先生详加阐述指出,宋代士大夫对得君行道、推明治道的经世关怀有着极大的热情,而《大学》作为明确在内圣和外王之间提供了一往一来双轨通道的经典文献,实为宋代士大夫重返经世、应对内圣外王新课题提供了最为直截了当的经典依傍和理论支撑。故而,结合《大学》学的历史影响看,以劳先生为代表的一类观点所指出的《大学》的理论缺陷,可能不过是一个伪问题。

关于《大学》对经世观念的影响,张灏先生曾作出过较有针对性的论述,值得参考。张先生指出:《大学》对经世观念的影响尤为突出,在宋以后的儒学传统产生了许多反响、回应和讨论,对儒家经世思想产生了很大影响。《大学》是一种人格本位的政治观,其最显著的特征是道德理想主义,体现在两方面:政治的最终目标不仅是一个国家的富强康乐,而以全人类为对象建立一个道德的和谐的社会;政治秩序的建立必须从个人修身开始。由此可包含不同的观点:一方面强调公私王霸之辩,认为儒家政治必须彻底地道德化;另一方面,采取宽泛的解释,认为公私义理之间有调和之可能,可以接受一些正统理学家拒斥的价值和理想,如国家富强和社会功利。张先生认为,分析《大学》人格为本位的政治观,不能孤立去看或只从表面去看,应结合其理论前提作整体的全面了解,《大学》的人格本位政治观除道德理想主义之外,尚有其他两种特征:一是造成"心灵秩序"的契机,培养人格、陶冶身心,个人价值和尊严得到肯定,超越于现实社会政治制度的心灵秩序由此有建立的可能;二是讨论如何建立一种完满的政治社会秩序,人格本位政治观,蕴含历史意识,重视社会政治秩序的起源即三代,圣王之端,原始典型,因袭三代,创立"天理史观",天理是外在的、超越的,同时也是内在于人心的精神实体,通过修德,可以体现出此实体。儒家经世由此含有一基本的信念:人为的努力可以实现典型的人格,也可重建典型的社会。可见,《大学》内圣外王理念以心灵秩序和政治秩序并重、人格与社会兼顾,深刻塑造了宋明以来相应的经世观。《大学》在内外、己我、公私两面的观照,并不是一套空洞的言说。在治道之外,也对具体治法的设计予以指引。虽然张灏先生引伊川语"修身齐家以至平天下者,治之道也;建立治纲,分正百职,顺天时以制事。正于创制立度,尽天下之事者,治之法也",认为《大学》人格本位政治观主要是治道和治体,此外别有治法。不过,《大学》对治法并非完全无与,治平章就不无涉及;更重要的是,这些具体的"创制立度",或有超出《大学》本身所论的内容,但无不以《大学》所立修己安人、内圣外王的教化主旨为依归。所以这些具体的治法、制度内容可以作为有机的环节——充实、融入到《大学》诠释的演进过程中,构成着《大学》学不断发展的题中之义,这反而映衬出《大学》内圣外王理念的全面性、包容性、涵纳性乃至普适性。

从经世观念审视,《大学》所开显的治平之道,集中反映着《大学》经世关怀的基本面相和理论可能。然而,历来关于《大学》治平章的诠解少有精思,一来是由于此章论说较详,似乎没有太多可发之覆,二来儒家主流的诠释脉络更重内圣,治平之道多半被销入到本立道生的模式内,似乎无需详说。实则《大学》此章蕴含的思想是非常丰富的,而且其中不少理论关节易生误解,所以值得细致疏解。

王船山的诠释值得注意,他对治平章做了详实、精到的诠释,非常有助于深化我们对儒家治平之道的理解。下面就结合王船山对《大学》治平章的诠释分疏,来审视其所蕴蓄的理论特质何在、具体如何展开。

二

治国之事,有政有教,"家之通于国者教也,国之通于天下者政也"。船山认为"修身在齐家"一章主要在于言教,而此节治平章则重在言政。政与教的不同偏重正是齐家与治国的分际所在,但言教、言政,只是明其大小公私之分的方便说法,家教、国政实则相通,二者都是"教化"精神的具体体现:"家政在教而别无政,国教在政而政皆教,斯理一分殊之准也。"故家教为教,政亦皆属政教。家国、教政之分,即此教化精神理一之分殊尔。结合治平章,教化精神的实质有两方面需加明确:

一方面,对家教而言,以孝悌慈为代表的教化途径,实质是因情设教,以情的体贴、感化为推展教化的主要方式,是一种软性的教化,"政"的硬性教化不被包括在内。情上通于性,是性的体现,并不是私情,"自然天理应得之处,性命各正者,无不可使遂仰事抚育之情"。这种性情感通以设教,其实从齐家以推至天下,无不可通,只是若仅据以"情",有其缺陷:"在家则情近易迷,而治好恶也以'知';在国则情殊难一,而齐好恶也以'矩'。"对家之情教的偏失,应以"知"加以提澌,情教本身并不与理性之知相斥:"君子之道,斯以与天地同流,知明处当,而人情皆絜也。"情教推展于国,更难得其一致,此正"絜矩之道"作为治国之道提出之所由也。

另一方面,与家教相对,治国更多需诉诸"政"的方式。"齐家是恃教而不恃法,故立教之本不假外求。治国推教而必有恒政,故既以孝悌慈为教本,而尤以通其意于法制,以旁行于理财用人之中,而纳民于清明公正之道。故教与养有兼成,而政与教无殊理。"齐家以情教为主,不假外求,治国则需诉诸为"政",其中重要的体现是,情教的影响减弱,而法制、理财、用人等实用政治措施的意义凸显,此为齐家之养不能涵及。家国之间，有教政不同，但无不统于"教化"，尤其是对"政"而言，不能脱离教化的精神。船山一再强调"国教在政而政皆教""政与教无殊理"。"政"之为"教"既要在孝悌慈之情教为基础来展开，又以教与养并重不偏废。在新民与亲民的争论中，阳明主亲民而批新民，认为亲民兼教养义，新民说得偏了，船山此处教养兼成，实际上是以教立政，从新民涵化出养民义，既与阳明不同，也对之有所吸收而有补朱学，应是朱王融合的新见。

十章传意，俱在说治国："有国者""得众得国""国不以利为利"，以及絜矩之道、以财发身、选贤用人等，都是治国要义。"言国与天下所同然之理，治平一致之道。则言国而天下在其中。"若仅为平天下而设，则省方立俗、柔远能迩之政，皆所不言，如同说齐家章可不言教家、治国章可不言散财用人之类，反不能通。那么，是否"治国之外，别无平天下之道"了呢？当然不是，应理解其历史语境，古之天下对应"封建"而有。天下不易得，自秦以来，有治而无平，不可开口便说天下。故船山主要从治国角度出发，立足五个要点系统呈现治平之道的逻辑展开：

其一，君子先慎乎德。

此"先"不是时间上的先后之先，而是逻辑上的先在之先，应认识到德乃先在性的本体。"财之聚散，人之用舍，国之治乱之几，即天下平不平之要，而岂有二道哉？"从财聚财散一直到治平之道，以德为先是通行的道理。财用问题是人日常生活均需面对的普遍性问题，最能反映修为之态度，经文讲"德本财末"，就是强调以德作为先在前提，在德的基础上获取财用，其实效之生发才具有恒定性："德为万化之本原，而财乃绪馀之必有，图其本而自可生其末，即欲计其末，亦必先培其本，而外内之权衡定矣。"经文强调"国不以利为利，以义为利"，也是同样的道理。以德为本，固其所本，则能"慎之于好恶之原，而知夫人心之所同然者，乃天理之极致。"此为"君子先慎乎德"的体现。

"是故君子先慎乎德"，作为治平章提出的重要总结性论断，不仅与《大学》首章"明明德""事有先后"存在照应关系，更接引着本章后面以"本末"论德财等政教理念。所以对此论断的理解需格外注意。具体来讲，德具有先在性的本体地位，但并非全然如此，"慎"之功夫正于此显现其必要性；在这个意义上，船山不认同朱子在章句和或问中都将此处之"德"解为"明德",坚决予以廓清。在《四书笺解》中,船山指出:"慎乃谨持而不使骄泰之谓""德乃清心寡欲、贱货贵德之德"。在《读四书大全说》中,做了更细致的分疏。

首先,"慎"不足以与"明德"合体。"慎之云者,临其所事,拣夫不善而执夫善之谓也。"如《书》云"慎厥身",身有小体、大体之不同,从而也就有善恶之分,所以可称"慎";《论语》言"子之所慎:斋、战、疾",正从存亡得失之际而保有存得而与避免亡失的意思上用此"慎";《礼记》之"慎独",独是意之先机的善恶未审状态,宜乎为之"慎"。而"明德"作为"虚灵不昧之本体",乃主体的本然存在根据,有善无恶、有得无失,其不待、不需拣择不善以保存其善明矣,与后天功夫性"慎"不在同一层次,"明德"只可言"明",不可言"慎",故"慎其德"之"德"解为"明德"实为不妥。有说法认为朱子之"明德"为"明其明德",这样以"明德"解慎德之德,就是"慎其明"能否成立的问题。船山指出,"当其未明,不可言明;当其已明,亦无待慎。"先慎明其德亦是无法成立的解读。其次,"慎"不能尽"明德"之全体。"明德"作为本体,其功效可盖乎格致诚正。但"慎"之意涵,只在意之一节功夫可行,因意乃缘事而有,以意临事,内外交接之几,正需慎之功夫。心意之际,亦以心临意,则心可用慎否? 不可,因心未缘物而有,心不受后天的干扰,只是先天活动的呈现,故与其存养先于省察的基本定位一致,"意"在于省察,而"心"只需存养,"省察不可不慎,而存养则无待乎慎"。至于格致之功,至少包括博学、慎思、明辨等几方面,而慎思仅居其一。可见,除诚意外,慎之工夫不能用于正心,也无法尽格致之功,以其合于"明德",只能是对"明德"本体的遮蔽。再次,阐明"德"者何谓。"德者,行焉而有得于心之谓也。则凡行而有得者,皆可谓之德矣。"船山引经为证,如古经会有"德二三"(《书》)、"不恒其德"(《易》)、"二三其德"(《诗》)等说法,"德"不定就是有善而无恶的。像"迁徙无恒,傥得以自据者",也可成为"德",不具备相应的超越性价值贞定,正是"慎"之功夫所必须之由。第四,从"德"与"明德"的关系澄清"慎"之必要。由上可知"德"与船山以"明德"为本体的定位显为不同,亦可知二者不能互释。那么二者之间的关系是怎样的? 明德本于天而虚灵不昧,纯乎其善,故系之以"明"。而"德"之行有所得者,亦有有得于心处,对明德之本体,反观内心亦能有同然之感,但总不免于"浮动禽取之情,而所丧者多"的结果。对于德,存其善、慎其不善,也能达到"有德"之境地。但这还不是本然的"明德",只是后天修为的结果,德之不善并不能彻底无有,故"君子之于德,必慎之也"。第五,"慎"之所以然及其新民之效的说明。"慎者,慎之于正而不使有辟也。"而慎之所出,源出"好恶",因之有正、辟之分。所谓"好恶",又关涉两方面,内在严乎诚意之发,外在显乎修身之效。不仅如此,就此章言治、平看,修身之动,见之行事,由己及人,有与民休戚相关者;同时,因其"好恶"之由,均有得于心,而可与民有同然之感通,故新民之"矩"正在其中。"絜"民之好恶而与之同,允为"民之父母";任其好恶而无关其民,不免乎"为天下僇"。此章提出此"是故"先慎其德,正缘乎此,人土财用由此才可得而有,故为之后。亦因慎其好恶之几,使其心所得足乎印证人心至所同然,具体行事中显发此好恶之效用,使其心所用尽乎众心好恶之所趋,总之对民心之好恶实现最大程度地体认,使民心所向、举措所动,能知其为大公至正之心而与之产生全面的共鸣而归之。所谓"有德此有人"者,以此。

能否透彻解读"慎其德",直接关系到恰切理会"治平"章所统会的政教理念。"《大学》一书,自始至终,其次第节目,统以理一分殊为之经纬。"明德为此理一而统贯《大学》功夫,并无异议,但若以此认为此处言"慎德"即可得天下之治平,则失之过易,无异于抹杀"分殊"的意义。"理一分殊"是一体互成的,"分殊"对"理一"而言并非可有可无,这样才能使"治平"章得其提点。具体来看:第一,因分之殊,本末各有其序。如家有家教、国有国政、天下有天下之经。由本统末,但从本向末的展开,"茎条枝叶之不容夷也",正如此章有德而后有人、土、财、用的获致,此间渐及之次序不可或缺,也说明"国之不易抵于治",若云君子有其明德而遂有人,是则迫促、躐等、无序之甚,再次说明不能解此德为明德。第二,明德虽为新民之本,但不能由其涵盖、取代新民,故身修之后,还需经家齐、国治而后得其天下平的新民之效;新民固本于已明之德,然亦未远乎其民,故后加之以齐治平之功。君子先慎乎其德,而有德此有人,治平章的主旨决定了此德当为新民之德,一味解此德为明德,无疑又有取消工夫过程的危险。"是以明德、新民,理虽一贯,而显立两纲,如日月之并行而不相悖"。明德新民并立,不可无视新民过程之序的存在。第三,新民之德,在于彰显其与民之德亦有相应、相及处,是故治平章言先慎其德,并著乎絜矩之道成其新民之效。这并非言其不本乎明德,而是强调新民与明德并立互成,否则《大学》之道,一"明德"可以尽之,何须再言新民乎;不尝接及于民,又何期人土财用之应成哉。

其二,治国之道,须立絜矩。

国中之人,不论具体身份,在具体的职分和人情物事中,所处理的关系"上下、左右、前后尽之矣","故治国之道,须画一以立絜矩之道。"首先应明确"絜矩者,与藏身之恕不同",絜矩之"毋以事上""毋以使下"等与恕道之"勿施于人",文似而义殊。絜矩与恕道的不同,不仅仅在于前者对具体处身情景具体性的强调,更要紧的是,絜矩之道突出了对于治民理国的意义,从规矩制度上塑造国之为国的秩序性。从这层意义看,恕道讲求推己度人,只能算作"姑取一人之身以显絜矩之义,而非以论絜矩之道"。而且君子仅"自絜矩以施之民"是远不够的,必须上升到"以絜矩之道治民":"以矩絜之,使之均齐方正,厚薄必出于一,轻重各如其等,则人得以消其怨尤,以成孝悌之化,而国乃治矣。"

治道之全,包含两方面,一是孝悌慈等具体可持之修治的规矩模范,二是为人可共识共由的品节定位之制度衡准。治国之道,在齐家之教的孝悌慈外,别有一立教之道,斯可见絜矩之意义。絜矩"言上下左右前后,无不可以己心之好恶为矩而絜之。"从上下、左右、前后的空间化人际结构上,絜矩推广展开沟通性精神,上下四维的关系网络,确定或固定了"己"的自我定位,也在均齐方正的网络链接、铺展中使公共结构的稳定性和秩序化逐步生成,絜矩之道的政治意义由此得到凸显。

其三,絜矩之道在于公好恶。

前文言絜矩与恕道之不同,并不是本质上的不同,"矩之既絜,则君子使一国之人并行于恕中,而上下、前后、左右无不以恕相接者,非但君子以恕代物而国治矣。"相反,絜矩以"己心"为矩,推度之所本并未离却恕道的沟通性精神,只是絜矩于恕道推己及人之外,应更偏重指向"治民"的意识上。从"民"之特性上看,

"民者,公辞也,合上下、前后、左右而皆无恶者也"。"民"从公共性层面言,群体意识的杂乱不一是无法避免的,这内在地要求从治国理政层面加以规整和理顺之:"民之好恶,直恁参差,利于甲而病于已,如何能用其好恶如父母? 唯恃此絜矩之道,以整齐其好恶而平施之。"换句话说,絜矩之道主要是为治民、安民而设的。絜矩指向治民、安民的角度是做民之父母,其路径诉诸对"民之好恶"的把握。"民之情喻乎君子,而君子之情唯念夫民,此乃可生育其民而民所敬爱者也,斯谓之民之父母矣。""君子絜之以心",体民之公好、公恶而为之或行或去。

而把握民之好恶的关键,是应做到公而不私,"能絜矩者,能公好恶者也,好恶公,则民情以得。"如何做到好恶之公? 因理因情,通理推广,这要求"不可全恃感发兴起,以致扞格于不受感之人"。船山推本立论,还是强调从自新以新民,指出"意诚心正,则所好所恶者一准于道"。故经文于好人之所好、恶人之所恶者,斥为"拂人之性",而不是"拂人之情"。因性方能定情,意诚心正,正从性体而言。从自身性体之究极处着眼,就能得其大公至正,因为这本身就是对天理的体现。"君子只于天理人情上絜着个均平方正之矩,使一国率而由之。"天理人情具体何在? 如何能得其率由?"民之所好,民之所恶,矩之所自出也。有絜矩之道,则已好民之所好,恶民之所恶矣。"好民之所好,则民即使有不从此好者,也知其并不是"不可"好;恶民之所恶,则民即使有从此恶者,也知此并非"不当"恶。可见,"公"民之好恶成为反映民情的直接途径。通过民之好恶施其絜矩,"絜矩而民情以亲,不絜矩而民情以叛,民心之合离,而国势之兴亡系焉。"故曰"得失之枢,因乎民情"。

"齐家之教,要于老老、长长、恤孤,而可推此以教国矣。乃国之与家,人地既殊,理势自别,则情不相侔,道须别建。"与齐家之教相比,再次强调了治国之絜矩所具的不同偏重。但其心理之同,可以类推,只是不能如对家人那般以尽知其好恶之情以因势利导,"乃君子因其理之一,而求之于大公之矩,既有以得其致远而无差者……",方可使教可行。既要体贴民情,又要在其内在根基上敬持加谨。絜矩之道,为打通民情提供了可靠的依据和路径,同时也说明了船山对"教化"的肯定和信心。

其四，用人理财为同民好恶的两大端。

"夫民情之好恶亦繁矣，而以实约之，则维财之聚与散也。"船山强调，散财当务制民之产，而不应区区以行小惠为然。"民散"的提法，说明此处是就"治国"而谈，因以天下观之，四海之内尽皆在此，散无可在，无所谓散，可以言民死而叛之，而不能言散。财聚非仅君主而有，豪强兼并之家，凡渔猎盘剥民众者皆不脱此列。行絜矩之道，此弊可得力矫。

有聚财之人方有聚财之事，否则"财固自散，不聚之而自无不散也"。从财之所以生的根本处加以反思，"天理之存亡，大道之得失，天命人心之去留，公私而已矣。公私之别，义利而已"。"义亦何尝不利，但有国者不知以义为利尔。"以义为利是强调义以为先，赋予"利"之合理产生的意义本原；以义作为存在基础，利可以长存长有，而不会缺失合法性的根基。以义为利，首先不会专于求利，并非不知利；而此利也不单单以财为务，而乃以义为实，即成为义之载体的显现。生财之大道，于此守之，虽不中亦不远。

以上因财货以明能絜矩与否，用人方面亦有体现。"唯仁人能爱人、能恶人"，仁人至公无私，以众人之好恶为好恶，不忍违背斯人之情。"以无所私之心生其至明，以大不忍之心而成乎至断"，故对其当爱而真能爱之，对所当恶而真能恶之。否则，即使有贤才得见，也将会为群小所间，难以举而用之；虽或能举用，也将不免怠慢、巧诈，终将为贤才乃至子孙黎民所恶。此与仁人之爱不可同日而语，实为姑息之爱，"逆人公好公恶之情，即拂人有善无恶之性，天理亡而人心叛"，灾祸必逮可以想见。

其五，大道必待忠信。

推广絜矩之意，"'平天下'章以慎德忠信为体、爱恶并行为用"。絜矩之道不仅要慎其德，还强调忠信之道。"忠信乃絜矩之体，絜矩乃忠信之用。存之于心曰忠信，以忠信施之于物曰絜矩。"忠信之道在船山看来非常重要，实际上是为絜矩之道确立起内在的本体，絜矩不过是忠信存心以施及于物的发用而已。

忠信之义，明道解为"发己自尽为忠，循物无违为信"，伊川解为"尽己之谓忠，以实之谓信"，船山认为二解对理解忠信之义毫厘不违，比所谓不欺之谓忠、无爽之谓信的浅白解释远为高明、究竟,因二解重在为忠信之德实实指出个下手处,将工夫、体段合并说出,虽非直以解释忠信,但以之教天下学为忠信者,甚是深切著明。而且两解互为补益,结合起来理解,更能得忠信之条理、旨趣。船山对二程子之解详为疏释,指出:明道所言"发己"之发,非仅以出于己者言之,此发当如生发之发,有由体生用之义,如同散己所藏以行于众,以合内外、人己为依归,"自尽"亦因其发而言,"凡己之所得,知之所及,思之所通,心之所信,遇其所当发,沛然出之而无所吝",并应于事、行上显发彻底焕然无余;伊川以"尽己"言忠,更为直接,兼具"发"字意于其内,也更显力道,如天地生物,元气迸发,使己之无虚无伪者尽除,以"实"言信,乃因物之实然者用之,用事物固然之实理,并不对虚伪而起;明道言信则以"循物无违"言之,循者,即依循率由事物的固然之理,行物而无所违逆,使物自然自成以发挥出应有之功用;总看,发字、循字,应以做工夫字看,自尽、无违则一如其功效、彻内彻外,由此忠信之道,推之即可知君子与物同体、万物备我之义,反身则知忠信乃天道人心的血脉贯通,立本于忠信之道而发行于物、均立絜矩,以至得众得国之属,不过天理流行之宜尔;不然,忠信不立则私欲拒之于内,私意违之于外,既不能尽发其己,亦不能顺循外物,可见忠信之表里、内外,只是一件事物,只是一个德,天理存于心为里,散于物理为表,共此一原,内外精粗,无所不在;尽己之心求道之所以然而力行之,忠信敷施广大,理财、用人、立教乃至施政于天下,皆得其统,于忠信之道中以见修己安人合一旨,忠信亦流行于大道之中矣。总之,大道必待忠信而有,可谓操之一念。这再次提示出:修身为本之所以根极于正心诚意。

忠信之得,骄泰之失,朱子以天理存亡之几作解,船山认为虽不易分晓,但亦不失涵容。"天理存亡之几,国之存亡即于此而决",由之关乎国运,体现出此节与前文的贯穿,不能忽视絜矩之道的意义,具体即对忠信之道的细致化、条理化:"特为忠信、骄泰原本君心而言,不可直恁疏疏阔阔,笼统说去,故需找出能絜矩不能絜矩,与他做条理。"而且必先有个"得众得国""失众失国"方可成说,撇开这一层,只纠缠得道失道,则似道在忠信之外,而忠信成为求道之工具矣。实则君子之大道,无一不是由忠信沛然充满而后发见。忠信与道是一体,是得道的基础和前提,用《大学》自己的话,即本末之间的关系,末为本所生发、推广而来的。这其实正是对明德为本、新民为末之本末精神的反映。

三

透过船山的分疏,可以看出《大学》治平之道的系统展开至少应重视以上五点。更为重要的是,船山进一步明确点出了治平之道所蕴蓄之经世关怀的理论特质:"……得失在于一心,而大道归于一理。仁义也,忠信也,慎德也,絜矩以同民也,皆人心理之所同然,而教自此立,政自此修者也。"治平章合而言之,大道归宗,不过在此一心,立乎仁义、忠信,慎乎此德,推广絜矩,以此化民成俗,内教而外化、自教而教他,教化之效得显,所谓政者,亦由教化而透矣。

故而,船山《大学》治平章诠释的核心论点,正在于揭橥内圣外王经世理念所内蕴的教化精神。"《大学》于治国平天下,言教不言养","以政为教"为船山所着力强调。在家言教,在国言政,政、教均是教化精神的具体表征。"政与教不同而理同也。其理同者,人心之顺逆、天理之存亡同也",教化精神正是贯穿二者"理同"之理,以"人心顺逆、天理存亡"标示"教化"之指归,说明教化既发之于内、又不失于公:"所以平之者,则惟有本吾正心诚意之学,以慎好恶而达民之情;致知格物之功,以审善恶而尽物之理。"通过家教可以感通国人之心,经由国政可以通达天下之心;立足修身之本,观照私己性之本真,体现的不是私欲而是天下之理的显现,个体性内蕴的是具有公共性的普遍精神,或者说,公共性本身就是在个体中获得其实存性的,故知修身以审其私理而可通其公理,则即使天下之心也可得到。"本身以立教,则国人之心自感,则本身以立政,而国与天下之人心皆得,一也。内取诸心,而天下之理皆存焉。苟得其理,而天下之心皆获焉。"对于修身而言,其私己性之理源于内心之中,其中关键的表象在好恶而已,与公私贯通的道理一致,好恶出于对民之好恶的体贴,正所谓"人心之所同",由此内取诸心,就可达民之情以得天下。这反映了应直透"教化"精神的内在本体,识得其真精神,教而化之、推己及人、自教教他,真正发挥修己安人以成大人德业的功效。

船山以"教化"提摄政教论,明确应推本立论,在其整个《大学》诠解中一以贯之,如:就明新言,以德为本;就格致诚正言,以心志为本;就修身为本言,以心为身本;就齐家言,以修为本;就治平言,慎其德行,必待忠信。不仅贯彻了《大学》的本末观念,也彰显了教化观念的本真意蕴。而教化的展开还必须具有相应的教化手段,教化显为大用,并不排斥相应的制度设计。船山以教为政,故特为强调齐家之孝悌慈非但知之但必教之、治国之絜矩必有规矩制度方成治道之全、治国推教必有恒政、须措意于法制,以至理财用人等等均加详说,船山的诠释由此表现出相应的经世取向。

　　从时代背景看,船山"忧宗国之沦亡",从此"存在结构"出发,船山不忽修齐治平之重务,本政教以经世,使其《大学》诠释凝结起独特的实存内涵。宋明以来,儒家学者普遍注重经典诠释参与政治文化的作用,只是此间儒者大多兼具儒者和官员双重身份,在皇权至上的权力网络中,"政治的自我"本身就特别凸显,而王船山作为明清之际"非官员化"的遗民身份,可以在普通大众化和民间社会中具有更大的普适性。船山身虽出乎世、心却未尝离乎世,在学术自觉与政治自觉之间的张力中,反省政教,以教统政,透显儒家经典诠释如何在政治文化中奠定根本、挺立主体并关切世道。立本以统末、一本而万殊,船山的诠释系统可以较好地转出超拔于自身存在境遇的普遍意义。船山以《大学》批导政治文化、于政治文化关怀《大学》诠释的双向互成,体现出儒家经典诠释与政治文化之间互动互诠的密切关系。在这个过程中,儒家经世关怀也获得了更为实在的理论品格。

"一贯"公案与忠恕而仁

董卫国

西南政法大学 哲学系

内容提要：孔子之仁学并非抽象的理论体系，从根本上说，乃是一种超越的人生境界，因此"一以贯之"之"一"不是仁，"一以贯之"之全体才表达了仁之通性的精神内涵，此境界必须靠切实的道德实践功夫才能达到。忠恕是"为仁之方"，两者为一体两面的关系，忠偏指诚敬以存心，恕偏指恕爱以应事。当人心能做到忠时，自然能恕。忠恕之道是仁学最为根本的实践功夫和必然性的诠释原则，集中体现了传统儒学"即工夫即本体"的学术精神。曾子将孔子所言"吾道一以贯之"诠释为"夫子之道忠恕而已矣"，不仅符合孔子仁学的基本精神，而且把握到了仁学根本的实践方法。曾子由忠恕理解孔子之仁学，对先秦儒学的传承影响重大。忠恕之道是孔子身后的仁学思想展开的核心线索。从忠恕之道来理解孔子仁学，对于当代的经典诠释具有重要的启示意义。

关 键 词：一以贯之 忠恕 仁 孔子 论语 仁学

《论语·里仁》载，子曰："参乎！吾道一以贯之。"曾子曰："唯。"子出。门人问曰："何谓也？"曾子曰："夫子之道忠恕而已矣。"（下文简称《里仁》忠恕章）此章是《论语》中最为重要的章节之一，然而也是历来争论最多的一章。"吾道一以贯之"是孔子总说自己学问之宗旨，对此历来学者皆无疑问。前人争论的焦点在于，曾子把孔子所言"一以贯之"诠释为"忠恕而已矣"，是否符合孔子之意？因为从这句话的语境来看，曾子之言并未得到孔子之确证，而曾子又是孔门儒学传承的重要人物，他对孔子学问宗旨的理解，势必影响孔门后学思想的发展。

一、"一贯"公案

宋代以前,此章并未引起学者们的充分重视,更没得到系统的诠释。从程颢、程颐两兄弟开始,理学家们对一贯和忠恕给予了高度关注,在他们看来忠恕之道关系到整个原始儒学之核心精神的传承问题,是其道统思想的核心内容。从二程开始,在孔孟之间特凸显出颜子、曾子和子思的地位。程伊川认为:孔子没,曾子之道日益光大。孔子没,传孔子之道者,曾子而已。曾子传之子思,子思传之孟子,孟子死,不得其传,至孟子而圣人之道益尊。二程认为孔门之中能够深造自得,得孔子之道者是颜子和曾子,而颜子早卒,传道者实为曾子。曾子传之子思,子思传之孟子。这就是通常所说的"思孟学派"的传承谱系。而二程认定曾子传道的一个很重要的根据就是曾子对于孔子所言"一贯之道"的承当和诠释。二程认为:曾子言夫子之道忠恕,果可以一贯,若使他人言之,便未足信,或未尽忠恕之道,曾子言之,必是尽仍是。又,"夫子之道忠恕",非曾子不能知道之要,舍此则不可言。朱子继承了二程的思想,对此章也高度重视。他说:"此是《论语》中第一章",要求学生"沉潜理会"。又说:"'一以贯之'乃圣门末后亲传密旨,其所以提纲挈领,统宗会元,盖有不可容言之妙。当时曾子默契其意,故因门人之问,便着忠恕二字形容出来。则其一本万殊,脉络流通之实,益可见矣。"在程朱看来,此章实则蕴含着孔门儒学传承的义理精髓。程朱不仅认为曾子对孔子一贯之道的理解和诠释是正确的,且此正是孔曾之间道统相传的明证。程朱之论成为宋明理学中的主流观点。

然而曾子忠恕传道说也一直受到怀疑。与朱子并时的叶适批评程朱之论缺乏证据。他说:"余尝疑孔子既以'一贯'语曾子,直唯而止,无所问质,若素知之者……未知于'一贯'之指果合否?曾子又自转为'忠恕',忠以尽己,恕以及人,虽曰内外合一,而自古人经维天地之妙用,固不止于是。疑此语未经孔子是正,恐亦不便以为准也。"清儒也多对忠恕一贯传道说提出质疑,如阮元认为,宋儒对"一以贯之"的理解有错误,"一以贯之"即"壹是皆以行事为教","一以贯之"与道统传承无关，并批评宋儒传道之说近似禅学。清儒立论多从文献入手，他们批评程朱之说亦是嫌其言之无据。

现代新儒家的代表人物牟宗三先生认为叶适以事功判定儒家的道统传承是错误的，从儒家道德形上学的立场出发给予叶适以有力的反驳。牟先生认为，孔曾忠恕一贯之传，确实蕴含着仁学的真精神，维护了宋儒以来道统说。徐复观先生认为，孔子总言"一以贯之"即是仁。从根本上说，仁是一个人的自觉的精神状态，即是"要求成己而同时即是成物的精神状态"。忠恕正是为仁的功夫与方法，但同时又体现着仁的意义，"仁是一种精神状态，忠恕也是一种精神状态，忠是成己的一面，恕是成物的一面"。因此，徐先生认为曾子把孔子的一贯之道诠释为忠恕是正确的。但徐先生认为此章只是指点学生仁的含义而已，并无传道之意。

对此问题的争论延续至今。李景林先生从思想学术传承的角度，对孔曾道传的问题作出新的诠释。李先生认为，"忠恕，孔子称作行仁之方。但是这个行仁之方，不仅是方法，也同时体现着仁的内容。忠恕之义，概况地说包括两个方面。第一，成己以成物。第二，成己的前提为人最切近的情，或者人之所欲和不欲的切己意愿。由诚敬之心，推广其切近的意愿（情）而臻物我之通，乃有德之不同层次的实现。孔子讲下学而上达天则，穷理尽性至命，正由此而达成。"李先生明确指出忠恕之道是孔门儒学传承的核心原则，"以忠恕行仁为途径达成性与天道的贯通，不仅表现了孔子思想的整体结构，而且也成为孔子后学构成其思想系统的方法原则"。颜炳罡和梁涛等学者对曾子传道的说法依然持怀疑态度。颜炳罡先生认为曾子并没有正确领悟孔子"吾道一以贯之"的意思，曾子以"忠恕"解一贯就成了"二以贯之"，与"一以贯之"不符。孔子以"恕"答子贡"有一言而可以终身行之者"之问，据此认为"恕"才是孔子的一贯之道。梁涛先生认同叶适之说，认为曾子是孔子晚年弟子，曾子听闻孔子一贯之教时年纪尚幼，并未真得明白孔子之义。"孔子言一以贯之当然是仁"，曾子对孔子一以贯之之道的诠释并不符合孔子本意。

尽管诸家之说莫衷一是，但忠恕一贯问题的重要性是毋庸置疑的。对这个问题的理解不仅关系到孔子之学之核心宗旨的问题，还关系到孔门仁学传承的问题。有鉴于此,我们认为有必要对忠恕一贯的问题进行一次彻底的考察,在现代语境下来澄清相关的问题。要说明忠恕是否是符合孔子"一贯"之旨的问题,必须分别梳理忠恕之道和一以贯之的内涵,在此基础上才能对忠恕之道在孔子思想中的地位做合理定位。

二、忠恕

忠恕的观念,在先秦儒家尤其是孔子思想中占有非常重要的地位。《论语·卫灵公》载,子贡问曰:"有一言而可以终身行之者乎?"子曰:"其恕乎?己所不欲,勿施于人。"《颜渊》载,仲弓问仁,孔子答曰:"出门如见大宾,使民如承大祭。己所不欲,勿施于人。在邦无怨,在家无怨。"《礼记·中庸》载孔子言曰:"忠恕违道不远。"可见孔子对忠恕之道的重视。然而,忠恕这个观念可能是当代语境下误解最多的观念之一,而在这些误解之中,忠恕之道本来的思想内涵逐渐被遮蔽了。

20世纪30年代以来,有一种对忠恕之道的诠释在学界颇有影响力,其核心观点有二,第一,恕即是"己所不欲,勿施于人";忠即是"己欲立而立人,己欲达而达人"。由此也必然推出第二个要点,忠、恕分别是为仁(或者仁)的消极面和积极面,两者是平行并列的关系。这种观点的根据是颇成问题的。首先,认为恕是"己所不欲勿施于人",是根据《卫灵公》:子贡问曰:"有一言而可以终身行之者乎?"子曰:"其恕乎!己所不欲勿施于人。"有些学者据此即认为孔子的回答中给"恕"下了一个定义,即"己所不欲勿施于人",其实这是值得商榷的,因为下定义并非孔子所惯常的说理方式。《论语》中,孔子会经常问到一些"概念",如"孝""仁""耻"等等,但是孔子的回答通常都是"因材施教",即并非答之以普遍抽象的知识,而是根据学生的天分、面对的具体境遇而指点其如何获得这些德性。所以,我们认为,孔子回答子贡的话,也绝非是给恕下了一个定义,尽管"己所不欲勿施于人"体现着恕的某种精神,但是并非就赅括了恕之全部。将忠解释为"己欲立而立人,己欲达而达人"则更无充分根据,他们大概是从"己所不欲勿施于人"的"反面"推测而知,然而,对"己欲立而立人,己欲达而达人"这句话在《论语》文本中的原意却明显不同。《雍也第六》末章:子贡问曰:"如有博施于民而能济众,可谓仁乎?"子曰:"何事于仁,必也圣乎!尧舜其犹病诸。夫仁者,己欲立而立人,己欲达而达人。能近取譬,可谓仁之方也已。"显然,"己欲立而立人,己欲达而达人"是仁者的境界,古来注家对此并无异说。总之,"己所不欲勿施于人",并不能赅括"恕"道,而"己欲立而立人,己欲达而达人"也并非"忠"道。那么,忠恕之义到底何所谓呢?我们认为不能轻易否定古注,盲目另立新说。

《里仁篇》忠恕章朱子注曰:"尽己之谓忠,推己之谓恕。"在《朱子语类》之中有较明确的说明:"忠者,尽己之心,无少伪妄。"忠乃是保持内心情感的诚实。关于推己,朱子以具体的生活事例做解释:"推己及物,则是要逐一去推出。如我欲恁地,便去推与人也合恁地,方始有以及之。如吃饭相似,……推己及物底,便是我吃饭,思量道别人也合当吃,方始与人吃。"(朱子语类卷二十七)恕即是能够即自己的情感欲望而通情于他人者。朱子的注还保存了另外说法,所谓"中心为忠,如心为恕。"此说乃是朱子取汉唐古义。王应麟《困学纪闻》卷二载:"中心为忠,如心为恕,《诗》《春秋》正义之说也。"王说是也。《毛诗正义·卷一之一》孔颖达正义:"衷与忠,字异而义同,于文,中心为忠,如心为恕。"又,《左传桓公六年》孔颖达疏曰:"故云所谓道者,忠恕于民而诚信于神也。此覆说忠信之义,于文,中心为忠,言中心爱物也;人言为信,谓言不虚妄也。""中心为忠",此"中"为"内在"义,即真实的内心情感也。"如心为恕",此"如"为"相似"义,即将他人之心比为己心,亦通情之义也。此说汉唐古注多用之。《楚辞·离骚》王逸注曰:以心揆心为恕。皇侃疏曰:"忠谓尽中心也,恕谓忖我以度于人也。"皆同此义。可见,程朱之说渊源有自。

程朱又认为忠恕非平行并列之两橛,而是体用关系,此说一方面处在其修养工夫的真实体证,但从文献资料来看,盖古人之通义也。在先秦文献中忠恕含义本相通,有时也等同互用。《国语·周语》:"考中度衷以莅之……考中度衷,忠也……施其所恶。弃其忠也。"韦昭注:"考中,省己之中心以度人之衷心,恕以临之……忠,恕也。"自我省察而保持内心之真诚,以此真诚的内心体谅他人,自然能通情于他人的感受和立场。把自己所厌恶的东西施加于别人,即丧失了与人一体通情之能力,偏离了自己内心真实的情感状态。这其中蕴含的意思为:只要回归于人内心真实的情感状态,则自然能产生与他人的一体通情。由此可见,忠恕在道德实践中是同一情感过程的不同面向。保持内心诚敬的一面称忠;待人接物时,通情、体谅他人的一面称为恕。人心能忠时则自然能恕,忠是恕的前提。同样,当人心失掉了对他人的通情,也可知偏离了其内心真实的情感状态。也就说,不能恕,也可见其没有忠。《大戴礼记·小辨篇》载孔子言曰:"忠有九知。知忠必知中,知中必知恕,知恕必知外,知外必知德。……内思毕心曰知中,中以应实曰知恕,内恕外度曰知外,外内参意曰知德。"中,内也;又曰"内思毕心曰知中",毕是穷尽的意思,句意:尽量保持自己内心道德意识的真实。"知忠必知中",明白了忠道,也就获得了自己真实的内心;"知中必知恕",内心回归于其真实的情感状态则自然能恕,从而对外在的价值事实作出判断和应对。由此可见,忠恕之含义虽然略有偏指,但是当落实于道德实践时乃是一体互通的。朱子说"忠是体,恕是用,两者只是一事",准确的揭示了忠恕的关系。

综上,忠恕思想内涵之要点可以概括如下:第一,根本意义上的忠恕之道,是实践仁德、追求仁道的修养功夫,即所谓"为仁之方",而绝非抽象的伦理原则,更非抽象的德目。第二,忠恕是同一道德实践工夫的不同面向。忠即"中心",义为:"去除私欲和偏见的遮蔽,保持真实的内心";恕即"如心",义为:"以己心体谅、通情于他人之心"。忠重在强调保持内心道德情感的真诚和道德理智的觉醒,恕重在强调以通情作为待人处事之情感基础。忠是恕的前提;同时,恕规定着忠之道德内容。忠恕之道是本于人情感发用的普遍规律而指点的道德实践方法。当人心能做到忠时,则自然能做到恕。

现代语境下,忠恕之道思想内涵的支离和混乱,不仅仅是学术观点分歧的问题。从根本上说,反映了一种学术范式的断裂。现代学者常常将忠恕视为抽象的伦理原则以与康德实践理性"道德律"相比附,或者将之视为抽象的德目,讨论其概念之间的联系。这些都偏离忠恕本义甚远。传统的儒学当然有其学理的层面,但是从根本上说,是一种归本个人教养的实践智慧。孔门学者更是没有单纯的理论兴趣,而是强调通过切实的道德修养而成就道德人格。忠恕之道是从人心上指明的道德实践方法,而非抽象的原则或德目。

三、一以贯之

既阐明忠恕之道的基本内涵,再来考察"一以贯之"的含义。"一以贯之"四字,自古以来颇为费人思量。综合古今学者的注解和论述,我们发现对"一以贯之"存在四个层面上的解读,第一为"观解形上学"的解读;第二为境界论的解读;第三为学术性格的解读;第四为学理结构的解读。

皇侃的《论语义疏》从一种观解的形上学的层面来诠释"一以贯之"。皇侃注《里仁篇》忠恕章曰:"道者,孔子之道也。贯,犹统也。譬如以绳穿物,有贯统也。孔子语曾子曰:吾教化之道,唯用一道以贯统天下万理也。故王弼曰:贯,犹统也。夫事有归,理有会,故得其归,事虽殷大,可以一名举;总其会,理虽博,可以至约穷也。"天下万事之理指形而下的、具体的事理,能贯通天下万事之理的一道或"一善之理"则必然是形而上的、普遍的理。"一以贯之"就是以超越的形上之道来统御具体的天下万事之理。在皇、王二人看来,这四字表达了孔子之学的形上意义。

孔门儒学虽不离日用伦常,但是绝非普通的世俗智慧,而是有其形上学的根据和超越性的价值诉求,皇王二人由一以贯之而读出形上学的意义,是很有见地的。但是二氏之说却未得孔子本义。徐复观先生也认为他们从中读出孔子之学的形上意义是值得肯定的,但二人深受老子思想的影响,用"一理"来解释孔子所言"一以贯之"是不妥当的。徐先生的看法是值得肯定的。二人之过,主要是未能理解儒家形上学的基本性格。形而上之道贯通于形而下之器,这当然是没问题的。但是这个意义上的贯通还只是抽象的、学理上的贯通,只能成就一种"观解的形上学"。形上本体并不能落实为人文教养的创造性力量,不能体现于道德实践的工夫之中。这种理解并不符合儒家形上学的真精神。

朱子则从境界论的层面理解一以贯之。与皇、王之解相比,朱子对一贯之道的诠释则契合于孔子仁学的基本精神。朱子认为一以贯之实际是圣人的道德境界。《里仁篇》忠恕章朱子注说"贯,通也。夫子之心,浑然一理,泛应曲当",又说"夫子之一理浑然而泛应曲当",《朱子语类》解:"一以贯之,犹一心以应万事。"朱子时而解"一"为"一心",时而解"一"为"一理",看似矛盾,实则最为赅备周全。普遍的形上之道的贯通性意义必须落实为具有超越性价值的理想人格。圣人是这种完美人格的体现。圣人之心浑然天理,理即是心,心即是理,形上之理的超越性意义必须由人道德心灵的创造性活动而展现。一理统贯天下万理,这是从义理上说,或者说是观解的、客观地说;而"一心以应万事",则是落实于人生境界上说,是从人格成就中活生生地展现出来的本体的超越性、贯通性意义。前者当然没有错,但是对一贯之道的理解,如果仅仅停留于一种客观学理的层面,则歧出于儒家道德形上学的精神太远。

孔子并不悬空地讨论形上之道,而是主张在具体的道德实践生活中不断证显道的意义。孔子说"下学上达",一方面重视下学的功夫,即重视在人伦世界中的博文约礼的人文教养;另一方面孔子又说"君子不器""士志于道""不知命,无以为君子也",强调对超越性价值的追求。"下学""上达"并非两个过程,"上达"必须经过"下学"的功夫;"下学"的过程也必须以"上达"为明确的志向。在孔子这里,形上之道与形下之器是合一的(或说:天道性命相贯通、即内在即超越),本体的创造性意义必须由生命实践的过程而开显(或说:即活动即存有),这是儒家形上学的根本精神。由此可知,朱子的诠释符合孔子仁学的精神。

皇侃之说虽然未得儒家形上学之真意,但是在重视孔子之学的形上学性格方面与朱子相同。至清儒,这种形上学的解读思路为之一变。清儒解:"贯者,行也",一以贯之即一以行之,乃是说孔子"壹是皆以行事为教",不空谈义理。孙诒让、阮元、刘宝楠持此说。现代学者多对后说表示怀疑,徐复观先生又从文字训诂方面指出清儒的谬误之处,辟之甚详。笔者认为何晏、朱子的理解是可靠的。且只从思想方面说,所谓"壹是皆以行事为教",只是外在地说明了孔子之道的实践性特点,并没有指明其实际内容。若语义如此明白,门人一听晓然,何必更问曾子?清儒强调儒学的实践性这是无可厚非的,但是宋明儒又何尝不说"行重于知"？清儒的根本问题在于对儒家形上学不能有真正的领悟，他们给宋明天道心性之学统统贴上"空谈"的标签而一概否定之。对天道性命的空谈，当然不足以代表儒学形上学的真精神，宋明儒学的主流又何尝不反对空谈？空谈心性只是学术流弊的一端而已，岂能以偏概全。然而，真正的形上学对于儒家的人文教化并非可有可无的赘疣，而是其达乎内圣外王之道的根本所在。实践性当然是儒学重要的学术性格，但是这种实践并非是离开了理性反思和理论探索的盲行，也不是功利态度的世俗生活，而是有其系统的反省和超越的价值诉求。若以实践作为批评的大棒一概否定儒学学理层面的探索，必然带来严重的后果。清儒对一以贯之的诠释，只是借此客观地指明了儒学实践性的学术性格，并未触及这个问题本身的意义，并且他们对儒学的实践性之理解也存在偏颇。

孔子之学以仁为宗旨，这是绝大部分学者的共识。从古人屡称"圣门之学必以求仁为要""仁乃圣门第一语"，到现代学界所广泛认可的"孔子思想以仁为核心"皆说明了这一点。孔子论人之德性修养，以仁德为最高的人格理想；论礼乐，以仁为礼乐之本；论政治，则归于德教仁政。在这个意义上说，把孔子之学称为仁学是有道理的。

在现代语境下，一以贯之的问题则被转化为"孔子思想核心是什么"的问题。以前学术界曾经有过孔子的思想核心是什么的问题，学者们常常从"一以贯之"这个问题入手来展开讨论。现代学界一般认为"孔子思想的核心是仁"。有学者认为，孔子言"一以贯之"，一即仁，一以贯之也就是以仁贯之，即仁是贯通其整个思想学说的核心。以现代的学术观念，说"仁是孔子思想的核心"当然不能算错。但必须认识到，这也是一个深陷现代语境的表述，因为它或多或少地把孔子与现代意义上的思想家等同起来。然而，须知孔子并没有专门的理论兴趣。所谓"孔子的思想核心为仁"，也并非等于说"仁"是孔子建构理论体系的逻辑起点或者一条抽象逻辑线索。根据孔子学问的基本性格，此贯穿或贯通并非逻辑上、知识体系意义上的静态关联，而是德行教养意义上的动态统摄。如果把一以贯之解为"仁以贯之"，那就是把孔子之学做平面化的理解了，可以说这种理解是从客观上说明了孔子仁学的学理结构，更无从敞开仁道本身的义理内涵。

综上,我们认为,"一以贯之"之"一"不是仁,"一以贯之"的整体,方且是仁的境界。张彦陵曰:"此章是悟后语,最忌支离。"此论亦颇得古人之心。后人辗转附会,反而多有盲人摸象、痴人说梦之嫌。综合前人之说,要理解"一以贯之",关键要把握住"贯"的精神。贯者,通也。宋明儒以"一心融贯万事""与天地万物为一体"诠释仁之内涵,恰是契合了"一以贯之"的意味,把握了仁道之贯通性的精神。

简单说来,究竟意义上的仁可以由圣人的生命境界得以展现。然而,生命境界具有主观体验性,不是可以传递的知识,非深造自得不能为言。因此,对一以贯之的仁者境界,最好的诠释只能是指点追问者自己达到此境界,即,不是客观的分析仁是什么,而是指引通向仁之境界的路径和方法。而忠恕之道恰恰是为仁之方。遑论曾子以忠恕之道指点此为仁之方是否具有概括性,但是他由功夫而诠释境界的基本思路是完全正确的,亦绝对符合孔门仁学的基本精神。

此外,《论语·卫灵公》记载另一处孔子提到"一以贯之":子谓子贡曰:"赐也,女以予为多学而识之者与?"子贡曰:"然。非与?"子曰:"非也。予一以贯之。"此处孔子所言"一以贯之"之义,与《里仁篇》无根本差别,皆可视为对仁之境界的诠释。然而,此处言一贯对"多学而识"讲,因此涉及到此问题:具体知识技能的学习与超越性人格境界的实现之间的关系。普通人常常被孔子外在的博学多才所吸引,认为这些知识技能、德行质量都是机械的凑合在孔子身上的。其实并非如此。孔子虽博学多才,然而并不以知识技能的学习本身为目的,即所谓"君子不器"。从根本上说,不器者,道也、天命也。以道自期,进而在道德实践过程中,自然融摄了知识技能,此即所谓"下学上达"。因此本章更加凸显了仁者下学上达,通形上形下为一体的境界意涵。能近取譬、推己及人的横向推扩和君子不器、下学上达的纵向超越乃是孔子仁学的两个向度,由此自内而外的推扩和自下而上的超越从而打开一广阔宏大而又自在超越的生命格局。

然而,这两个向度并非不相关涉的两橛,而是统一于德行修养的过程之中。即自己的生命境遇,在具体的价值事实之中做成己成物、推己及人的道德实践乃所谓"下学",而对于文化之学习并非以博学多能为用心,躬行仁义也须摒弃功利性的动机。博文约礼,其最终必归于开启道德理性之自觉,所谓"为仁由己",躬行仁义其最终必期于道德人格之独立,所谓"古之学者为己"(此即是作为一种人生态度的忠恕精神)。因此,在此下学的过程之中,逐渐领悟到普遍必然性的人生准则,本此,心灵趋向于绝对自由之境界而实现生命之超越性价值。可见,贯通身心、人我、融摄知识与德性而追求生命之超越性价值是求仁历程的不同面向,而忠恕之道必然是根本的求仁之方。

通观《论语》,夫子指点学生求仁之路径颇多,为何曾子独以忠恕答之?我们认为,这是因为忠恕之道乃是最为根本的仁学实践方法,因此也是具有必然性的仁学诠释路径。

四、忠恕与仁学

在孔子这里,仁的含义具有多层次、多面向的特点。仁的范围几乎包括了言行举止、人伦规范、心灵体验、政治功业等社会人生的各个方面。同时,仁具有多个层次的含义。第一,仁作为道体,此即永无止境之仁,因此贤圣尚不敢以仁自居。第二,仁作为人性,此即"我欲仁,斯仁至矣"之仁,因其为人心本具,所以才能说欲仁得仁。第三,仁作为一个道德评价之标准,即唯独人盖棺定论方可以仁评价之,即"殷有三仁焉"之仁。仁的诸多面向并非平行并列,而是纵贯融汇;各个层级也并非断裂分离,而是有一贯的精神内涵。这种一贯的精神内涵正是人之道德本心的自觉。孔子说"为仁由己,而由人乎哉?"(《颜渊》)又说:"仁远乎哉?我欲仁,斯仁至矣。"(《述而》)这种意志的自由必然由人之道德本心而得以充分体现。孔子说:"仁者,人也。"孟子在此更推进一步说:"仁者,人心也"。可见从根本上说,仁是道德本心的自觉,由此道德本心的自觉从而进入人本真的存在。所谓"根本上说",包括两义。第一,仁并非只是心灵自觉的内在体验。本此心灵自觉必然在现实的人伦世界中有相应的表现和作用。第二,道德本心的自觉乃是诸多外在的质量、规范和功业之根基,后者是前者的自然展现。如果没有此内在的心灵自觉,即便外在的表现偶然正确,也不能以仁称之。此所谓心灵自觉,乃至自觉自己生命与天地万物本是一体互通,此即是人生命存在之本真状态。此义则莫如大程子之言最为切当,"仁者,与天地万物为一体者也"。大程子这句话虽然是偏重从主观体验来描述仁,却把握住了仁德之根本精神。仁德之本,实皆本于此内在的心灵自觉。所有求仁功夫,最终之目的必归于启发其"与天地万物一体"之本心方可见其功,以此道德本心的自觉为根基,必以落实为成己成物的人格教养方可见其效。

忠恕之道恰是从心地上指明的求仁功夫,以启发人本心之自觉为核心要领。在这个意义上说,忠恕实为最具普遍意义的求仁功夫。如前所述,忠恕二字皆从心,其初意皆是对人内心状态的描述。忠恕作为求仁之方,也是从人之情感意识之运用处指明的实践方法。忠恕之道强调突破私己小我之局限,以个人之真诚的道德情感去通情、体谅他人,即显然体现了仁道之人我一体互通的基本精神。分而言之,忠道强调个人保持内在道德情感的真诚,强调德行修养本身的目的性和自律性;恕道强调个人对他人的通情和关爱,两者一体两面而见之于行事,其极致则达到感通于天地万物的心灵自觉,落实为成己成物,自新新民的内圣外王之道。同时,忠恕虽为求仁之方,但践行忠恕之过程,本身也体现着仁的部分意义。作为终极意义的仁,实为一种超越的价值理想,几乎遥不可期,孔子尚不敢以仁德自居;但仁的意义恰恰就在于行仁、求仁的进程之中。只要反求于心,忠恕行仁之方则人人当下即可用力,在这个意义上说,仁又是人之最本己的可能,所以孔子说"仁远乎哉,我欲仁,斯仁至矣!"唯独持守忠恕之道而为一贯的存心应世之法则,乾乾不息,方才契合了仁道。可见,忠恕之道实则贯穿于整个追求仁德的生命实践过程中,是孔子仁学最为根本的实践功夫。

宋儒对忠恕一贯之旨非常重视,认为其关系到先秦儒学传承的核心义理,是其道统思想建构的重要依据。朱子认为忠恕一贯乃是"孔门末后亲传密旨"。我们认为这个说法,失之略高。忠恕作为孔门一贯之旨确是先秦儒学传承的核心义理,但是恐怕并非"秘传"。如前所说,忠恕是于心地上指明的求仁功夫,此所谓心并非生理意义上的心脏或者大脑。以传统儒家看来,心伴随于生命活动的一切内容而显示其意义,或者说心是人全部生命活动展现的场域。阳明说"心外无物";梁漱溟也说"生命与心同义",皆说明了儒学对心的基本看法。由此可见,此心亦非空洞的精神意识而已。心之作用,必见于其言行举止、应物处事等生命活动的全部内容。孔子指点学生求仁之方,有时虽未明言忠恕,但是却可以说时时处处指向忠恕。孔子答仲弓问仁,诚敬以存心是忠;推己及人是恕,显然是忠恕。子曰:"巧言令色,鲜矣仁。"答子张问行曰:"言忠信,行敬笃,虽蛮貊之邦行矣。"答樊迟问仁曰:"居处恭,执事敬,与人忠。虽之夷狄,不可弃也。"言行举止之谨慎庄重,待人接物之信义,必以内心之诚敬为根基。子路问君子,孔子以"修己以敬""修己以安人""修己以安百姓"答之。治国安民之事业也必从内心之敬德开始。从根本上说,这些皆是忠恕之道见之于言行举止,待人处事,乃至于治国安民者。凡此种种不必尽举。但是须知,孔子虽无秘密传授之意,但学生领悟的程度则随其功夫和资质之不同而各有浅深。曾子把孔子所言"一以贯之"直接诠释为忠恕,可见其把握住了仁学功夫之根本。宋儒据此而推断曾子在孔门之中传道地位,这是颇有思想见地的。

忠恕之道是从心地上指明的实践仁道、追求仁德的修养工夫,是统贯于孔子一切学行的根本方法和原则。曾子把孔子所言的"一以贯之"诠释为"忠恕",把握住了孔子仁学的根本精神,并且在儒学思想史上具有重要的意义。忠恕是诠释孔子仁学的必然性理路,孔子身后的仁学思想以忠恕为核心线索而展开。孔子身后,曾子学派重视对孔子仁道思想的落实,强调由忠恕之道贯通于孝亲之情以修身成仁,如《大学》之基本脉络即是由忠恕而至于仁。在子思子学派中,忠恕之道被发展为由推致中和之情以成己成物的功夫宗旨。子思由中和来诠释孔子的中庸思想,中庸即"中和之为用"。中庸既是一个方法,也是一种德行。作为方法的中庸,即"用中",就是忠恕;作为德行的中庸,即"中之用",就是由忠恕而达到的仁。孟子落实于四端之心和孝悌之情阐明儒家性善之义,进而提出由求放心、集义而修身成德;由推恩或扩充其善端而开出为"亲亲而仁民,仁民而爱物"的王道仁政理想。总而言之,曾子从忠恕之道诠释孔子所言"一以贯之",在学术史上具有重大意义。

孔子所开创的仁学不同于西方知识理论形态的哲学体系，而是一种归本于人格教养的实践智慧，其哲理的成就附属于人格的完成。这就决定了儒学的实践功夫与哲理诠释必然统一的，将道德实践的功夫排除于哲学方法之外，在某种程度上说就是关闭了经典诠释的源头活水。明朝晚期的儒学尤其强调"即功夫即本体"的命题。高攀龙说："以本体为工夫，以工夫为本体，不识本体皆差工夫也。不做工夫皆假本体也。"刘蕺山说："学者只有工夫可说，其本体处直是着不得一语。才着一语便是工夫边事，然言工夫而本体在其中矣。大抵学者肯用工夫处，即是本体流露处；其善用工夫处，即是本体正当处。若工夫之外别有本体可以两相凑泊，则亦外物而非道矣。""即工夫即本体"的命题虽然为晚明儒家明确提出，但也是儒学一贯的精神。所谓本体即超越的、形而上的道，所谓工夫即人的道德实践。"即工夫即本体"，或"工夫之外别无本体"，都是强调必须由道德实践来体证道的超越性价值，对本体的理解必须以主体的实践工夫为根基。若脱离了道德实践的功夫而讨论本体，所谓的本体论则容易流为对心性、道德等义理的空谈，不仅仅学理上游谈无根，也无从实现其对社会人生的教化意义。明末儒者对"即工夫即本体"的强调，当然是针对当时的学术氛围有的而发，但是防止脱离道德实践根基的空谈，确实是儒家道德哲学一贯的主张。在当代学术范式下，依然要充分尊重儒学作为实践智慧的学术性格，这样才能更合理的对儒学作出当代性的义理诠释。

宋明儒学对经典的诠释常常超出于文献根据之外，然而却更加契合于经典的精神，原因就在于他们对实践功夫的重视。道德实践中的感悟和体验，在一定程度上为宋明时代的经典诠释敞开了丰富的思想世界。宋儒所言"忠恕"传道的思想谱系，不能完全以文献上的根据判断其有无。对经典思想的阐发固然需要文献的根据，然而，思想本身的开展却并非是文献学。思想的创造性诠释在一定程度上能自成统序，要在于契合其根本的学术精神，把握住其核心的思想原则。中国古代哲学是以经典诠释的学术形态存在的，经典诠释的哲理总是一个开放的思想体系，然而，开放并不等于驳杂，开放中又有此一脉相承的统序。因学者之资质与时代所面临之问题不同，经典之义理总能绽放新的思想花朵，完成经典在那个时代的教化使命。今天我们对孔子仁学的诠释,亦必须尊重其基本的学问性格,把握住其核心的思想原则,这样才能够盘活传统的资源,整合当代的观念,在文化的连续性中重构学术思想的新形态。

孟子乐教思想新论

雷永强

河南科技大学 马克思主义学院

摘　要：孟子以"承三圣"自我期许,自觉地接续孔子所开创的儒家乐教传统,并发展之。他"攻乎异端",孜孜于"辟杨墨",力挽儒家乐教之道统而不坠。在新声勃兴、雅乐式微的时局下,孟子审时度势,以"仁政"理想的实现为终极指向,声言"今之乐犹古之乐",以一种迂回的话语策略说服齐宣王"与民同乐",表现出极高的权变智慧。这种权变,从容中道,在夹缝中为儒家乐教的复兴觅得一线生机。

关 键 词：孟子　乐教　道统　仁政　权变

孟子生于战国中期,当是时也,礼乐更加崩坏。清代硕儒顾炎武从尊礼重信、宗主周王等六个方面对春秋与战国之情势进行全面比较,清晰地再现了战国时代礼乐崩坏的"国际环境",其文曰："春秋时犹尊礼重信,而七国则绝不言礼与信矣;春秋时犹宗周王,而七国则绝不言王矣;春秋时犹严祭祀、重聘享,而七国则无其事矣;春秋时犹论宗姓氏族,而七国则无一言及之矣;春秋时犹宴会赋诗,而七国则不闻矣;春秋时犹有赴告策书,而七国则无有矣。邦无定交、士无定主,此皆变于一百三十三年之间。史之阙文,而后人可以意推者也。不待始皇之并天下,而文武之道尽矣。"顾氏所言甚确。在这种"邪说诬民,充塞仁义"的情势下,孟子自觉地担当起"正人心,息邪说,距跛行,放淫辞,以承三圣"的文化使命。何谓"三圣"？孟子云："昔者禹抑洪水而天下平,周公兼夷狄,驱猛兽而百姓宁,孔子成《春秋》而乱臣贼子惧。"此乃一部自生民以来的华夏古史,经孟子删繁就简,仅剩下三座最具象征意义的文化丰碑矗立在那里:第一位圣人是"禹",其最大贡献就是"抑洪水",在人与自然的紧张与冲突中,人类最终战胜了自然,象征着人类已经摆脱他所源出的自然界的羁绊,获得了更多的"自由"空间;第二位圣人是"周公",其在华夏与夷狄的化变之间"兼夷狄",象征着先进的华夏礼乐文明最终能够改变夷狄落后的生活局面,从而推动整个人类社会的文明进程;第三位圣人是"孔子",其功最著者在于"成《春秋》"。在仁人志士与乱臣贼子的博弈过程中,其弘扬了道义的力量而"乱臣贼子惧",象征着正义是不可战胜的,并揭示了"仁"乃人之为人的内在本有规定与人之最本己的选择,为人类构建了一套赖以存身的价值准则,指示着人类挺起道德的脊梁,从而过上一种积极向上的道德生活。孟子"以承三圣"自许,其宗师孔子,高举儒学大旗,申言"乃所愿,则学孔子"。但是,"杨墨之道不息,孔子之道不著",为拨乱反正,孟子以捍卫与传承孔子所开创的儒学道统为己任,力"距杨墨"。学界向来将孟子之"距杨墨"目之为其对功利主义的批判,但仔细审查"杨墨"的文化立场,我们发现孟子之"距"在很大程度上是出于对墨子"非乐"的回应,在维护孔子所开创的儒家乐教传统方面居功至伟,成为战国时期儒家乐教思想传播中承上启下的代表性人物。现就孟子对儒家乐教的贡献略作申论,以就教于大方之家。

一、"距杨墨"——对墨子"非乐"的回应

孟子之时,"杨朱、墨翟之言盈天下。天下之言,不归杨,则归墨"。儒学式微,社会上诸说杂存、淆乱视听。孟子力主"距杨墨",是站在道义的立场上为孔子进行辩护,以拨乱反正,使社会重新回归于"正道"。我们先来看杨子,史载"杨子取为我,拔一毛而利天下,不为也"。虽然关于杨朱乐教方面的文字记录付之阙如,但由于其主张贵己、重生,故不大可能有太多的社会关怀,与儒家乐教成己、成物的教化旨趣不侔。孟子主张"仁政",在乐教上倡导"与民同乐",而这种政治关照是以"君权"的存在为前提的。但"杨氏为我,是无君也"。如果缺失了

"君"这一环节,儒家所维护的"君君、臣臣、父父、子子"这一伦常关系将瞬间崩塌,人类可能又倒退到史前无序的野蛮状态。可见,孟子这里的"君"应作广义解,代表着整个政治秩序的构建。同时,我们再来看墨子,他主张"兴天下之利,除天下之害",在实际行动中,"摩顶放踵利天下,为之"。可见,墨子以"利天下"为目的,主张"兼爱""非攻",不是没有社会关怀,而是关怀得过了头,以至于"'爱'的普遍性与由人的实存差异所生之'爱'的等差性之间"出现了紧张。同样是爱的施与,同样是社会关照,但在儒家看来,"人有恒言,皆曰天下国家。天下之本在国,国之本在家,家之本在身"。故倡导"仁者爱人",且认为"立爱自亲始","事亲,事之本也"。孟子说:"老吾老以及人之老,幼吾幼以及人之幼,天下可运于掌。诗云:'刑于寡妻,至于兄弟,以御于家邦。'言举斯心加诸彼而已。故推恩足以保四海,不推恩无以保妻子。"这里的"推恩",即孔子的忠恕之道,或《大学》中的絜矩之道,而这推恩的前提就是亲亲之爱。正如《礼记·中庸》所云:"君子之道,造端乎夫妇;及其至也,察乎天地。"又:"君子之道,辟如行远必自迩,辟如登高必自卑。"即君子之道,必由人的生命之最切近处发端,然后层层向外推扩。而其造端之始,必本于孝道亲亲,注重于家庭伦理。可见,儒家倡亲亲之爱,实有等差分别。

而墨子之"兼爱",朱熹说得最为明白,朱子《集注》云:"墨氏务外而不情。"即不是从情感最切近处发端,忽略了儒家仁爱思想在亲亲之情与普遍的人类之爱的一体性,犯了"二本"的错误。何谓"二本"?赵岐注云:"天生万物,各由一本而出。今夷子以他人之亲与己亲等,是为二本,故欲同其爱也。"又:"夷子以为人爱兄子与爱邻人之子等邪,彼取赤子将入井,虽他人子亦惊救之,故谓之爱同也。"《朱子语类》卷五十五:"爱吾亲,又兼爱他人之亲,是二爱并立,故曰'二本'。"细绎之,墨家之"二本",实质上就是同时肯定两个"爱"的原则:一个是私己之爱,一个是抽象的人类之爱。如果二者并立在一起,前者将完全遮蔽于后者之中。换言之,"当墨家把这种普遍的人类之爱理解为完全无等差的抽象之爱时,'亲亲'便亦被理解为一种偏私之情,而失去了其人我贯通一体的超越性意义"。如是,"墨氏兼爱,是无父也"。宗周社会的宗法制度,更多地强调于"父父、子子"之间的血脉亲情,而墨家之兼爱,无形之中将斩断父子间的血脉一源,消弭传统家庭伦常,使整个社会的伦理秩序失去现有的根基。《墨子·兼爱下》:"必吾先从事乎爱利人之亲,然后人报我以爱利吾亲也。"此处的"报"字,更是将人间最真切的亲亲之情、孝子之爱降低为一种单纯功利性的交换关系,从而也丧失了"爱"的本真性与纯粹性的意义。"这样,孝子爱亲之义便成为一种功利义的私己性,它与杨氏的'为我'实质上并无根本的区别。"故孟子骂杨墨"无父无君,禽兽也"。二者各自偏执一端而不能相通,最终走向极端。可见,孟子之"辟杨墨"与孔子"攻乎异端"的努力在维护儒家正统上若合符节。

然而,孟子对墨家的批判,更多地指向于墨子"非乐"的文化主张。墨子批判儒家"弦歌鼓舞,习为声乐,此足以丧天下"。墨子于《非儒下》篇引晏子的话攻击儒者"好乐而淫人""孔丘盛容修饰以蛊世,弦歌鼓舞以聚徒……积财不能赡其乐,繁饰邪术营(惑)世君,盛为声乐以淫遇(愚)民"。墨子的话不可谓不尖刻。孔子对周公制礼作乐神往不已,称其"郁郁乎文哉",并申言"吾其东周"的文化立场。现在,传统的礼乐文化在墨子的非乐声中,一股脑地都被否定了。这一点庄子看得十分明白,认为墨子"作为《非乐》,命之曰《节用》;生不歌,死无服。……不与先王同,毁古之礼乐"。这样,墨子之"毁古之礼乐",对于"好古"的孔子之儒家来说,可谓是釜底抽薪。为了"闲先圣之道",本不好辩的孟子不得不起而"距杨墨",目的则在于"放淫辞,邪说者不得作"。

然而,墨家的理论体系不可谓不精致,否则,也不会出现"天下之言,不归杨,则归墨"的局面。孟子有鉴于是,首先效孔子之"攻乎异端"而"距"之,指出了墨家在实质处"务外而不情"且与现实的脱离。紧接着,孟子指出墨家"非乐"似是而非的理论缺陷。《孟子·尽心下》载:"孔子曰:恶似而非者:恶莠,恐其乱苗也;恶佞,恐其乱义也;恶利口,恐其乱信也;恶郑声,恐其乱乐也;恶紫,恐其乱朱也;恶乡原,恐其乱德也。"其中,孟子"恶郑声,恐其乱乐也;恶紫,恐其乱朱也",正是对孔子"恶紫之夺朱也,恶郑声之乱雅乐也"的继承与发展。"紫"与"朱"颜色相近,但并非正色,若将其杂于"朱"色之中,往往鱼目混珠,真假难辨。孔子"能近取譬",就在于说明郑声的迷惑性。到战国时代,"乐以象德"观念早已深入人心,"德音之谓乐"。但以郑声为代表的新乐,由于缺乏内在的"德"性根据,"郑音好滥淫志,宋音燕女溺志,卫音趋数烦志,齐音敖辟乔志,此四者,皆淫于色而害于德,是以祭祀弗用也"。其虽非正乐,但往往会迷惑人的心智与正确判断力,像齐宣王就直言不讳地承认:"寡人非能好先王之乐也,直好世俗之乐耳。"

面对郑声对雅乐的陵夷,孟子从形式到本质,对郑声进行了深刻的批判,对墨家"非乐"作出有力的回应。因为儒家主张"与其奢也,宁俭"。并非如墨家所攻击的那样,"好乐而淫人""盛为声乐以淫遇(愚)民"。如果非要按图索骥,找一个合乎此类标准的对象,郑卫之音似乎更为符合,而不是儒家所提倡的正声雅乐。孟子通过这种辩说,实际上是在转移目标,将墨家所"非"的靶子转移至以郑卫之音为代表的新声俗乐了。

二、仁声与善教

孟子亦如孔子,十分重视人伦教化,曰:"人之有道也,饱食暖衣,逸居而无教,则近于禽兽",把人之"有教与无教"看作是人禽之辨,或人之为人的本有规定。"教"是人类智的提升手段,是通向"有道"的必经之路,也是"化"的终极指向,故古人多"教化"合称之。孟子继承了孔门儒家乐教的一贯传统,并在孔子"恶郑声之乱雅乐也"的基础上,创造性地将儒家乐教与"仁"学结合为仁声之教,为传统"乐教"构建一仁学形上学的理论基址。

"仁"重视内在情感,孟子就从人类的审美趋同出发,逐步将个人对音乐的直观感受引向内在的道德认同。《孟子·告子上》云:"故曰:口之于味也,有同耆焉;耳之于声也,有同听焉;目之于色也,有同美焉;至于心,独无所同然乎?心所同然者,何也?谓理也义也。圣人先得我心之所同然耳。故理义之悦我心,犹刍豢之悦我口。"此处,孟子将人耳之于声乐的审美趋同与人视、听、言、动的内在根据作比,并给予一种生活式、经验式的点化,使人类所"同然"并根植于"内心"的"理义"不再是外在的抽象,并以这种"同然"的"理义"作为"耳之于声",即乐教的内在心理基础。虽然有学者认为"孟子虽谈礼乐,但多就辞受出处方面立论,抽象的理论并不多"。但孟子以性善作为道德的根源,肯认了植基于"仁""义"所性的"仁声"的内在价值。

孟子认为"仁""义"出自于人之善性,是人性中本有的善的道德品质。所谓"仁义礼智,非由外铄我也,我固有之也"说的就是这个意思。这里,"仁义礼智"乃孟子"人性论"之"四端"。"端"者,根苗也,而这种根苗的成长,离不开人的精心培育与内心的护持,即教化的功夫。《孟子·告子上》云:"牛山之木尝美矣,以其郊于大国也,斧斤伐之,可以为美乎?是其日夜之所息,雨露之所润,非无萌蘖之生焉,牛羊又从而牧之,是以若彼濯濯也。"孟子以"牛山之木"比喻人之善良本心,其间虽有"日夜之所息,雨露之所润",以及"萌蘖之生",但在饱受斧斤之伐以后,且"牛羊又从而牧之",无怪乎最终要落个"彼濯濯也"的下场。可见,坚持内心的守望与护持才能使其不失其美,须臾不离"求其放心"的涵养功夫。"其所以放其良心者,亦犹斧斤之于木也。旦旦而伐之,可以为美乎?"真可谓比喻贴切!乐教是先秦儒家所提倡的最为有效的一种教化方式,因为音乐"其出于情也信,然后其入拨人之心也厚"。故乐教具有得天独厚的优势,能够"入拨人之心",敦厚"四端",达到教化民心的目的;而"非由外铄我也,我固有之也"一语,则表明"四端"为人先天固有之善端,与孔子"天生德于予"如出一辙,当其呈现于外时,则必有赖于"乐"以宣示之。孟子正是从内在的仁义善端出发来讨论"乐"的,其文曰:"仁之实,事亲是也;义之实,从兄是也;智之实,知斯二者弗去是也;礼之实,节文斯二者是也;乐之实,乐斯二者,乐则生矣;生则恶可已也,恶可已,则不知足之、蹈之、手之、舞之。"清代大儒王夫之释曰:"唯能以事亲、从兄为乐,而不复有苦难勉强之意,则心和而广、气和而顺,即未尝为乐,而可以为乐之道洋溢有余。乃以之为乐,则不知足蹈手舞之咸中于律者,斯以情益和乐,而歌咏俯仰,乃觉性情之充足,非徒侈志意以取悦于外物也。"王氏对"乐之实,乐斯二者"的解释,深契于孟子"由仁义行"而为乐之旨趣。其中"则不知足蹈手舞之咸中于律者"云云,正与郭店简"其出于情也信"的外在呈现相合。这样,一入一出,乐教的功能得以全面地展现。可见,孟子所主张的人性修养充满着理性与感性相互交融的情感愉悦,随着修养之深化,甚至能够达到"不知足之蹈之、手之舞之"的审美境界。礼乐之实质,是内心调节与外在文饰的如如统一。质言之,孟子将道德人格的完善与精神情感的审美体验结合起来,寓教于乐,寓义理于愉悦的情感体验之中。如是,内在的道德心显发于外,转出为外在的感性表现,从而使"乐"不仅具有伦理学的指向,同时也深具美学的意蕴。

"礼之实,节文斯二者是也","礼"的本质就在于它是人的内在道德情感抒发的节度与标尺。孟子云:"君子所性,仁义礼智根于心,其生色也,睟然见于面,盎于背,施于四体,四体不言而喻。"朱熹《孟子集注》释曰:"睟然,清和润泽之貌;盎,丰厚盈溢之意;施于四体,谓见于动作威仪之间也。……程子曰:'睟面盎背,皆积盛致然。四体不言而喻,唯有德者能之。'"在孟子看来,人性之修养是身心合一,即现代人所云的知、情、意的和谐统一,它以内在的心性修养为根本,不仅充满审美的情感愉悦,而且诉诸外在的形体审美表现。孟子强调"仁声"对于人生命的感召力,并从人之仁心勃发、不由自已地生发、所产生的欣喜悦乐,以及手舞足蹈的表现来证说"乐之实",从正面肯认了"乐"根植于仁心,是人之情性的"清和润泽"。孟子云"动容周旋中礼者,盛德之至也",说的就是这个意思。

何谓"仁声"?乃一种美、善合一的德音。何谓"美""善"?孟子云:"可欲之谓善,有诸己之谓信,充实之为美"。在孟子看来,"善"与"信(真)"的统一及其完满实现("充实")方可谓之"美"。孟子之所以重视"乐"的道德教化功能,主要在于雅"乐"以情感人的美育作用。就个人而言,其能陶冶性情,铸就君子人格;对于国家、社会而言,以"仁义"为本的雅"乐"能发挥人伦教化之功,移风易俗,合同天下。首先,孟子发展了孔子"成于乐"的乐教思想,认为雅乐乃成德成性、境界提升的必由之路,说:"孔子之谓集大成。集大成也者,金声而玉振之也。金声也者,始条理也;玉振之也者,终条理也。始条理者,智之事也;终条理者,圣之事也。"这里,孟子以"金声玉振"比之于孔子圣人境界的升进。先周雅乐,又称"金石之乐",以钟、鼓、磬之类的打击乐器为主。其中,"金声"多指钟类乐器,"玉振"则为石磬类乐器,在审美上注重于音声的节奏感,强调于"条理"的有始有终。始条理为"智之事也",象征着下学的功夫。终条理之为"圣之事也",意味着德性人格的完成。这种圣德的完满实现乃循着孔子"下学而上达"的理路而贞定。因为

"玉"乃天地精气的结晶,是石中之精华,所以古人多用之作为人神心灵沟通的中介物,王国维先生在《释礼》一文中认为甲骨文中的礼字:"象二玉在器之形,古者行礼以玉。"表明古代的玉具有不同寻常的宗教象征意义。"玉振"则意味着人神沟通,天人合一,在金石雅乐的陶冶下,上达天命而升进至圣域。同时,金始玉终,亦强调有始有终,"有始有卒者,其惟圣人乎!"孟子云:"尽其心者,知其性也。知其性,则知天矣。存其心,养其性,所以事天也。夭寿不贰,修身以俟之,所以立命也。"主张尽心、知性而知天,在反身内求的基础上,层层上提,上接天道,以致于"万物皆备于我矣。反身而诚,乐莫大焉",从而在道德人格上不断完善自我,并升进至圣人之境。

其次,在社会教化方面,孟子云:"昔者王豹处于淇,而河西善讴;绵驹处于高唐,而齐右善歌;华周、杞梁之妻善哭其夫,而变国俗。有诸内必形诸外。"音乐乃人之真情实感的表达,作为"仁义"道德情感之表现的"仁声"当然具有巨大的社会感召力,"有诸内必形诸外",其由内而外地通出,因而能感动人心,甚至"变国俗",与孔子"移风易俗,莫善于乐"之教化旨趣相合。孟子认为:"仁言,不如仁声之入人深也。善政,不如善教之得民也。善政民畏之,善教民爱之;善政得民财,善教得民心。"赵岐注云:"仁言,政教法度之言也。仁声,乐声雅颂也。仁言之政虽明,不如雅颂感人心之深也。"朱熹亦释曰:"谓仁闻,谓有仁之实而为众所称道者。尤见仁德之昭著,故其感人之尤深也。""仁声"本之"仁义",是建立在"仁"德基础上的"乐",其所以"入人深",正因为它是"仁义"道德情感的真实外现。以"仁声"为教谓之"善教",因为以道德理义为内容的"仁声"雅乐可直接作用于人的情感体验,唤起人的道德心,比单纯的语言说教更富于感染力,比"政教法度之言"也少一些紧张,故能使人互相亲睦,易为民众所认同和接受,从而善"民心"。孟子为了强调"仁声之入人深也"的教化功用,甚至把以"仁声"为教的"善教"视为其施行"仁政"的重要内容和手段。何为仁政?依照孟子的说法,就是"行不忍人之政",其内在的心理根据是"不忍人之心",即"恻隐之心"。可见,孟子的仁政思想实际上是建立在其性善论的基础之上的。而儒家乐教就是强调通过雅乐来扩充人的先天善端。如果人们后天习染了不良因素而遮蔽了本心,致使本心放失,通过仁声之教可以使人复明本心。孟子认为,凡人皆有恻隐之心,不假外求,以这种与生俱来的人之善端来治国理政,是为仁政。他从社会政治的高度强调了"仁声""善教"对于"善政"的重要性,是孔子以降乐教思想的重大发展。

三、通权达变——对新乐态度的转变

为实现"仁政"理想,孟子发扬孔子经权思想,将儒家乐教合同天下的政治功能推向顶峰。孔子曾言:"可与共学,未可与适道;可与适道,未可与立;可与立,未可与权。"这里,学、道、立、权代表着为学的四个境界,其中,能"权"最难做到,是一种"通权达变"的人生智慧。孔子又云:"君子之于天下也,无适也,无莫也,义之与比。"这里,"义"是参照标准。义者,宜也,这种价值的抉择存在于主体性的权变智慧之中,表现为人伦日用中一贯的原则性与当下的灵活性的如如统一。我们从夫子"不得中行而与之,必也狂狷乎"的言语中,可以蠡测到其中两义相权取其重(大)的权变智慧。孔子教育弟子"毋固",就是要求后学不要固执、拘泥于一端,当有变通之道。他主张"无可无不可",展现出一种灵活权变的人生智慧。

对于一生"愿学于孔子"的孟子来说,当然深契于孔子的权变之道,其评价孔子"可以仕则仕,可以止则止,可以久则久,可以速则速",乃"圣之时者也"。这种"时"即是一种权宜,表现为因时(有道或无道)、因人(明君或昏君)、因事而制宜,从容中道。《孟子·告子上》云:"鱼,我所欲也,熊掌,亦我所欲也;二者不可得兼,舍鱼而取熊掌者也。"这里,孟子预设了一个前提,就是"鱼"和"熊掌"二者之间的抉择。由于二者不可兼得,孟子最终的选择是"舍鱼而取熊掌",反映了孟子的权变思想——两义相权取其重(大)。在孟子眼中,权变主要是指道德主体在道德实践中遇到行为准则发生冲突时于两难情境下所进行的一种变通行为。

考察了孟子的权变思想,我们再来看孟子是如何处理雅乐与新声的冲突的。战国中期,传统雅乐崩坏之后,继之而起的则是以郑声为代表的新乐。面对在上位者像齐宣王之流对新乐的痴迷,孟子并不是板起面孔来一番上纲上线的政治说教,或直接发表意见说"恶紫之夺朱也,恶郑声之乱雅乐也",而是顺坡下驴,先

给齐宣王一通表扬,说"王之好乐甚,则齐其庶几乎!今之乐犹古之乐也"。一个"犹"字既调和了"今之乐"与"古之乐"的紧张关系,也避免了孟子与齐宣王之间在音乐审美上的正面冲突。从前面论述可知,孟子始终坚持"恶郑声,恐其乱乐也"的乐教立场,这里为什么来了一个一百八十度的大转弯,说什么"今之乐犹古之乐也"。这是语言的艺术,一种迂回的进入;也是一种权变思想——两害相权取其轻。

孟子明明知道新声似是而非,对雅乐危害极大,但却折中地用了一个"犹"字,体现了孟子极强的时局观。现在人家齐宣王就好这一口,你如果硬要对着干,不光推行雅乐的事要泡汤,更别想借助他实现什么"仁政"理想了。较之于孟子的仁政宏愿,雅乐的重要性要小得多,故两害相权取其轻,孟子也就不再说恶紫乱朱、恶郑乱雅了,一个"犹"字就在心理上拉近了与齐宣王的距离,后面通过"独乐乐"与"众乐乐"的比较,很自然地过渡到其"与民同乐"的仁政理想。

孟子的"与民同乐"是一种音乐社会观,从群己关系以及个人的情感认同出发,指示出"仁声"乐教迈向"仁政"的通途。有鉴于桀纣之"侈乐"误国,孟子谏告在上位者:"桀纣之失天下也,失其民也。失其民也,失其心也。"战国纷争,"得天下"就必须"得民心",而要"得民心"不仅要"善政",而且要"善教","与民同乐"。孟子云:"得天下有道:得其民,斯得天下矣;得其民有道:得其心,斯得其民矣;得其心有道:所欲与之聚之,所恶勿施尔也。"孟子本诸人心"所欲""所恶"之情感,认为"人皆有不忍人之心。先王有不忍人之心,斯有不忍人之政矣"。自古以来,圣王所贵,在于其能推己及人,有不忍人之心,并"举斯心加诸彼",则"足以保四海"。这种"不忍人之政"即为"仁政",其在和谐社会、行乐(yue)之乐(le)方面主要表现为以"仁声""与民同乐"。齐宣王"变乎色,曰:'寡人非能好先王之乐也,直好世俗之乐耳'",可爱而又率真,并不遮遮掩掩,只是自己觉得不好意思而"变乎色"。朱熹《集注》云:"变色者,惭其好之不正也。"因其所好的"世俗之乐"就是当时广为流行的俗乐、"新声"。孟子以"今之乐犹古之乐"为齐宣王找了一个台阶下,但就行乐中所得到的情感愉悦体验来讲,今人与古人无不同;若就"乐"之分享方式而言,却大不一样,其中有"独乐""与人乐"以及"与众乐"之分。

然孟子这里在道德评价上并非对"今之乐""世俗之乐"与"古之乐""先王之乐"等量齐观,亦不从社会教化功能立论,其评判标准只是看能否"与民同乐"。在其眼中,只要"与民同乐",就可以"得民心"。这与其主张以"仁声""善教"而"得民心"的立论角度是有所区别的。前者侧重于音乐审美的娱悦功能和这种娱悦的社会共享性,是借"与民同乐"而"得民心";而后者则侧重于雅乐以情感人的道德教化功能,是通过使人"明人伦"、相亲睦的德教作用来"得民心"的。

孟子为了说服齐宣王,主张只要"与百姓同乐,则王矣!"甚至引晏子说服齐景公"作君臣相说之乐"的故事,要求齐宣王效仿景公而"与民同乐",从侧面告诫齐宣王要乐以天下,忧以天下,广施仁政。虽有妥协、折中的一面,但谲谏效果十分明显。"乐"乃国家政治好坏的晴雨表,虽有权变之宜,但贵在"君子反经而已"。孟子坚持以礼正乐,以律正音,曰:"师旷之聪,不以六律,不能正五音。……既竭耳力焉,继之以六律正五音,不可胜用也。"赵岐注:"师旷,晋平公之乐太师也。其听至聪,不用六律,不能正五音。"即使是善听音声,乐技极高的乐师师旷,若不用六律,也不能正五音。在乐教实践中,只有"复礼",以礼为节度,由"恶郑声"而"反经",即可归于常道,雅、颂之声方能复兴于世。

又《孟子·梁惠王上》载:"孟子见梁惠王,王立于沼上,顾鸿雁麋鹿,曰:'贤者亦乐此乎?'孟子对曰:'贤者而后乐此,不贤者虽有此,不乐也'。""贤者",指有仁德,能以其"不忍人之心"实施"仁政"者。孟子又说"古之人与民偕乐,故能乐也","为民上而不与民同乐者,亦非也。乐民之乐者,民亦乐其乐;忧民之忧者,民亦忧其忧。乐亦天下,忧亦天下,然而不王者,未之有也"。孟子始终坚持"与民同乐""与民偕乐",所关照的对象未尝离开于"民",是对"人"自身的关注与人性的高扬,反映了先秦的民本主义思潮。

然而,能否"与民同乐"也为墨家所关注。《墨子·非乐》篇就批判了王公大臣"不与民同乐"而独占性的音乐享受,并认为其"亏夺民衣食之财",故"仁者弗为也"。然墨子矫枉过正,将一切人文化的精神价值,一并纳入了以"利"为标准的工具价值来取舍,以至于日后荀子作"乐论"而驳墨子之"非乐",并在《非十二子》篇中斥墨子"蔽于用而不知文",批评墨子不知乐教之文化内涵乃人之情性的本真表现,所以不能完全以现实功利的立场而加以否定。孟子之"与民同乐"说强调音乐欣赏的社会共享性,或许亦是由此而发。孟子认为君王应以爱民为出发点,"鼓乐"一事亦当以仁心为之,与民同乐。从音乐之审美效果上讲,行"乐"当寻求音乐审美中的情感交融与共鸣;反之,如果"鼓乐"只是在上位者的特权享受,自然会将"独乐"建立在人民的苦难之上。因此,孟子之仁政理想是使鼓乐成为君民同乐之事,在审美的"视域融合"中"同民心而出治道也"。

结语

孟子以"承三圣"自我期许,自觉地接过孔子之儒家乐教的接力棒,并发展之。这种发展主要见之于其有破有立的努力。孟子所"破"主要表现在他作雅郑之辨,"攻乎异端",孜孜于"辟杨墨",力挽儒家乐教之道统而不坠;其所"立",主要表现在孟子发明仁学,第一次提出了仁政学说,并将儒家乐教视为仁政理想实现的必然路径和本有内容。在新声勃兴、雅乐式微的时局下,孟子审时度势,在批判新声俗乐"似是而非"本质缺陷的同时,以"仁政"理想为终极指向,说"今之乐犹古之乐",以一种迂回的话语策略说服齐宣王"与民同乐",表现出极高的权变智慧。这种权变,从容中道,在夹缝中为儒家乐教的复兴觅得一线生机,功莫大焉!但是,这种妥协,也是孟子所处的历史境遇使然,表现为一种不得已而为之的艰难抉择。孟子虽表现出"五百年必有王者兴""如欲平治天下,当今之世,舍我其谁也?"的王道自负,但在其处处碰壁之后,不得不正面"不得其时"这一严峻事实。我们从孟子的天命观中可以窥得消息。孟子释"天""命"云:"莫之为而为者,天也;莫之致而至者,命也。"可见孟子的"天命",乃行为主体无力左右的外部因素,人的主体性已杳无踪迹,表现出儒者无可奈何的历史境遇。

礼乐教化与儒家政治思想的价值建构

张树业

河南师范大学 政治与公共管理学院

摘 要：礼乐政教是传统儒家解决政治问题的核心方案。礼乐政治本原于华夏文明天人一体终极视域，主张政治应以效法天道、协调性情为本，政治的终极价值在于和养民人，参赞化育。礼乐在古代中国被视为治国要道，这是一种以教化为本的政治形态，包含制度与教养两个层面。制度意义上突出秩序与和谐的主题，教养层面关注德性人格的建立和艺术化生命理想的实现。儒家礼乐政治的终极关怀表现为"参赞化育"的有为精神和"各正性命"的无为精神之结合。儒家礼乐论对今天政治哲学研究仍有重要的启示意义。

关 键 词：礼乐 儒家 政治 教化 价值

政治哲学作为国内晚近勃兴的显学正受到普遍关注，中国古典政治哲学的研究也在此热情的带动下持续升温。这一现象背后既有学理探究的因素，亦不乏现实关切的动机。但目前为止的中国传统政治思想研究尚不尽如人意，特别是往往困扰于各类现代政治价值的强势影响，要么延续长期以来流行于学界的浮泛而偏蔽的"传统文化批判"，要么极力论证传统思想与现代政治价值之契合。古典思想自身的价值信念、致思路向和立论宗旨反而被遮蔽或遗忘。最典型者，莫过于礼乐作为儒家政治思想的重中之重，尚未得到政治

基金项目：2013年度国家社科基金项目：《礼记》诠释史及其经典诠释学意蕴研究(13CZX041)

理论意义上的全面研讨。众所周知,礼治,或者更恰切地说,礼乐政教是儒家解决政治问题的核心方案,对之进行深入考察是理解儒家政治精神及其价值追求的前提。

一、承天道而治人情:儒家礼乐政治的终极视域

为表述简便起见,本文将儒家以礼乐教化为本的政治思想传统称为礼乐政治论。需要说明,这一思想传统并非儒家凭空造作,而是渊源于上古中国政治生活本身,而这政治生活又本原于华夏文明独特的生存意识和终极视域,即天人一体观。古人由此天人一体观出发而将人类社会特别是政治生活置于天道自然秩序之中,认为人间政治秩序是天道秩序在人类生活中的延伸和实现,因而效法天道成为政治生活的基本法则和价值依据,此即古典文献中触目皆是的"人事法天道"思想。同样基于此天人一体观,古典哲学强调人之性情与天道秩序的内在一致性,因而政治生活不但是属人的,同时也正以对人之性情的协调为宗旨。这是一种现代政治思想完全遗忘了的恢弘视野,向人们展示人类政治行动应有的终极意义指向和高远价值追求。政治不应被理解为狭隘的权力平衡、利益斗争,而应是对人类天命的自觉承担和对至善生活的不懈追求。在儒家看来,这种意义上的政治生活只有通过礼乐教化才能实现,如《礼运》所言:"夫礼,先王以承天之道,以治人之情。""圣人以礼示之,故天下国家可得而正也。"而《乐记》则指出:"大乐与天地同和,大礼与天地同节。和故百物不失,节故祀天祭地。明则有礼乐,幽则有鬼神,如此则四海之内,合敬同爱矣。礼者,殊事合敬者也;乐者,异文合爱者也。礼乐之情同,故明王以相沿也。故事与时并,名与功偕。"

关于传统天人一体视域中的自然秩序,尚有一点极应重视,此秩序并非空洞抽象的形式法则,而有着最为切实而活泼的内涵,即贯彻中国文化精神终始的生命关切。华夏文化之天道,乃是一万物生生不息的自然历程,这一见解对儒家思想至关重要。孔子即已点明天道之生命内涵:"天何言哉,四时行焉,百物生焉,天何言哉!"《中庸》更明确地以天覆地载、中和位育、至诚尽性等形上哲学形式显

明此生命关切的终极价值。《易传》以乾坤并建始生万物,指出"天地之大德曰生",并在细节上拓展了《中庸》的生命哲学。宋明儒所三致意焉的"观天地生物气象",正是此生命关切思想的延续。本于此生命关切,儒家相信人类政治的终极目标和价值归宿,即在于推动和成就此生生之道,此即《中庸》所言以至诚之德尽性而参赞化育,而这一成就使人成为与天地参的创造性本原和终极存在,人类在宇宙中的地位与价值由此得以确立,这既是内在的人格修养境界意义上的,也是外在的政治价值实现意义上的。如《中庸》言:"大哉圣人之道,洋洋乎发育万物,峻极于天。""唯天下至诚,为能经纶天下之大经,立天下之大本,知天地之化育,夫焉有所倚!"而欲达此目的,恰要从自尽己性出发,进而尽人之性,尽物之性,此即《中庸》所谓和外内之道,亦即儒家内圣外王、修齐治平之道,乃儒家政治思想之根本所系。对儒家而言,政治的目的即在于和养民人,乃至化育万物,从而参赞化育生生之大道,儒家政治的终极理想由此建立。对于上述礼乐养人之旨,荀子言之颇详:"礼起于何也?曰:人生而有欲,欲而不得,则不能无求,求而无度量分界,则不能不争,争则乱,乱则穷。先王恶其乱也,故制礼义以分之,以养人之欲,给人之求,使欲必不穷乎物,物必不屈于欲,两者相持而长,是礼之所起也。"荀子此说虽提出养的主题,但并未着力突出其中的生命关切,《礼运》则更为显著:"故礼义也者,人之大端也,所以讲信修睦而固人肌肤之会筋骸之束也,所以养生送死事鬼神之大端也,所以达天道顺人情之大窦也。"《乐记》更指出礼乐对于燮理阴阳、化育万物这一政治理想实现的根本意义:

> 天高地下,万物散殊,而礼制行矣。流而不息,和同而化,而乐兴焉。春作夏长,仁也;秋敛冬藏,义也。仁近于乐,义近于礼。乐者敦和,率神而从天;礼者别宜,居鬼而从地。故圣人作乐以应天,制礼以配地。礼乐明备,天地官矣。天尊地卑,君臣定矣。卑高以陈,贵贱位矣。动静有常,小大殊矣。方以类聚,物以群分,则性命不同矣;在天成象,在地成形,如此则礼者天地之别也。地气上齐,天气下降,阴阳相摩,天地相荡,鼓之以雷霆,奋之以风雨,动之以四时,煖之以日月,而百化兴焉,如此,则乐者天地之和也。化不

时则不生,男女无别则乱生,天地之情也。及夫礼乐之极乎天而蟠乎地,行乎阴阳而通乎鬼神,穷高极远而测深厚。乐著太始而礼居成物,著不息者,天也;著不动者,地也。一动一静者,天地之间也,故圣人曰礼乐云。

正是基于上述终极视域和价值期待,儒家所揭示的礼乐政治拥有了与现代政治形态迥异的精神旨趣。首先,与现代人将政治秩序视为一种纯然认为的群体化生活形态不同,礼乐论视野中的人间政治秩序和自然秩序有着内在连续性,礼乐绝非私意妄作,而是对天道的自觉效仿,故《礼运》称:"夫礼,必本于天,殽于地,列于鬼神,达于丧祭射御冠昏朝聘。"

其次,与现代政治出于价值相对主义立场而放弃对人之精神世界和人格成长的关注不同,礼乐政治强调良好风俗和人之自我完善对于美善之社会生活的前提意义。儒家反复申明,单纯依靠外在的强制性规范绝不可能建立一个令人满意的社会生活,只有经由礼乐教化,提升社会成员的道德素质,才有希望达成此目的。故孔子即指出:"道之以政,齐之以刑,民免而无耻。道之以德,齐之以礼,有耻且格。"孟子更提出,礼乐绝非拂逆人情而作,而是人之恭敬、辞让之心的表现形式。当然,礼也不是纯然附和人情而生,而是在肯定人情的同时出于对社会公共秩序和个体生命的关注而对人之情感加以适当品节的结果。如《礼运》所言:

故圣人耐以天下为一家,以中国为一人者,非意之也,必知其情,辟于其义,明于其利,达于其患,然后能为之。何为人情? 喜怒哀惧爱恶欲,七者弗学而能。何谓人义? 父慈子孝兄良弟弟夫义妇听长惠幼顺君仁臣忠,十者谓之人义。讲信修睦,谓之人利,争夺相杀,谓之人患。故圣人之所以治人七情,修十义,讲信修睦,尚辞让,去争夺,舍礼何以治之? 饮食男女,人之大欲存焉;死亡贫苦,人之大恶存焉。故欲恶者,心之大端也。人藏其心,不可测度也。美恶皆在其心,不见其色也,欲一以穷之,舍礼何以哉?

二、德政与礼治：儒家礼乐政治的历史源流与心性依据

（一）礼乐文化与中国政治传统

礼乐作为传统中国的根本社会组织方案和生活样式，是古典时代价值生成、呈现和传递的主导方式，从根本上形塑了中国人的精神世界，构成传统中国自我认知的关键。礼乐文化的存在方式是整体性、弥散性和融贯性的，也即借助礼乐而将整个社会凝成一个彼此息息相通的生命整体，尊重人类生存本然的生命一体性特征，而不本于一种外在的观照分析立场而将之人为分割成政治、经济、文化、宗教等领域。礼乐遍布于社会生活的各个部分和生活情境之中，而将之融会贯通。这样，政治生活被置于人类生存之整体场域即天人视野中加以考察，同时政治本身即属于人类生活行动的一部分，与其他行为一体融通，而非可从生活整体中剥离并独立。政治并非独立领域，而是内在具有其伦理、心性、天道等层次内涵和价值维度。或者说，在中国传统思想中，政治绝非一独立事件或生活领域，并不以自身为目的，而是在天人秩序中人类生存活动整体的一个方面，中国哲人也从未试图将之从整体中分割出来，这也是中国传统学术中没有政治学之类学科领域划分的原因。

如果说一切人类文明最初都呈现为宗教形态，礼乐从其起源考察，恰与先民宗教生活有最密切的关联。礼乐与中华文明并生，而在此后的历史过程中，内涵日渐扩大，将社会生活各领域收纳于中，因此，礼乐之发展，可以称为是多源合流的结果，并逐渐形成了具有弥散性的礼乐文化。在此过程中，礼乐也经历过多次的文化整合与转型。华夏民族的早期社会组织和政治制度，都于礼乐中发端和演变。至西周，周公制礼作乐，礼乐文明达到一个极盛时期，而在三代历史交替中，礼乐为主导线索，对此孔子有深刻理解：

> 子张问十世可知也，子曰："殷因于夏礼，所损益，可知也。周因于殷礼，所损益，可知也。其或继周者，虽百世可知也。"（《论语·为政》）

后人往往极口称道周代礼乐典制之详密完备,如孔子言:"周监于二代,郁郁乎文哉,吾从周。"《汉书·礼乐志》云:"王者必因前王之礼,顺时施宜,有所损益,即民之心,稍稍制作,至太平而大备。周监于二代,礼文尤具,事为之制,曲为之防,故称礼经三百,威仪三千,于是教化浃洽,民用和睦,灾害不生,祸乱不作,囹圄空虚四十余年。"这固然是后人将周制理想化的表述,但我们也应该看到,这理想化的内核是将周制视为一个以推行礼乐为本的教化政治的典范。汉以后多次出现的政治制度规划上的"复古"行动,大多是以"周礼"为样板而进行。可以说,礼乐塑造了周制,使周制具有了教化政治的理想性色彩,但周制同时也改塑了礼乐,使礼乐文化在很大程度上为其封建宗法制度所浸润,这也为春秋战国之际的礼坏乐崩埋下伏笔。

文化界长期流行的观念认为,礼乐文化从本质上讲即是宗法封建性质的,这显然是将周礼视为礼乐文化之标准形态的结果,由此思路而延伸出的结论将是,礼乐教化政治只存在于周代。这一观点颇吸引人,因为周以前文献乏征,而春秋以降,礼坏乐崩,此后秦汉之制,已与周代大相径庭,礼乐政治似乎已成绝响。然而历史实情恐非如此,一则周礼非凿空而作,而实渊源有自,虞夏殷周,文教渐备,非一朝一夕之故。二则周制虽衰,礼乐仍被视为治国之要,王道之本,经历代儒家之弘扬倡导,礼乐成为此后贯穿中国历史的政治理想,这正是历代王朝重视议礼而以"兴礼乐"标榜,以及中国人逐渐以"礼仪之邦"为自我文化认同之关键的原因。

无论从其起源及初始形态还是从其精神内涵和价值品质看,礼乐都不是宗法封建性质的,但礼乐也并未设定某种具体的制度形态,因而并不前定地排斥宗法封建制度。重要的是,在礼乐教化熏染下的周代宗法封建制度,培育出了先秦时代优秀的贵族文化精神,成为传统文化中君子人格的基础。礼乐的教养功能在此被领会和发展到了极致。今天欲认识礼乐传统,就必须辨析其在不同时期所呈现的不同形态。礼乐从来不孤绝于历史中具体的群体生活方式而仅作为一种抽象的理念而存在,同时也绝不固执于某一具体的历史形态而一成不变,而是在因时损益中生长和伸展的生活样式和生命理想。必须由此出发,方能理解礼乐在中国历史中不竭的生命力和其对中国文化的决定性影响。

(二) 教化政治的可能性：以人性论为中心的考察

儒家礼乐论也探求一种以教化为本的政治形态之可能性，可以想见，这将显然不同于今人所熟悉的政治生活形态，因为政治在此是以教化为基本形态，以教化之目的宗旨为自身之目的宗旨。从这个意义上讲，政治是从属于教化生活的，是广义的人类教化的一部分。甚至可以说，其最终目的是消解外在的刚性的制度形式，而实现人类生活之谐调。那么，这种教化政治是否可能？对这一问题的回答必然引向人性问题的考察。

对人性问题之考察在很大程度上正是发端于先秦儒家对礼之本问题的关注，礼乐之发生及其存续的本原及合理性依据何在？这是在礼坏乐崩之现实困境中坚守礼乐的儒家首先要回答的问题。由此"达礼乐之原"的思考出发，儒家开拓了其形上思考的两个方向，即《论语》所言"性与天道"。对于天道，前文已有讨论。儒家言性，乃着落于情而立论。如孔子答林放问礼之本，即云："礼与其奢也宁俭，丧与其易也宁戚。"答宰我问三年之丧，则以是否不安于心为立礼之依据。因此，礼乐从根本上讲，恰是人性之内在情感的外化形式。孟子进一步延伸此思路，并将礼乐视为人性的基本内容之一："恻隐之心，仁之端也；羞恶之心，义之端也；恭敬之心，礼之端也；是非之心，智之端也。人之有是四端也，犹其有四体也。"礼乐乃是人之内在情性之发显於外并加以品节的结果，即便是主张性恶的荀子，在这一问题上也肯定礼乐的情感内容。其论丧礼云："创巨者其日久，痛甚者其愈迟，三年之丧，称情而立文，所以为至痛极也。"在荀子看来，礼之理想状态就在于"情文俱尽"。乐的情感特质在荀子看来犹为明显。《乐论》云："夫乐者，乐也，人情之所必不免也。故人不能无乐，乐则必发于声音，形于动静，而人之道，声音动静，性术之变尽是矣。"礼乐以情为本，在《礼记》诸篇中有详细阐发，而这一思想中展现的价值取向，则是对人之情性的承认与肯定。

论及性情，必然需要回顾先秦儒家的人性论。先秦儒家是中国心性哲学传统的开创者，除了孟子之性善说，荀子之性恶说，尚有性无善恶说、性善恶混说等多种提法。但透过这种异说纷纭的杂乱表象,我们可以发现其中一致的对善及人之能为善的肯定。如荀子虽然在性恶篇中极力抵斥孟子性善说,但却同样表述道人性之可使为善的信心,故云:"塗之人可以为禹。"这一观念恰与孟子"人皆可以为尧舜"相呼应。故而孟荀之人性论看似针锋相对,其价值归宿则是一致的。这也是儒家学者对人性问题的共识,即认为总体而言,人可以经由教化而养成理想人格,并由此而形成一种理想社会生活之可能。在此过程中,人从根本上基于内在的自我完善的努力和价值引导而实现群体生活之协调。礼乐即使有外在规范义,此规范也并非强制性的,矫逆意义上的,而是引导性的、节制意义上的。通过教化建构的人生和社会形态将是一个人之性情得到承认和充分实现的生活形态,人在深心中渴望同时也有能力实现这种生活形态。

古人这种政治设计及其人性论基础往往被现代学者视为基于对人性的乐观估计而作,认定其缺乏所谓"幽暗意识"即对人类心理之负面因素的清醒认知,并进而断言这只能导致所谓"人治"乃至专制政治传统云云。但明眼人不难发现,上述论断乃是基于一种先在的现代政治价值认同,认定现代自由民主制度的"终极优越性",并将中国政治传统与之人为全面对立的结果。但自由民主是否即是人类社会生活的终极价值,中国政治传统是否可以被轻浮地定性为"专制主义",本身便十分可疑。退一步讲,即便认定自由民主乃是"最不坏"的政治选择,何以在性善的基础上就无法建构此政治形态而必须以性恶为基础?其中的论证逻辑不过是:因为西方人在性恶论基础上建立了自由民主,所以自由民主必须建立于性恶论基础之上。但问题在于,上述政治原则在其历史建构过程中果然是以性恶论为基础?还是这一切不过是某些学者想当然的一面之词?事实上,西方近代思想传统并非就是性恶论占据主导地位,中西方对人性问题之认知和理解的差异,其政治制度演变历史和设计动机也决不可以性善或性恶的对立来肤浅地分析论断。从性恶论思路出发,更容易支持专制主义的政治立场,这点由先秦法家和西方近代霍布斯一系政治哲学可以得到证实。相反,自由和民主秩序更多地要依赖对人性的乐观和信任。从这个意义上讲,儒家才是与自由主义对话的真实传统思想资源。而且,儒家并不止步于一种自由主义的政治立场,而更进一步表达了教化政治的诉求。相比于自由主义在价值秩序方面的疲弱贫乏,儒家为我们展示了一幅全新的人类政治生活愿景。

三、制度与教养：儒家礼乐政治论的结构

传统礼乐典制具有以下基本特征：（一）以仪式为存在方式。其制度和观念都存在于仪式之中并通过仪式获得表现,其核心是差异和秩序两大主题,并通过两大主题的协调而追求和谐化的社会生活。（二）以情志为生命本原。情志本于性命,性命出于天道,人之情志活动本身又是天道自然秩序的体现。礼乐典制本于情性,又对之进行合理的调节,实现天人之谐调。（三）以教化为作用宗旨。礼乐政教的作用方式既非空洞的道德说教,亦非冷酷的行政强制,而是引导人在躬行践履中实现社会认同和人格成长,追求社会发展与人的发展之相互推动。

对儒家礼乐政治的理解可从制度与教养两个层面展开。制度论关注人类群体化生存的组织形式及其调整,主要是社会公共生活的安排和政治机体的规划、设计与改造。儒家礼乐论在制度论方向上的基本追求是秩序要求与和谐理想的融汇。教养论关注个体性生命的自我确证与实现,包括社会认同、人格养成。儒家在教养论方向上的核心宗旨是德性人格与艺术化生命理想的贯通。在儒家礼乐政教思想中,制度论主题和教养论主题并非相互分离的两个层次,而是相互融贯。礼乐政教典制并非独立自为的存在,而是本诸中国文化精神之人性理解与生存体验的社会-政治生活规划,以维护和推进人性生存和生命意义之实现为目的。而教养生活亦赋予礼乐制度以蓬勃的生命活力和价值源泉。礼乐制度本原于教养生活而又以教养的全面实现为归宿。

儒家礼乐论的制度规划与反思首先突出的是秩序与和谐两大主题。过去学界曾流行礼乐乃专制主义意识形态的说法。但事实上,专制政体只是中国政治史的具体历史形态,从中国政治史发展线索看,中国古代专制政体的发生甚至恰恰是以礼乐典制的中衰为契机的,而其发展又极大地扭曲了礼乐文化精神。而且,专制政体以权力运作为根本特性,而儒家礼乐制度设计以德性-教养生活为

宗旨。儒家的政治秩序观念主要体现于其礼制与礼教思想中，以敬、文、分、宜为其核心法则。礼制秩序的典型特征是重视和突出仪式行为在社会生活和政治活动中的意义，这使得礼制国家的社会治理方案不是强制性的，而是引导性的，这正是儒家历史上一贯性地反对任刑之治而倡导德礼之治的原因。儒家所倡导的礼制秩序不是将个体强行纳入其中的制度框架，而是在修习礼乐的行动中吸引凝聚人参与其中的生成性的生活样式。当礼制秩序在敬、文、分、宜四大原则的作用下臻于合理化，即呈现为和谐形态。儒家自始即强调"礼之用，和为贵"，同时也指出和谐亦当以秩序为前提，只有在秩序形态中，个体的独立和自性才能得到确定和尊重。和谐绝不是抹杀差异和个性的趋同，也绝不是偏执个体性的相互争斗和倾轧，而是完全不同于"同"之单一性、贫乏性与"争"之无序性、破坏性的秩序之中道。和谐意味着多重异质事物的相互承认，相互接纳，相互彰显和相互成就。和谐以尊重差异为前提，以差异个体的互补共生为形式，以共同体的丰富与繁荣，生生不息为目的。礼制秩序的引导性特质和敬、文、分、宜原则根本上是和谐秩序发生的前提。但"礼胜则离"，礼制对明分、别宜的强调可能导致人际的疏远与隔膜，因而必须以乐教对其进行调校。儒家乐教论的中心在于情感的沟通与性情的陶冶。情感的沟通使差异个体间的相互承认与接纳得以发生，从而有力推动和谐秩序的生成。

儒家礼乐政治的教养-教化生活构想关注德性人格的建立与艺术化生命理想的实现。孔子"兴于诗，立于礼，成于乐"一语已揭示出儒家教养论所采取的基本形式与终极追求。礼乐制度秩序的奠立是教养生活得以发生与开展的前提。"立于礼"是指在人格教养过程中，通过各种仪式化行动唤启人的情性同时对其加以引导与调节，在此过程中人的生命得以成长并获得稳定。乐教的意义则在于通过内在的情感化方式消融礼教所可能产生的形式化和僵固化偏执精神，使人的心灵与生命在严肃和坚定的同时，又完全是柔和与灵动的，实现自然性情与文明教养的完美融合，成就"文质彬彬"的君子人格。通过乐教而最终成就的生命形态已不复能以伦理德性来描述，而是一种艺术化的，带有强烈审美意味的自由而淳和的生命精神，这在历代儒家学者向慕的"孔颜乐处""浴乎沂，风乎舞雩，咏而归"等生活图景中都有传神写照。因此,儒家礼乐论绝不仅仅属于一种伦理-政治思想,更涵有生存论意义上的终极关怀旨趣,而这也恰反映出古典政治思想的精神品位。

四、有为与无为：儒家礼乐论的政治价值理想

儒家礼乐政治的终极关怀并非仅限于个体生命的实现与完成,而且在此基础上揭示出中国文化对人类社会生活理想的独特理解和预期,这集中显示为"参赞化育"的有为精神和"各正性命"的无为精神之结合。参赞化育代表儒家哲学所标示的最高生存理想,通过教养生活的创造性文化生命的自我展开与提升而"立人极",凸显人的独特存在位置和意义价值以实现"与天地参",从而在当下重新奠立天地人一体三才秩序格局。这主要通过"成己"、"成物"的"合外内之道"而实现,这种通过内在德性教养生活之自我文化与现实政治社会生活中的功业创建而展开的生命形态构成对天地间生生不息的化育流程的积极助力,也使人类的生存及其政治、社会活动获得终极的肯定与价值确证。参赞化育的生命追求构成儒家政治思想"进德居业"的有为气质,与此同时儒家礼乐论中还蕴含一种冲和恬静的无为精神,二者并行不悖。需要指出,无为在中国思想史上并非道家的专利,而是各家共享的一种文化精神。如前所述,儒家有为精神的核心在于"修道之谓教"的文化生命的创造性展开和成己成物的参赞化育。其无为则表现为面对世俗功利赢求时"素位而行"的顺遂与淡然,尤其是对政刑之道所体现的霸道式刚性政治结构和权术法则的否定与拒斥。孟子曰："王者之民,皞皞如也。"这与《道德经》所谓"太上,下知有之"不谋而合,皆代表中国古典政治思想的悠远旨趣。儒家的王道政治正是在礼乐制度背景中显现出来的无为政治形态。当礼乐制度所代表的引导性和谐化秩序法则主导政治生活时,作为权力—利益调整与运作形态的显性的政治治理活动被融解而消隐,个体生命的自性得以充分显发与实现,此即所谓"各正性命"。这正是孔子"吾与点也"之感喟的微意所在。

古典礼乐政教制度奠立了古代中国的核心价值秩序和公共生活形式,由此建构起国人传统教养生活的根基,形成以德性养成和社会教化为本,以王道政治与中和之道为追求,以参赞化育和希圣希贤为生存理想的中国古典政治文化性格。与之相比,现代性政治观念的基本原则是去伦理化,将政治独立而成为一种权力与利益交易与权衡之行动,导致政治生活之价值向度垮塌。今天,探究传统儒家礼乐论对理解人类政治社会生活本性与可能的启示意义,发掘中国古典政治哲学之精神内核与意义价值,借助古典政治智慧,对现代政治制度及政治思想进行深入反思,将成为中国政治哲学研究的重要方向。

天性与理欲
——《论语集解》与《论语集注》论君子、小人之辨

常会营

孔庙和国子监博物馆

【摘　要】君子与小人,是传统儒家文化中经常提及的两个概念。《论语集解》与《论语集注》对于君子、小人之定义、态度不同,标准相异,而其对于君子、小人划分之目的及理论依据也是不同的。《集解》对于君子小人主要还是将其作为一个政治社会中不同的类别群体来看待的,并没有明显的道德评判色彩,它认为两者之不同是由于天性不同使然,理论依据很可能便是董仲舒的性三品说。《集注》对君子小人给出了相对准确的定义:为善者为君子,为恶者为小人。明显是将君子小人赋予了更多道德评判的色彩。为义还是为利,进一步说为公还是为私,是《集注》在评价君子小人时惯用的标准,而私与公则是以天理作为评价标尺的。《集注》区分君子小人的最终目的并非如《集解》般为了使得君子小人各得其所,以维护社会政治秩序,而是为了让学者观察两端,而审视其取舍的枢机,并达到其褒扬君子、抑黜小人之道德目的。

【关键词】《论语集解》《论语集注》　君子　小人

君子与小人,是《论语》中经常提及的两个概念,它们究竟是什么意思？两者的评判标准又是怎样的？诚如黎红雷先生所言:"君子小人"说是孔子思想的一个重要内容。在《论语》中,"君子"有107见,"小人"有24见,"君子"与"小人"同时对举者则有19见。何谓"君子",何谓"小人"？杨伯峻先生指出:"《论语》的'君子',有时指'有德者',有时指'有位者'。"那么,反过来能不能说,《论语》中的

"小人",是否也是"有时指'无德者',有时指'无位者'"呢?

"君子与小人"在《论语》孔子与弟子对话中时有提及,而《论语集解》与《论语集注》亦对两者进行了细致的注解,同时对两者之间的划分标准提出了他们自己的理解与看法。我们可以通过对照《论语》中孔子对君子与小人的描述以及《集解》与《集注》对之的注解来探讨他们之间的相同点和差异。纵观《论语》各章,我们会发现,孔子在谈到君子与小人的时候,往往是将两者对照而言的,而《集解》与《集注》在注解的时候,也注意将两者相对照而言,这就让我们对于君子小人的品行及《集解》与《集注》对之的评价有了更为清晰的认识。

在此申明一点,笔者原意是将两者对君子与小人的定义及态度、评判标准、目的和理论依据分别叙述的,这样层次会分明一些。但由于《集解》与《集注》在注解《论语》中相关章节的时候,是将以上诸方面混杂在一起的,分疏起来难度甚大,且易限于支离。因此,笔者拟依照《论语》相关章节的先后次序一一比较探析,最后再对之予以归纳概括。

一、《集解》与《集注》对君子、小人的评判标准(一)

子曰:"君子周而不比,小人比而不周。"(《为政》)

《集解》:孔曰:"忠信为周,阿党为比。"
《集注》:周,普遍也。比,偏党也。皆与人亲厚之意,但周公而比私耳。君子小人所为不同,如阴阳昼夜,每每相反。然究其所以分,则在公私之际,毫厘之差耳。故圣人于周比、和同、骄泰之属,常对举而互言之,欲学者察乎两闲,而审其取舍之几也。

在此,《集解》认为君子忠信而不阿党,小人阿党而不忠信。《集注》则认为君子泛爱而不偏党,小人偏党而不泛爱。可以说,以上便是《集解》与《集注》首先提出的区分君子、小人的标准。两者标准基本相同,稍有差异。《集注》认为"周"与

"比"皆与人亲厚之意,但周公而比私耳。

相对而言,《集解》解周更为具体,而《集注》则更泛化一些。同时,《集注》又探讨君子小人不同之原因,认为"君子小人所为不同,如阴阳昼夜,每每相反。究其所以分,则在公私之际,毫厘之差耳"。这种以公私来分君子小人的态度,是《集解》所无的,可以说是《集注》所提出的独特的评价标准。另外,《集注》还探讨了孔子何以将君子小人之品行对照而言,以此来推测圣人之意,"故圣人于周比、和同、骄泰之属,常对举而互言之,欲学者察乎两闲,而审其取舍之几也"。这就是说,孔子常常将君子与小人的品行如周比、和同、骄泰等相对照,是为了让学者观察两端,而审视其取舍的枢机。再如:

子曰:"视其所以,观其所由,察其所安。人焉廋哉?人焉廋哉?"(《为政》)

《集解》:以,用也。言视其所行用。由,经也。言观其所经从。孔曰:"廋,匿也。言观人终始,安所匿其情。"

《集注》:以,为也。为善者为君子,为恶者为小人。观,比视为详矣。由,从也。事虽为善,而意之所从来者有未善焉,则亦不得为君子矣。或曰:"由,行也。谓所以行其所为者也。"察,则又详矣。安,所乐也。所由虽善,而心之所乐者不在于是,则亦伪耳,岂能久而不变哉?焉,于虔反。廋,所留反。焉,何也。廋,匿也。重言以深明之。程子曰:"在己者能知言穷理,则能以此察人如圣人也。"

《集注》曰:"为善者为君子,为恶者为小人。事虽为善,而意之所从来者有未善焉,则亦不得为君子矣。""为善者君子,为恶者小人",这是《集注》对君子、小人下的一个定义。这里《集注》将君子与小人同善与恶联系起来,以道德的善恶作为评价标准来衡量二者之间的这种差异。又"事虽为善,而意之所从来者有未善焉,则亦不得为君子矣","所由虽善,而心之所乐者不在于是,则亦伪耳,岂能久而不变哉",此是《集注》善恶观之体现,即重其动机更胜于重其效果,这在程朱注解《论语》其他章节譬如对于令尹子文、崔文子、管仲、魏征、王圭等历史人物的评价亦是如此。

程子曰:"在己者能知言穷理,则能以此察人如圣人也。"这里程子是在用其理学思想加以发挥,他认为一个人只有知言穷理(天理),才能凭此(天理)察人如圣人。因为程朱理学的一个很重要的思想便是"学以至圣",因此他们将学做圣人看成学者所应追求的理想,而要达到这一理想,就必须涵养用敬、格物致知,以穷尽天地万物之理,他们将之用"天理"来概括,上达天理,则可以知几若圣。因此,程朱理学对君子、小人的区分最终还是通过天理、人欲之分来实现的,君子绝似圣人,能够知言穷理,去尽人欲,而小人则羁縻人欲,丧却天理。这是对上面一条所提出的以公私来区分君子、小人的进一步提升和深化。又如:

子曰:"人之过也,各于其党。观过,斯知仁矣。"(《里仁》)

> 《集解》:孔曰:"党,党类。小人不能为君子之行,非小人之过,当恕而勿责。观过,使贤愚各当其所,则为仁矣。"
> 《集注》:党,类也。程子曰:"人之过也,各于其类。君子常失于厚,小人常失于薄;君子过于爱,小人过于忍。"尹氏曰:"于此观之,则人之仁不仁可知矣。"吴氏曰:"后汉吴佑谓:'掾以亲故:受污辱之名,所谓观过知仁'是也。"愚按:此亦但言人虽有过,犹可即此而知其厚薄,非谓必俟其有过,而后贤否可知也。

《集解》曰:小人不能为君子之行,非小人之过,当恕而勿责之。"很明显,《集解》认为君子与小人各有所属,并非一类人,因此小人不能为君子之行,对此应该宽恕而勿过于斥责。这里似乎是受汉代董仲舒"性三品说"影响。董仲舒在批判继承孟子性善论的基础上,将性分为圣人之性、中人之性与斗筲之性三类,而唯中人之性可以言性,可以教化使为善。他说:"性有善质,而未能为善也,岂敢美辞,其实然也。天之所为,止于茧麻与禾,以麻为布,以茧为丝,以米为饭,以性为善,此皆圣人所继天而进也,非情性质朴之能至也,故不可谓性。……圣人之性,不可以名性,斗筲之性,不可以名性,名性者,中民之性。中民之性如茧如卵,卵待覆二十日,而后能为雏;茧待缲以涫汤,而后能为丝;性待渐于教训,而后能为善;善,教训之所然也,非质朴之所能至也,故不谓性。"又曰:"性者,天质之朴也,善者,王教之化也;无其质,则王教不能化,无其王教,则质朴不能善。质而不以善性,其名不正,故不受也。"(《春秋繁露·实性第三十六》)《集解》之观点亦是由此出发,认为为政者应因循君子小人之性,施以教化,使其各当其所。

程子曰:"人之过也,各于其类。君子常失于厚,小人常失于薄;君子过于爱,小人过于忍。"其实这便是对君子与小人这两类人的概述和分析,可以说是对《集解》分类的具体和细化。

但是,对于"观过,斯知仁矣"两者理解是不同的,《集解》曰:观过,使贤愚各当其所,则为仁矣。《集解》似乎主要是从为政之角度观过,明确君子小人之后,使贤愚各当其所,以便更好地维护自己的统治秩序,这样便是仁了。而《集注》则并非如此。尹氏曰:"于此观之,则人之仁不仁可知矣。"吴氏曰:"后汉吴佑谓:'掾以亲故:受污辱之名,所谓观过知仁'是也。"朱子曰:此亦但言人虽有过,犹可即此而知其厚薄,非谓必俟其有过,而后贤否可知也。这其实都是从个人角度言观过,然后知人仁还是不仁。这就与《集解》有了很大不同:《集解》所谓观过实际上是为政者观过,然后能够区分君子小人,知其贤愚,这样才为政者才能称得上仁者。《集解》观过知仁之目的,即通过观过区分君子小人,知其贤愚,从而更好地维护自己的统治。而《集注》则并非如此认为,它主要还是从第三方的角度观察别人,然后从其过失知其君子小人,从而知晓何者为仁。观过识仁者,这是《集注》观过知人之目的。立场不同,所评价之人不同,观过之目的不同,则两者对"观过知仁"之理解就大相迥异了。朱子更以为不必俟其有过,而后贤否可知,这是其发挥处。再比如:

子曰:"君子怀德,小人怀土;君子怀刑,小人怀惠。"(《里仁》)

《集解》:孔曰:"怀,安也。怀土,重迁。怀刑,安於法。"包曰:"惠,恩惠。"

《集注》:怀,思念也。怀德,谓存其固有之善。怀土,谓溺其所处之安。

怀刑,谓畏法。怀惠,谓贪利。君子小人趣向不同,公私之间而已。尹氏曰"乐善恶不善,所以为君子;苟安务得,所以为小人。"

《集解》以安释怀,《集注》则以"思念"释怀,这是很不相同的。另外,《集解》与《集注》对怀土、怀刑、怀惠的解释也不尽相同。怀土,一为安土重迁,一为溺其所处之安。怀刑,一为安法,一为畏法,境界相去甚远。怀惠,一为恩惠,一为贪利,其旨趣亦各异。另《集注》对怀德解释为"存其固有之善",《集解》无解。

由此可以看出,在这里,《集解》主要还是从中性的角度来对待君子与小人之分的,它只是对其差异进行了平实的叙述,并未有明显的厚此薄彼之嫌,而《集注》则与之相反。与《集解》相较,《集注》强化了君子与小人之分,认为君子重德、畏法,小人重安乐与私利,使得两者截然对立,公私分明,从而明显的带有褒彰君子、抑黜小人的道德评判倾向。《集注》曰:君子小人趣向不同,公私之间而已。尹氏曰:"乐善恶不善,所以为君子;苟安务得,所以为小人。"这里明显是用公私之分来区别君子与小人,君子重德、畏法,所以是为公,而小人重安乐与私利,所以是为私,通过其义利、公私的分别,君子与小人之差异便凸显出来。另如:

子曰:"君子喻于义,小人喻于利。"(《里仁》)

《集解》:孔曰:"喻,犹晓也。"

《集注》:喻,犹晓也。义者,天理之所宜。利者,人情之所欲。程子曰:"君子之于义,犹小人之于利也。唯其深喻,是以笃好。"杨氏曰:"君子有舍生而取义者,以利言之,则人之所欲无甚于生,所恶无甚于死,孰肯舍生而取义哉?其所喻者义而已,不知利之为利故也,小人反是。"

这里说的便是君子、小人义利之辨。《集解》未明确注解,但我们可以看以董仲舒为代表的汉儒之见。针对当时官府乃至官员个人与民争利的现象,董仲舒批判道:"岂可以居贤人之位而为庶人行哉!夫皇皇求财利,常恐乏匮者,庶人之意也；皇皇求仁义，常恐不能化民者，大夫之意也。《易》曰：'负且乘，致寇至。'乘车者君子之位也，负担者小人之事也，此言居君子之位而为庶人之行者，其患祸必至也。若居君子之位，当君子之行，则舍公仪休之相鲁，亡可为者矣。"如黎红雷先生所言：在这里，董仲舒明确区分了"君子"（贤人、大夫）与"小人"（庶人）的不同生存状况和心理状况：急急忙忙地求财求利，常担心贫困匮乏，这是平民百姓的情状；急急忙忙地求仁求义，常担心不能用仁义感化百姓，这是卿大夫的情状。如果居君子之位，又要做小人的事情，那就会带来灾祸；如果居君子之位，去做君子应该做的事情，那就要像公仪休那样，不与民争利。

《集注》朱子以天理、人欲来解义利，曰"义者，天理之所宜。利者，人情之所欲"，此与《集解》有很大不同。程子曰："君子之于义，犹小人之于利也。唯其深喻，是以笃好。"这是对孔子以义利来区分君子、小人的肯定和发挥。杨氏曰："君子有舍生而取义者，以利言之，则人之所欲无甚于生，所恶无甚于死，孰肯舍生而取义哉？其所喻者义而已，不知利之为利故也，小人反是。"杨氏之言以《孟子》中舍生取义之言来解君子，以贪利忘义来解小人。这依然是以义利之分来区别君子与小人。可以说，朱子这里以天理、人欲来解义利是对孟子、二程和杨氏等人思想的进一步提炼和升华。

清代经学大师俞樾在《群经平议》中对此指出："古书言君子小人大都以位而言，汉世师说如此。后儒专以人品言君子小人，非古义矣。《汉书·杨恽传》引董生之言曰：'明明求仁义，常恐不能化民者，卿大夫之意也。明明求财利，常恐困乏者，庶人之事也。'数语乃此章之确解。此殆七十子相传之绪论而董子述之耳。"又如：

子谓子夏曰："女为君子儒，无为小人儒。"（《雍也》）

《集解》：孔曰："君子为儒，将以明道。小人为儒，则矜其名。"

《集注》：儒，学者之称。程子曰："君子儒为己，小人儒为人。"○谢氏曰："君子小人之分，义与利之闲而已。然所谓利者，岂必殖货财之谓？以私灭公，适己自便，凡可以害天理者皆利也。子夏文学虽有余，然意其远者大者或昧焉，故夫子语之以此。"

《集解》孔曰："君子为儒，将以明道。小人为儒，则矜其名。"这里《集解》将明道与矜名作为君子、小人的分判标准。明道可以理解为晓谕和光明道义，在汉儒那里，道义更多的是指一些人伦日用之仪礼规范，如父慈子孝、君礼臣忠、兄悌友义等等。而矜名则是指自矜其名、争名逐利。从这方面来说，《集注》程子用"君子儒为己，小人儒为人"注解此章，与《集解》还是有一致之处的。而结合《集注》的注解，程朱理学以为己与为人作为君子、小人之分判，而君子、小人之分，为己或为人，则是通过义利之辨来实现的，如谢氏曰："君子小人之分，义与利之闲而已。然所谓利者，岂必殖货财之谓？以私灭公，适己自便，凡可以害天理者皆利也。"这里同前面朱子以天理、人欲来区分君子、小人是一致的。

而即便对于"为己"与"为人"，两者亦是有所区别的。

子曰："古之学者为己，今之学者为人。"

　　《集解》：孔曰："为己，履而行之。为人，徒能言之。"
　　《集注》：为，去声。程子曰："为己，欲得之于己也。为人，欲见知于人也。"程子曰："古之学者为己，其终至于成物。今之学者为人，其终至于丧己。"愚按：圣贤论学者用心得失之际，其说多矣，然未有如此言之切而要者。于此明辨而日省之，则庶乎其不昧于所从矣。

《集解》以"为己"为履而行之，"为人"为徒能言之；《集注》程子以为"为己"是欲得之于己，"为人"是欲见知于人。两者不甚相同，一重行，一重知。而程子又认为古之学者为己，其终至于成物，这种思想来自《中庸》，因为中庸有"成己成物"之说。这与《集解》之注解亦是不同的。下面再来看《集解》与《集注》对《论语》其他各章君子、小人的论述。

二、《集解》与《集注》对君子、小人的评判标准（二）

子曰："君子坦荡荡，小人长戚戚。"（《述而》）

《集解》：郑曰："坦荡荡，宽广貌。长戚戚，多忧惧。"

《集注》：坦，平也。荡荡，宽广貌。程子曰："君子循理，故常舒泰；小人役于物，故多忧戚。"程子曰："君子坦荡荡，心广体胖。"

此处对于坦荡荡、长戚戚之注解，《集解》与《集注》相同。但是在对该章进行注解时，又可以看出《集注》对于君子、小人区分之标准，程子曰："君子循理，故常舒泰；小人役于物，故多忧戚。"这里程子以"循理"与"役于物"（从欲）作为君子舒泰、小人忧戚的原因所在，实际上便是以"循理"与"役于物"（殉欲）作为君子、小人的区分标准，这与前面各章之标准是一致的。又如：

子罕言利，与命，与仁。（《子罕》）

《集解》：利者，义之和也。命者，天之命也。仁者，行之盛也。寡能及之，故希言也。

《集注》：程子曰："计利则害义，命之理微，仁之道大，皆夫子所罕言也。"

《集解》认为：利者，义之和也。此注解采自《易传·文言传》："元者，善之长也。亨者，嘉之会也。利者，义之和也。贞者，事之干也。"而《集注》则认为计利则害义，一个将义与利结合起来，一个则将义与利截然对立，也即在《集解》那里，义与利是可以相容的，而在《集注》那里，义与利是水火不相容的。这亦是《集解》与《集注》义利观的重大区别。另如：

子曰："君子和而不同，小人同而不和。"（《子路》）

《集解》：君子心和，然其所见各异，故曰不同。小人所嗜好者同，然各争利，故曰不和。

《集注》：和者，无乖戾之心。同者，有阿比之意。尹氏曰："君子尚义，故有不同。小人尚利，安得而和？"

对于和，《集解》曰"君子心和"，《集注》曰"和者，无乖戾之心"，两者注解略同。而对于同，《集解》认为：其所见各异，故曰不同。而《集注》则认为：同者，有阿比之意。《集解》对于同，并未加入价值判断的成分，它主要是还是强调心和但所见不同。而《集注》则明显加入了价值判断的成分在内，同者，有阿比之意，也就是说放弃自己的立场和观点，盲目地附和他人，从而带有阿谀谄媚的意味在里面。其实，这也就是小人的真实写照。另外，《集解》对于"同而不和"注解为"小人所嗜好者同，然各争利，故曰不和"，这里与前面注解"和而不同"中的同与和是不一样的，前面的同是所见不同，而此处的同是所嗜好者同，前面的和是心和，而此处的和则是指的人与人之间的和谐相处关系。《集注》对于和与同的注解前后是一致的，和皆指心和，而同则是阿比。

此外，《集注》尹氏曰："君子尚义，故有不同。小人尚利，安得而和？"此亦宋儒之君子小人、义利观之体现。他们对于君子、小人的划分，其实还是参照其义利观而来的，君子尚义，故其心和，无乖戾之心，而小人尚利，故其有阿比之意，则心不和。再比如：

子曰："君子泰而不骄，小人骄而不泰。"（《子路》）

《集解》：君子自纵泰，似骄而不骄。小人拘忌，而实自骄矜。
《集注》：君子循理，故安舒而不矜肆。小人逞欲，故反是。

《集注》以循理与逞欲作为君子、小人的划分标准，此与《集解》不同，而这与前面《集注》所述的评价标准是一致的。又如：

子曰："君子上达，小人下达。"（《宪问》）

《集解》：本为上，末为下。
《集注》：君子循天理，故曰进乎高明；小人殉人欲，故曰究乎污下。

《集解》以本末释上达下达，而《集注》则以天理、人欲为上达下达。也就是说

《集解》是以本末来区分君子、小人的,君子重本(如孝弟忠义),小人重末(如私利);而《集注》则以天理、人欲作为君子、小人的评价标准,君子循天理,而小人殉人欲。君子用"循",小人用"殉",更可看出《集注》对二者之道德评判倾向。再如:

卫灵公问陈于孔子。孔子对曰:"俎豆之事,则尝闻之矣;军旅之事,未之学也。"明日遂行。在陈绝粮,从者病,莫能兴。子路愠见曰:"君子亦有穷乎?"子曰:"君子固穷,小人穷斯滥矣。"(《卫灵公》)

  《集解》:君子固亦有穷时,但不如小人穷则滥溢为非。
  《集注》:尹氏曰:"卫灵公,无道之君也,复有志于战伐之事,故答以未学而去之。从,去声。孔子去卫适陈。兴,起也。见,贤遍反。何氏曰:"滥,溢也。言君子固有穷时,不若小人穷则放溢为非。"程子曰:"固穷者,固守其穷。"亦通。愚谓圣人当行而行,无所顾虑。处困而亨,无所怨悔。于此可见,学者宜深味之。

对"君子固穷,小人穷斯滥矣",《集解》与《集注》何氏注解相同。《集解》以本末来解"俎豆之事,则尝闻之矣;军旅之事,未之学也":军旅末事,本未立,不可教以末事。《集注》程子解"君子固穷":"固穷者,固守其穷。"与《集解》不同。又《集注》之发挥:愚谓圣人当行而行,无所顾虑。处困而亨,无所怨悔。于此可见,学者宜深味之。

这里对于"君子固穷,小人穷斯滥矣",《集解》与《集注》注解相同(《集注》取何氏注),皆以为君子固亦有穷时,但不如小人穷则滥(放)溢为非。尽管如此,我们还是可以根据前面各章两者的注解,推断出《集注》其实在这里仍然是以天理、人欲来作为君子、小人的评判标准的,君子虽有穷时,但固守天理,也即义,而小人遇穷时便会见利忘义,滥(放)溢为非。再如:

孔子曰:"君子有三畏:畏天命,畏大人,畏圣人之言。小人不知天命而不畏也,狎大人,侮圣人之言。"(《季氏》)

《集解》:"畏天命",顺吉逆凶,天之命也。"大人",即圣人,与天地合其德。"畏圣人之言。"深远不可易知测,圣人之言也。"小人不知天命而不畏也",恢疏,故不知畏。"狎大人",直而不肆,故狎之。"侮圣人之言。"不可小知,故侮之。

《集注》:畏者,严惮之意也。天命者,天所赋之正理也。知其可畏,则其戒谨恐惧,自有不能已者。而付畀之重,可以不失矣。大人圣言,皆天命所当畏。知畏天命,则不得不畏之矣。侮,戏玩也。不知天命,故不识义理,而无所忌惮如此。○尹氏曰:"三畏者,修己之诚当然也。小人不务修身诚己,则何畏之有?"

《集解》以《易传》来释此章:顺吉逆凶,天之命也。"大人",即圣人,与天地合其德。而《集注》则以其天理说来释此章:天命者,天所赋之正理也。《集注》又力图揭示出所畏三者之关系,如"大人圣言,皆天命所当畏。知畏天命,则不得不畏之矣。不知天命,故不识义理,而无所忌惮如此"。而尹氏更以《大学》《中庸》之修身诚己来解释。

这里的君子、小人之分主要是通过两者对天命、大人、圣人之言的态度来体现的。《集解》与《集注》对天命、大人与圣人之言的注解不甚相同,《集解》主要是用《易传》来解三者的,而《集注》则主要是用其理学思想来注解的。《集解》明显是将三者独立看待的,而《集注》则将三者用天命统一贯穿起来,"大人圣言,皆天命所当畏。知畏天命,则不得不畏之矣"。《集注》实际还是以天理与人欲作为君子、小人的区分标准的:知畏天命,则不得不畏之矣。侮,戏玩也。不知天命,故不识义理,而无所忌惮如此。君子知畏天命,也即循天理,而小人不知天命,即不识天理,无所忌惮如此,则殉人欲明矣。

而通过《集解》与《集注》之注解,我们亦可以看出两者对君子、小人之态度实在相异。《集解》相对而言只是对君子、小人之畏不畏天命、大人与圣人之言提出了自己的看法和理解,探析了其何以如此之原因,并未有明显的厚此薄彼之倾向。而《集注》则与之不同,如"大人圣言,皆天命所当畏。知畏天命,则不得不畏之矣。侮，戏玩也。不知天命，故不识义理，而无所忌惮如此"，另尹氏曰："三畏者，修己之诚当然也。小人不务修身诚己，则何畏之有？"这里带有明显的道德评判倾向，也即褒扬君子、抑黜小人。

三、《集解》与《集注》对君子、小人的评判标准之总结

综上所述，笔者认为，《集解》与《集注》对于君子、小人之定义、态度不同，标准相异，而其对于君子、小人划分之目的及理论依据也是不同的。

《集解》对于君子小人虽未给以明确定义，但从其注解来看，它主要还是将其作为一个政治社会中不同的类别群体来看待的，并没有明显的道德评判色彩，它认为两者之不同是由于天性不同使然，理论依据很可能便是董仲舒的性三品说。由董仲舒所言"岂可以居贤人之位而为庶人行哉！夫皇皇求财利，常恐乏匮者，庶人之意也；皇皇求仁义，常恐不能化民者，大夫之意也"，我们便可以看出其认为二者是政治社会中两个阶层（阶级），他们有各自不同秉性和追求，各安其位，各具其德，君子不可居贤人之位而为庶人之行，与民争利。当然，他是站在为政者角度而言的。但从其态度来看，对于君子、小人并无特别褒扬和贬斥，而是政治社会的自然分工，君子便应为君子之行，小人自然为小人之行。

《集解》对于君子、小人评判标准有以下几条：

1. 君子忠信而不阿党，小人阿党而不忠信。
2. 安德安法与重迁重惠。
3. 明道与矜名。
4. 亲身践行与徒能言之。
5. 心和而所见不同与嗜同而各争利。
6. 重本（孝弟忠义）与重末（争利）。
7. 固于穷时与穷则滥（放）溢为非（此与《集注》相同）。

《集解》区分君子小人的目的是为了使得贤愚各当其所，以便更好地维护国家的统治秩序。

如黎红雷先生所言：按"君子"一词，由"君"与"子"两个单字组成。"君"从"尹"从"口"，本义为发号施令的统治者；"子"则泛指后代，包括儿子、子女和子孙等。"君子"即为"君"的后代——这里的"君"，包括天子、国君即诸侯、家君即大夫等，其子孙繁衍生息，即形成一个庞大的"君子阶层"。而在当时的宗法血缘社会里，"君"即统治者的后代生来就具有进入统治阶层的资格，所以"君子"就成为当时社会统治阶层成员的通称。"君子"在社会中具有较高的地位，故又称"大人"，与此相对应的就是"小人"。"小人"又称"野人""鄙人""庶人"，本指众多在城外田野上劳作之人，他们的职责是通过赋税徭役等形式，为住在城里的君子阶层成员提供生活上的保障。孟子说："无君子莫治野人，无野人莫养君子"(《孟子·滕文公上》)；又说："有大人之事，有小人之事……或劳心，或劳力；劳心者治人，劳力者治于人；治于人者食人，治人者食于人；天下之通义也。"(同上)由此可见，所谓"君子"就是"大人"，他们是"劳心者""治人者"，属于统治阶层；"小人"就是"野人"，他们是"劳力者""治于人者"，属于被统治阶层。总之，"君子"居于上位，"小人"居于下位，这应该就是"君子"与"小人"最原初的含义。

　　这里我们可以看出，黎红雷先生对《论语》君子、小人之分殊，或者说其对君子小人最原初含义的探讨，与《集解》对于君子、小人之区分及理解是相一致的。如《集解》所理解的一样，实际上《论语》主要还是将君子、小人作为一个政治社会中不同的类别群体来看待的，并没有明显的道德评判色彩。例如孔子评价樊迟说"小人哉，樊须也"(《论语·述而》)，我们不能理解为孔子认为樊迟是一个道德败坏的小人，而应理解为一种人生价值取向。樊迟只不过是问了"学稼"和"为圃"这样当时农民等"小人"所干之事，怎么能说他是道德败坏呢？只不过《集解》中的君子、小人之分，可能受董仲舒性三品说影响，认为是由于天性不同使然。而《论语》中君子、小人之分，除了当时"位"的社会背景影响，应该也与孔子"性相近也，习相远也"、"唯上知与下愚不移"(《论语·阳货》)、"中人以上，可以语上也；中人以下，不可以语上也"(《论语·雍也》)的这种人性论相关的。而孔子的这种人性论，实际上是上智、中人、下愚三品，在一定程度上，也影响到董仲舒的性三品说，乃至魏晋时期的九品中正说(上、中、下各又分上、中、下三品)。

在孔子看来，"位"和"德"应该是紧密相关的，君子之德则配君子之位，小人之德则配小人之位。故其论君子、小人之分，往往是两者对举，不同之社会层级位置，不同之德行品质，便可一目了然了。《论语·泰伯》："子曰：'不在其位，不谋其政'。"《周易·艮》："《象》曰：兼山艮，君子以思不出其位。"皆是此意。当然，这主要是就君子而言的。"不在其位，不谋其政"和"君子以思不出其位"是君子之德。《论语》中孔子要求弟子所做的君子，也是有德、有才、有位，要求弟子己立立人，己达达人，克己复礼，兼善天下。当然，孔子也曾指出："君子而不仁者有矣夫，未有小人而仁者也。"（《论语·宪问》）孔子认为处君子之位而不仁德的人也是有的，但没有处小人之位而有仁德之心的。总起来看，孔子是崇尚有仁德之君子，贬抑无仁德之小人的。

但正如周国正先生所言：总体而言，《论语》中的小人虽然都带贬义，但从来都没有奸险狡诈、口蜜腹剑、损人利己等今日所谓卑鄙小人的意思，他们只是见识浅陋、胸无大志、营营役役谋求生计，也就是我们在日常生活中最常见到的人。他们有种种缺点，但并无大恶，我们固然不会鼓励学生以此为楷模，但也难以苛责。由此可见，孔子心见中的小人，绝非陈埴等注疏者所说"本心既丧"、一无是处的恶徒，他们甚至说不上坏，而只是不够好而已。樊迟问学稼为圃，被孔子评之为小人，就是从这一点着眼。

赵法生先生亦指出：《彖》《象》传中当位的思想显然来自于原始儒家，儒家一向重视"位"，《论语·颜渊》载："齐景公问政于孔子，孔子对曰'君君，臣臣，父父，子子。'"《家人·彖》曰："父父，子子，兄兄，弟弟，夫夫，妇妇，而家道正。正家而天下定矣。"郭店楚简《六位》有更为详尽的说明：

> 生民［斯必有夫妇、父子、君臣，此］六位也。有率人者，有从人者；有使人者，有事人［者；有］教者，有学者，此六职也。……六职既分，以裕六德。……何谓六德，圣、智也，仁、义也，忠、信也。

接着，简文又以义为君德，忠为臣德，智为父德，信为妇德，圣为父德，仁为子德,并总结说:"故夫夫,妇妇,父父,子子,君君,臣臣,六者各行其职,而谗谄无由作也。"由此可见,先秦儒家所谓"君君,臣臣,父父,子子",包含着君臣父子等各安其位、各守其德、各尽其职之意,其中对于各种社会角色的道德规范的要求不是单向的,而是双向的,它并不主张臣对君或者妇对夫的无条件服从,这绝非一句"封建等级秩序"所能概括得了的,也是汉代儒法互补之后形成的三纲说所不能企及的。原始儒家所强调的人伦规范的相互性其实是礼的必然要求。高亨先生曾经指出《易传》有关当位的思想中"反映作者重视人所处之地位与环境,并强调人在其位,任其职,宜称其职,宜尽其职",这种职、位与德相适应的思想是超越于阶级意识之上的,只要有人类就不会过时。

相比而言,《集注》对君子小人给出了相对准确的定义:为善者为君子,为恶者为小人。而且,《集注》明显是将君子小人赋予了更多道德评判的色彩,例如"君子小人所为不同,如阴阳昼夜,每每相反。然究其所以分,则在公私之际,毫厘之差耳";程子曰:"人之过也,各于其类。君子常失于厚,小人常失于薄;君子过于爱,小人过于忍。"尹氏曰"乐善恶不善,所以为君子;苟安务得,所以为小人。"杨氏曰:"君子有舍生而取义者,以利言之,则人之所欲无甚于生,所恶无甚于死,孰肯舍生而取义哉?其所喻者义而已,不知利之为利故也,小人反是。"谢氏曰:"君子小人之分,义与利之闲而已。然所谓利者,岂必殖货财之谓?以私灭公,适己自便,凡可以害天理者皆利也。"尹氏曰:"君子尚义,故有不同。小人尚利,安得而和?""君子循理,故安舒而不矜肆。小人逞欲,故反是。""君子循天理,故日进乎高明;小人殉人欲,故日究乎污下。"

而通过上述总结,我们亦可以看出,为义还是为利,进一步说为公还是为私,是《集注》在评价君子小人时惯用的标准,而私与公则是以天理作为评价标尺的,这与前面程朱评价令尹子文、陈文子以及管仲是何其一致。在评价令尹子文与陈文子之时,朱子道:愚闻之师曰:"当理而无私心,则仁矣。今以是而观二子之事,虽其制行之高若不可及,然皆未有以见其必当于理,而真无私心也。"同理,我们可以认为当理而无私心,则公,公则义,义则为己,为己则君子;不当理而有私心,则私,私则利,利则为人,为人则小人。这样我们便可以看出,汉儒以明道与矜名与宋儒的为己与为人的评价标准具有一致之处,但从更深层次讲,宋儒更以义利、公私之辨作为君子、小人的分疏标准,而推到最后,他们还是以合天理与否作为最终的评价标准的。当理而无私心,则仁,则君子,当理而有私心,则不仁,为小人。而《集注》评判君子小人之理论依据为孟子的性善论,人性本善,君子依本性,循天理,故所行善,小人反本性,殉人欲,故所行不善。《集注》区分君子小人的最终目的并非如《集解》般为了使得君子小人各得其所,以维护社会政治秩序,而是为了让学者观察两端,而审视其取舍的枢机,并达到其褒扬君子、抑黜小人之道德目的。

诚如黎红雷先生所言,自宋代儒学的理学化以来,"君子小人"已经固定成为"有德者无德者"的代名词,即朱熹所谓:"君子小人只是个正不正。"(《朱子语类》卷七十)在此话语背景中,笔者重新提出《论语》中"君子小人"说的纠结问题,并不是要玩文字游戏,而只是想恢复历史原貌,使今人更准确地理解和把握孔子学说的真谛。在这个原则下,回归原点,重新起步,可能是我们最好的诠释策略。而通过《集解》与《集注》对君子、小人的不同定义、态度、标准,对于君子、小人划分之不同目的及理论依据,我们会更深切地体会汉代、宋代诸儒的重大思想差异。

四、《集解》与《集注》论君子、小人之辨之现代价值

通过《集解》与《集注》论君子、小人之辨,我们或许还会发现,中国近现代工商业不发达,除了帝制时代重农抑商政策之外,与宋明以来重君子、抑小人之道德理念应该不无关系。当然,这一道德理念的影响是多方面的、全方位的。应该说,这一倾向自先秦孔子便有,董仲舒思想中也存在,魏晋后九品中正制也可见,但其道德评判色彩并未如宋明后那般强烈;他们主要是将之作为两种不同的社会类群、社会分工,各具其秉性和追求。而在其职业价值取向上,则都是求做君子。追究其理论根源,则主要是性三品说(将社会人群分为上、中、下三品)。孔子、董子、魏晋诸儒、隋唐诸儒皆秉此说。

而宋明以来,则与之绝然对照,一是以天理为评判标准。为善为义为君子,为恶为利为小人。君子喻于义,小人喻于利。为善为义是为公,为恶为利是为私。为公则合天理,为私则为人欲。君子应存天理,灭人欲,甚至我们可以从"文革"狠斗私字一闪念中找出这种天理人欲观的影响。可以说,这种"存天理、灭人欲"的哲学观决定了君子、小人从古代的社会阶层划分到两个道德属性名词的历史转变,影响一至于今日。当然,宋明诸儒秉持孟子的性善论对此也有重大影响:人性本善,与天理本善是一致的。天理之善落实于人性,则人性本善。天理之善一定程度上近似西方上帝之善,完美,圆融,普照万物,故我们称西方基督教新教一派为卫理教。

元仁宗开始,科举考试以朱子《四书集注》为官方钦定教材,一是以朱子理学思想为依据,否则便是异端邪说,难登科第及仕途之门。这一举措一直延续至清末,其对整个社会上至皇帝官员、下至士子平民影响之大无可估量。而宋明理学家这种对君子、小人的纯道德性划分,无疑也直截导致了天子、大臣、各级官宦、士人乃至社会人群观念的重大转变,也影响到整个政治、经济、文化、社会治理念。谈君子则为荣,谈小人则为耻。君子喻于义,小人喻于利。义为君子之行,利为小人之行。为义光荣,为利可耻。这是宋明诸儒对孔子此句的时代解读,实际一定意义上却是一种曲解,因孔子对君子、小人之评判无如此强烈道德色彩。当然,宋明诸儒的思想亦受彼时代政治文化决定性影响。但这一思想,无疑为本来重农抑商提供了理论依据,且深入社会人心,透入骨髓,影响了整个社会以至今日的价值观,如所谓"无商不奸""无奸不商"等。

当然,如张学智先生所言:理学虽然被后来的批评者认为"集汉晋释老一切空虚无用之学之大成",甚至提出"千余年来,率天下人入故纸中,耗尽身心气力,做弱人、病人、无用人者,皆晦庵为之也"的极端之论,但理学中人及真正服膺理学者,却认为理学是最实的学问。北宋初著名儒家学者、理学先驱胡瑗以"明体达用"之学教授于东南,体者儒家经义,用者经世致用之学。这种教法为当时的太学所取法,并推广至各地方学校。程颐尝谓:"天下无实于理者",以理为宇宙终极实在。理有体有用,非可以虚体视之。朱熹以"理一分殊"为实学,他承续乃师李侗"吾儒之学,所以异于异端者,理一分殊也。理不患其不一,所难者分殊耳"之意,认为将宇宙根本道理发用于具体事物时,将有多少实功实学!南宋大儒吕祖谦认为:"不为俗学所汨者,必能求实学;不为腐儒所眩者,必能用真儒。"张先生指出:可以看出,宋明理学的中坚程朱陆王皆言实学,他们所说的实学,以实践道德原理于实际事务之上,完成自己的人格理想为最主要的内容。与这种"实学"相对的,是功利、辞章、记诵、释老等无关于身心性命、国计民生的事物。

诚然,宋明理学家不反对义利结合、义利统一,但从其天理、天道学说之根本思想来看,还是侧重义而轻利,侧重理而轻实,其所谓理学是实学,主要还是就学问、学理而言,而非经世致用而言。从其学理及实际历史功绩来看,主要还在修德、明经,而非经世致用。故张学智先生后面亦言:"经过宋明儒者的推阐发挥,儒家所强调的德行愈益由社会伦理规范变为宇宙普遍法则,愈益由对具体德目的理解变为心性体证。所以理学家多清苦自立、'五更枕上,汗流泪下'而得者,严正峻拔的程度愈益加强。对修德的重视至理学而达于极致,同时对腐儒、陋儒的偏至导致的弊病的批评也至此而极。……其中隐含的泛道德主义对知识的贬损,以及由此形成的重文轻武、重形式轻内容、重动机轻效果等等弊端,也是显而易见的。"

与之相对,南宋功利学派认为,义利是统一的,既要重视道德价值,也要重视物质利益。陈亮就反对性理空论,而主张倡行事功,持功利、道义并立论,认为"功到成处,便是有德;事到济处,便是有理"(《致陈同甫书》)。讲求实际功利也是叶适的基本价值准则,他提出"义利并立",强调结合"事功"讲"义理"。清儒颜元主张"正其义以谋其利,明其道而计气功"(《四书正误》卷一),他说:"盖正谊便谋利,明道便计功……全不谋利计功是空寂,是腐儒。""世有耕种而不谋收获者乎?世有荷网而不计得鱼者乎?"(《言行录》卷下)应该说南宋功利学派之思想观点亦是受当时南方商业较为发达所影响的,也是与之相适应的。然其功利思想在当时的社会历史中并不是主流。南宋功利学派重义利统一、经世致用,可以说是宋代及以后经世致用思潮的开端。而如张学智先生所言,从更广阔的背景看,明中期以后市民阶层的勃兴和科学技术向社会下层的传播应是经世思潮兴起的主要原因。明代是中国历史上近世化最为广泛、最为迅速的时期。所谓近世化是指由于技术的进步特别是工商业的发展，城市规模比前迅速扩大，市民生活成了整个社会注目的中心，社会生活由以官僚士大夫为中心向以市民为中心过渡。传统的农业社会的基本架构虽仍然保留，但已受到市民社会的强大冲击，整个社会重心下移。普通市民的价值观念、性向喜好逐渐为全社会认可甚至欣赏。俗文化的强大，释道山林气的减杀，理学向全社会渗透，三教融合的趋势强劲等等，都使明代文化呈现俗世化、大众化、功利化的特点。这一点使经世之学与市民社会所张扬的实事、实利、拒斥玄虚与不近人情等习尚相吻合。

故中国近现代来工商业之不发达，亦有传统重义轻利、重君子轻小人之原因，特别是与宋明诸儒之理学思想向全社会渗透不无相关。当然，西方中世纪亦重农抑商，此无可厚非。然中国之全面进入现代社会，或许应走出此理论困境误区，恢复到先秦、两汉、魏晋、隋唐之将君子、小人更视为两种不同社会类群，两种不同社会职业分工的理论视域。汉唐之盛世，与时商业之发达，与西域、东南亚各国之商贸往来交流频繁，应该密切相关。今日之中国，已今非昔比，洗雪百年之耻，迈入现代化强国行列，政治、经济、文化、思想亦逐步现代化。然学术思想作为历史之组成部分，很多还需进一步廓清，为现代之中国助力。而今中国重启"一带一路"，亦应是古代汉唐盛世丝绸之路之遥相呼应，现代中国工商业之日趋发达及对外商贸往来亦日渐频繁，是历史之大趋势。从哲学史、思想史、儒学史角度重新审视解读认识君子、小人之辨，或许有一定现代意义和学术价值。

论作为伦理道德范畴"五常"的形成

高云萍

中国计量大学　人文社科学院

摘　要: "仁、义、礼、智、信"五常是我国伦理型文化的一个重要道德伦理范畴,这一概念经历了先秦孕育至汉代形成的过程,在汉代又有"下落以后而再向上升起以言天命""内收以后而再向外扩充以言天下国家"的过程,即"仁、义、礼、智、信"孕育时,由"天道"下落、内收到"人道",后又经过董仲舒的神秘化、扬雄的道德化和《白虎通》的法典化,形成了以"天命"言天下国家的特色。

关　键　词: "仁、义、礼、智、信"　五常

"仁、义、礼、智、信"五常又称作五行、五性、五法等,是我国伦理型文化的一个重要道德伦理范畴,与"三纲"合而为我国封建社会根本原则的"三纲五常"。这一原则观念在汉代成型后一直延续到清朝末年,所包含的内容及其所具有的特征基本变化不大,至今余响仍在,但封建社会后期时已成为阻碍社会发展的桎梏,所以人们对这一概念很是不屑。但单析"五常",即仁、义、礼、智、信五种适用于一切人的恒常稳定的道德规范,不仅在当今社会有重提的必要,梳理其形成过程也能还其为"三纲"歪曲了的本来面貌。仁、义、礼、智、信"五常"概念有个由模糊到清晰、由抽象到具体、由胚胎状态的一般性原则演化为无所不在的行为规范的过程,这是一个漫长的过程,它始于先秦,到汉代基本定型,宋代以后得以巩固。本文主要探寻这一概念由先秦孕育至汉代形成的过程,以见社会和人们精

神层面的变化。

一、无"五常"之名,有"五常"之实——先秦孕育时期

先秦文献中出现"五常"的,一是伪古文《泰誓》:"今商王受狎侮五常,荒怠弗敬,自绝于天,结怨于民。"但此篇《泰誓》已证为伪,其中"五常"亦并非仁、义、礼、智、信,而是水、火、木、金、土。

另一就是《庄子·天运》:巫咸袑曰:"来!吾语女。天有六极五常,帝王顺之则治,逆之则凶。九洛之事,治成德备,监临下土,天下戴之,此谓上皇。"其中"五常"即五福——寿、富、康宁、喜好美德、善终。

迄今文献中"五行"二字最早出处是《尚书·甘誓》:"予誓告女:有扈氏威侮五行,怠弃三正,天用剿绝其命。"孔颖达认为其中"五行"即仁、义、礼、智、信,张立文先生据《尚书·洪范》箕子回答周武王关于鲧和夏禹治水认识五行中水、土之性与否而有治水成功与否,当时人们日常生活实际,认为水、火、木、金、土是最先与人们生存发生联系的物质,提出"五行"为水、火、木、金、土,当为确论。

先秦将仁、义、礼、智、信五者连举的就目前所见文献只有一例,见于《庄子·庚桑楚》:"蹍市人之足,则辞以放骜,兄则以妪,大亲则已矣。故曰:至礼有不人,至义不物,至知不谋,至仁无亲,至信辟金。"

《庄子》发难儒家道德的有十多条,而集中了五者于一处的只此一条,而且仁、义、礼、智、信五者的次序又如此迥异(礼、义、智、仁、信),可见《庄子·庚桑楚》把这五种德行并举纯属偶然,并不是一种约定俗成,更非因此就有了仁、义、礼、智、信"五常"之名的结论。

探寻这五个范畴的渊源非本文重点,但这方面内容不可避免。先民在生活中实际萌生的道德意识已包含了后来的种种,这五个范畴自不例外,只是各时期的显意识依时而不同,殷周"事鬼敬神"的仪节即是所谓礼的事实,事实的存在说明了意识的出现,因为"祭祀的仪节,是由人祭祀的观点所定出来的,这便含有人文的意义……殷人虽有祭祀之仪节,但其所重者在由仪节所达到的'致福'的目

的,而不在仪节本身,故礼之观念不显……到了周公,才特别重视到这种仪节本身的意义,于是礼的观念显著出来了。"此时礼为一切道德的一贯之道。春秋战国之交,"礼"因现实中的溃败而显意识地位受到怀疑,"信"意识浮出,《左传》中不胜枚举的盟誓足以证明。盟誓蕴涵的就是人们对彼此间信用的需要和强调的社会历史和文化信息,从反面证明了"信"意识的存在与强调。春秋末期到战国时代,有识之士纷纷寻求补时救世之说。孔子首先把"仁"作为一种普遍价值原则提出,虽然"仁"总领其他诸德,包含义、礼、智、信等,但它们还不是特定的德目,不是专门的道德名词,不在道德范畴之内,只能说是由事实发展而来的一种观念,"孔子所谓义只是当然的准则之意,不是一个特定的德目。孟子却赋予义以比较具体的含义,于是义成为一个特定的德目。""孔子所谓智的定义是广泛的,其中包括由经验而得到的智慧。孟子所谓的智则完全属于道德范畴。"也就是说,孔子完成的只是"仁"这一道德规范,"义"、"智"的德目是孟子完成的。可见,仁、义、礼、智、信五种观念已以不同顺序进入到了人们的观念或道德阈域,即有"五常"之实的。

由上述知,先秦是无"仁、义、礼、智、信"五常之称的,但"仁、义、礼、智、信"作为五种观念,是人们已有的事实进而成为观念,只是没有五者并举或按此序并举,因为"从一般的思想发展的顺序说,大抵是先有了某种事实的存在,然后才有由对某种事实之反省而产生解说某种事实的观念。有了某种观念,然后才产生表示某种观念的名词。观念与名词的产生,也即是将事实加以理论化的过程。由事实到观念,由观念到名词,常常要经过相当长的发展时间。"即"仁、义、礼、智、信"五常概念在此时只是孕育期,正如张岱年先生给中国封建伦理思想演变过程分期所谓"胚胎与形成的时期",无仁、义、礼、智、信"五常"的名词,但有事实发展出仁、义、礼、智、信这五种观念的存在,观念到名词的形成是在汉儒那里完成的,但在完成前由于时代的影响又经历了"仁、义、礼、智、圣"五行的流行。

战国时出现了"仁、义、礼、智、圣"五种德行的五行观念,即思孟学派的五行观。湖北荆门郭店一号墓出土楚简的《五行》篇即是。但"仁、义、礼、智、圣"是形于内的德之行,是觉悟人之所以与天地参,是"天道"之现于人心,或者叫天地道德,与社会道德(不形于内的善之行"仁、义、礼、智"四行的"人道"即为人之道,或者叫社会道德)、人伦道德(郭店楚简《六德》篇的圣智、仁义、忠信)构成儒学的三重道德规范。即此时虽有"五行"这一提法,但内容不同,强调的是"圣智","圣智"是枢纽,"五行"是"天道"非"人道"。《孟子》虽然也"仁、义、礼、智、圣"并举过,但真正更多论述的是"仁、义、礼、智",他首先把四者明确提出是人内在的德性,《告子上》:"恻隐之心,仁也;羞恶之心,义也;恭敬之心,礼也;是非之心,智也。仁、义、礼、智,非由外铄我也,我固有之也,弗思耳矣。故曰:求则得之,舍则失之。"

以"人道"为对象,回落在人上,《公孙丑上》:"无恻隐之心,非人也;无羞恶之心,非人也;无辞让之心,非人也;无是非之心,非人也。恻隐之心,仁之端也;羞恶之心,义之端也;辞让之心,礼之端也;是非之心,智之端也。人之有是四端也,犹其有四体也。"

始列为为人之德目,《尽心上》:"君子所性,仁、义、礼、智根于心。"

至于"信","思孟书中以至儒家思想中,当然也有一定的位置。只是'信'同仁、义、礼、智相比,还居于次要地位,不能并驾齐驱。""仁、义、礼、智是'根于心'的'君子所性',而'信'只是交友的行为准则,是属于第二位的德目";"'信'如果与'义'有了冲突,那是要舍信取义的。"

综上,此时是明显的思想活跃期,"仁、义、礼、智、信"作为五种独立意识均在不同时期获得不同程度的强化,经历了由意识萌芽时带有的宗教色彩逐渐淡化,到随着社会的发展而人文意识渐强的过程,但只有"仁、义、礼、智、圣"五行的成形说法,与"仁、义、礼、智、信"五常说法比,突出了"圣"弱化了"信",这主要是时代使然。春秋战国时诸侯国兼并战争纷仍,频繁的战争使广大人民处于水深火热的痛苦之中,维护人与人关系的"信"渐失去地位,迫切需要的是把这一局面转化为全国的大统一来结束战争灾难,这就需要产生一个前所未有地伟大人物来开创新局面,当时人们心目中的这个人物就是"圣人",从而圣人这个观念就变的非常崇高,所以对"圣"特别推崇。

二、"五常"的名副其实———汉代伦理宗教化时期

"中国文化发展的性格,是从上向下落,从外向内收的性格。由下落以后而再向上升起以言天命,此天命实乃道德所达到之境界,实即道德自身之无限性。由内收以后而再向外扩充以言天下国家,此天下国家乃道德实践之对象,实即道德自身之客观性、构造性。""仁、义、礼、智、信"五种观念在先秦经历了从"上""外向"———始于祖宗神的祭祀而带有的"天道"的上到"下落""内收"———孟子的回到"人道",并定位在人的内心。进入汉代,统治者总结秦亡教训,要弃刑罚任德政,所以有了汉儒对"五常"格局的确定,经历了"再向上升起以言天命",即董仲舒用天人感应系统解释"五常",开始步入道德自身之无限性,进而"内收"后的"五常""再向外扩充以言天下国家",直到神学法典《白虎通》把"五常"为统治阶层服务的性质确定,达到了道德自身之无限性与客观性的结合,从而展示了中国伦理文化发展的性格,即宗教化特点。

直至汉初,"仁、义、礼、智、圣"五行的说法仍很流行。马王堆汉墓中长沙王相轪侯利苍儿子的殉葬品中有帛书《五行》,且有经说,但顺序为仁、智、义、礼、圣。据庞朴先生推测,是抄于秦亡(前207)后,汉高祖刘邦卒年(前195)前。由此可知秦亡后刘邦卒前流行五行的这一说法。又帛书是长沙王相利苍儿子的殉葬品,说明利苍儿子的时代此观念颇受重视。而利苍于惠帝二年初封于南侯,文帝即位后正当第二代侯,可知至少文帝时第二代侯死前仁、智、义、礼、圣五行的说法很流行。文帝时贾谊《新书·六术》篇中:"阴阳各有六月之节,而天地有六合之事;人有仁、义、礼、智、圣之行,行和则乐,与乐则六:此之谓'六行'。"其实还是"仁、义、礼、智、圣"五行,"《六术》篇中所记的'行'于人的那'六行',明显带有凑数的痕迹。"可见"仁、义、礼、智、圣"仍是当时流行的五行观念,只是顺序有些变化。

西汉虽基于"居马上得之,宁可以马上治之"的治国方向,弃秦暴政而思德政,实际到汉武帝时,仍还是儒外法内的统治,实行多欲政治、酷吏政治。因而当

汉武帝问及帝王要想做到政通人和、刑罚轻平、奸邪不生、灾害不至,应该有什么样的道德修养时(伊欲风流而令行,刑轻而奸改,百姓和乐,政事宣昭。何修何饬而膏露降,百谷登,德润四海,泽臻草木,三光全,寒暑平,受天之祜,享鬼神之灵,德泽洋溢,施乎方外,延及群生?),主要活动于文帝、景帝和武帝三代的董仲舒在《天人三策一》中答有:"夫仁谊礼知(智)信五常之道,王者所当修饬也,五者修饬,故受天之佑,而享鬼神之灵,德施于方外,延及群生也。"建议汉武帝要崇五常等等。至此,董仲舒将"仁、义、礼、智、信"五种道德范畴第一次相提并论,并作为一个词"五常"提出,"这五种道德范畴,先秦儒家已多有阐述,但将其正式并称为'五常'则始于董仲舒。""而'五常'一词,恐怕是在此处第一次出现,给尔后思想史以很人的影响。"五常也由此开始走上了政治化、社会化的道路,标志着我国封建道德定型的开始。

　　董仲舒将"信"代"圣",与儒家重信有关,与已经统一了的社会现实有关,更与他为统治阶级服务的思想有关。董仲舒提出这一概念时,汉已统一全国七十多年,对被统治者的思想管束已胜于"圣"的呼唤。董仲舒"五常"的具体内容及其关系,在构建他奇特哲学体系的著作《春秋繁露》中有详细阐述,为统治阶级服务的倾向显而易见,从他赋予仁、义以全新的内涵可见一斑,"仁者人也,义者我也,""仁谓往,义谓来;仁大远,义大近。爱在人,谓之仁;义在我,谓之义"(《春秋繁露·仁义法》下同),"义"就是正当、应当的责任心,是对己的,"义者正己,不在正人,"而"仁"是一种外在行为,"仁者爱人,不在爱我,""人"与"我"是对立的,提出了义内而仁外的新命题。这与孔子孟子论述的仁义道德修养关系正好相反,"仁、义、礼、智、信"由意识萌发时对人现实存在的肯定及其主体精神和自我价值发展的肯定,充满原始的民主精神、人道意识,开始渐离孔孟思想的活力,阶级色彩的涂抹。孔子认为的仁是"己欲立而立人,己欲达而达人"(《论语·雍也》),义是君子之道,仁义中的"人"、"我"是和谐的;孟子讲得更具体:"仁,人心也;义,人路也"(《孟子·告子上》),"仁,人之安宅也;义,人之正路也。"(《孟子·离娄上》)仁是人的善心,义是人的行为规范,仁内而义外。董仲舒则解为,对"人"要"仁"要"爱",对"己"要"义"要用责任心来要求自己,行为主体全在付出,为受动者服务,在他也就是为最高统治者服务,而"人"之"义"或"仁"否则不是"我"管的,要靠他建立的天人感应系统中"天"了,把仁、义由双向度变为了单向度为他者服务。

"五常"的具体内容是为他者服务的,在《天人三策一》中"王者所当修饬"也是对王者提出的要求,这就需要考虑如何让王者也能接受。"中国之神权,以君主为天帝之雇役……天也者统君民而并治之也。"王者唯一能够听从的就是"天"了。董仲舒把"五常"纳入到他用《春秋繁露》中建立的天人感应系统中,让它经历了"再向上升起以言天命",即"道德所达到之境界",成了宗教性的道德思想,因为宗教道德思想是从天意或神的意志中引出道德,再以祸福报应生死轮回观念来加强统治阶级道德对于人民的权威。如此就可以凭借"天"的名义,不仅为封建统治服务,还将封建道德置于君权之上,借以约束君主的行为,即以神权限制君权,因而使得"五常"多具有宗教神学色彩。他说道德是"天意"的体现,道德的准则和规范依阴阳五行学说来解释,把"五常"配入五行,以仁配木,义配金,礼配水,智配火,信配土,并强调仁是天心,使得五个基本道德规范与天道五行配合起来,是尽取于天的神圣东西,以待人们自觉接受,从而封建统治长治久安。他还在以司行之官与五行比附时也各配以五常,如司农为五行之木,尚仁,使谷物丰收;司马为五行之火,尚智,使诛伐得当,天下安宁;司营为土,尚信,以信事君安民,保持四境安定;司徒为金,尚义,使民以仁义行事;司寇为水,尚礼,使君臣长幼各以礼节行事,因五行相生相克,要求五官以此为己任,把社会事务嵌入自然现象,带上了神秘色彩。

虽然"五常"此时被首次提出,但由于侧重于把它"上升起以言天命",对它进行天命神学理解和解释,即重在神学话语体系的建设,是"上升起以言天命"的开始,而"向外扩充以言天下国家"相对而言不足的弥补以及"上升起以言天命"的完成,则是后来汉儒的事了。

扬雄不满董仲舒"五常"的神秘论证方法,杂取先秦各家之说,企图从宇宙观来论证五常的永恒性。在《太玄》中用"玄"即宇宙的本源来支配五常,虽然与董仲舒作为人格神的"天"有所不同,但仍是唯心论和带有神秘色彩的,而他批判神学经学企图使"五常"回到道德自身客观性的努力值得肯定,他拓展了孔、孟重视个体人格的道德自律及自我完善的一面,从而为"五常"回归道德体系做了贡献。他很重视道德教化,提出道德修养的标准即纲常礼教,《法言·修身》中说:"或问仁、义、礼、智、信之用。曰:仁,宅也;义,路也;礼,服也;智,烛也;信,符也。处宅,由路,正服,明烛,执符,君子不动,动斯得矣。"就是说君子掌握了"五常",言行就不会越轨,"天下通道五",(《法言·孝至》)从而要求社会全体成员的言行也应该如此。如此,将五常纳入道德体系,也就完成道德体系内"仁、义、礼、智、信"五常名词的概念外延的雏型。但这作为"山雨"欲来之前的个人观点,也只能发挥个人的作用,还没有真正"向外扩充以言天下国家"起到左右天下之效,这一任务是法典性质的《白虎通》完成的。

《白虎通》是东汉章帝亲自主持督率群臣白虎观会议的争论后下令编定的奏议,并命颁发实行之。内容涉及了国家社会的许多基本原则,确立了各种行为准则,直接为巩固统治服务。五常即其中之一。认为五常是人性所内在固有的,也就是人天生就有的本性,源于阴阳之气,"人生而应八卦之体,得五气以为常,仁、义、礼、智、信是也。"(《白虎通·性情》)而礼不仅与仁、义、智、信一样讲求内在的修养,它还是处理各种事务的基本准则,从服饰到婚丧、朝聘、祭祀全有详细规定,因而对礼特别重视,"乐以象天,礼以法地……夫礼者,阴阳之际也,百事之会也。所以尊田地,傧鬼神,序上下,正人道也。"(《白虎通·礼乐》)礼是"百事之会"。《白虎通》还对内在的五常配合了外在的教化和鞭策,"经所以有五何?经,常也,有五常之道,故曰五经。《乐》仁、《书》义、《礼》礼、《易》智、《诗》信也。人情有五性,怀五常,不能自成,是以圣人象天五常之道而明之,以教人成其德也。"(《白虎通·五经》)五经是阐明五常之道的,有教化作用,五刑是"五常之鞭策"(《白虎通·五刑》),弥补五经教化之不足。

鉴于宣帝、光武以来古今经书解说繁多而掩盖了经义根本宗旨,白虎观会议想通过讲议同异来做个规划,"欲使诸儒共正经义,颇令学者得以自助。"又盛于西汉哀、平及王莽时期的谶纬神学东汉初年已达到极盛,如此背景下会议自然是古今经文学和谶纬神学都有,是三者走向融合统一的产物,注定了《白虎通》谶纬神学骨架下的经学内容即封建伦常,在经过了谶纬神学的充实和发展,其中的神学色彩比董仲舒更浓,代表了董仲舒开始建立的神学理论的完成,或者说是"上升起以言天命"升到了极致,是触到了"道德自身之无限性";与董仲舒和扬雄作为被统治者的个人的观点获得实行的弱可能性相比,《白虎通》是统治者命令编定真正能够做到面对"天下国家"的,即主体和客体都是"言天下国家"的,单就《白虎通》内容而言,是回到了"道德自身之客观性",至此,《白虎通》成了道德自身无限性与客观性的结合点,其中的五常也走上了以后同一社会性质下的"法典"之路。

以后仁、义、礼、智、信五常从属于三纲共同体现统治阶级的根本利益,合为封建社会最基本的政治准则和伦理规范,致使"三纲五常"在不同时代不同领域均受到不同程度的重视,构成我国伦理、思想史上的一个重要内容,影响着社会生活和社会的发展。即使魏晋玄学时,名教与自然的争论也反映了玄学家们如何对待三纲五常的根本态度。南北朝时期,佛教、道教广泛流行,与儒教斗争的妥协,互相吸收以适应封建宗法制度的要求,护法、弘法者常以"五戒"会通儒家伦理的"五常",即不杀配仁、不盗配义、不淫配礼、不饮酒配智、不妄语配信。佛教的五戒十善,采用的善恶道德标准也仍然不能超出三纲五常的规定范围,违反了就是十恶不赦。中国佛教史上,以"五戒"配"五常"的文献比比皆是。北魏道教学者寇谦之以儒家"三纲五常"为指导改革天师道,使天师道变为统治者需要的东西,等等。特别朱熹时代"三纲"与"五常"被教条权威化,乃至仁、义、礼、智、信五常渐为桎梏而失去解释性。

朱子"致中和"论中的事理与天人

李秋莎

贵州大学　中国文化书院

提　要：朱子认为：《中庸》首章的"致中和"，绾结本体、功夫与效验，为其枢纽。而"致"兼推致功夫与极至归的二义，推致即戒惧以致中、谨独以致和，极至则说至天地安其所、万物遂其生实然效验。人致中和所以能位育，因天人气同理同，其所以然固不外于性道之原，但人仍需诚之，才能致中和。人即便致中和而位育乃道理当然，其实然效验仍因人位分、力量不同而有层级。学者则需以天地万物实然位育为归的，致中致和，使效验以一身之天地位万物育为基，极其位、力所及而止。朱子之所以必以事言，是因为理事虽即不离，但以事言则理在其中，体用毕举；以理言则可能离绝实用，入于高妙空虚。要言之，有朱子之格物致知论，则必有其致中和论。以天地万物位育为归的，而后能实致中和于一身，驯至家国天下。

关　键　词：朱子　致中和　功夫　归的　效验

在朱子看来，《中庸》为孔门传授心法，首章为一篇之枢要，而"致中和"一语，绾结首章，关系甚多。其不但涉及首章性道教之本原、戒惧慎独之功夫、中和性情之德、天地位万物育之效验，且与大德者必有位禄名寿等当然实然关系话题关联甚密。繇是，考察朱子的"致中和"论，条理其中的事理天人关系，有助于理解朱子对于功夫与归的、理之当然与事之实然关系的态度，并以朱子的思路切入相应话题的讨论。而理事天人之间，允为中哲从古以来之大话题。

一、"致中和"语脉

1.《中庸》首章中的"致中和"

朱子认为,《中庸》首章结构为:

> 首明道之本原出于天而不可易,其实体备于己而不可离,次言存养省察之要,终言圣神功化之极。盖欲学者于此反求诸身而自得之,以去夫外诱之私,而充其本然之善,杨氏所谓一篇之体要是也。

也即:"天命之谓性,率性之谓道,修道之谓教"说的是"盖人之所以为人,道之所以为道,圣人之所以为教,原其所自,无一不本于天而备于我",此是道之本原出于天而其实体备于我。"不可易"应天命之命,"不可离"连下"道也者,不可须臾离也,可离非道也"。

"是故君子戒慎乎其所不睹,恐惧乎其所不闻。莫见乎隐,莫显乎微,故君子慎其独也",朱子概括为存养省察之要,戒慎恐惧即存养功夫,慎独即省察功夫。后详。

"喜怒哀乐之未发,谓之中;发而皆中节,谓之和。中也者,天下之大本也;和也者,天下之达道也。"朱子以为"此言性情之德,以明道不可离之意"。倘能即此反身自得,从事于前所谓存养省察,则"致中和,天地位焉,万物育焉",此即圣神功化之极。

由于《中庸》首章乃子思述孔子之意立言,为一篇之体要。又兼《中庸》乃孔门传授心法,此章地位,历来卓绝。而"致中和"在其中,为"中和——致中和""致中和——天地位万物育"之枢纽,实绾结本体、功夫与效验,故朱子复认为可结全章之意。后详。

2.《章句》释"致中和,天地位焉,万物育焉"一节语脉简释

朱子释"致中和,天地位焉,万物育焉"一节,曰:

> 致,推而极之也。位者,安其所也。育者,遂其生也。(甲)

自戒惧而约之,以于至静之中,无少偏倚,而其守不失,则极其中而天地位矣。自谨独而精之,以至于应物之处,无少差谬,而无适不然,则极其和而万物育矣。(乙)

盖天地万物本吾一体,吾之心正,则天地之心亦正矣,吾之气顺,则天地之气亦顺矣。故其效验至于如此。此学问之极功、圣人之能事,初非有待于外,而修道之教亦在其中矣。(丙)

是其一体一用虽有动静之殊,然必其体立而后用有以行,则其实亦非有两事也。故于此合而言之,以结上文之意。(丁)

(甲)为训释字词。对于"致"字的训释,需特为留意。"致"训"推致"、"至极"均可,但朱子在此处,同时取了这两个义项,使"致"既为功夫,亦涵功夫之归的。而"位""育"释"安其所""遂其生",则已隐然表明,此种效验,是即事而论,而不止于理的。

(乙)用很整齐的对句,详述了如何"致"以及极于何处。可见朱子处,"致中"与"致和"可分言。"致中"应本章前述戒慎恐惧,以当未发之静时,约之使不偏不倚、其守不失之功夫,其归的至于极其中而天地位;"致和"应本章前述慎独,以当已发接物处,精之使无过不及、无适不然之功夫,其归的至于极其和而万物育。

(丙)述推致功夫为何能有此种极至效验。万物一体,故人致中和而心正气顺,则天地亦心正气顺而天地位万物育。此是效验极致,圣人所能,亦学者学问至极而能造。所以如此,只因性、道、教之原,均本于天而备于己。

(丁)绾合本节之注并通之至于全章。谓"致中""致和"施之未发已发固有体用动静之别,但必以体上静时功夫为本,盖体立而后用行。即此可知朱子以动静功夫分致中致和,只为说起来有条理,并不认为它们是截然相分的两段事。并指本节中,性道教之原,戒惧慎独之功夫、心统性情之实、一齐皆见,故合言以结上文。

由上可知:"致中和"绾合《中庸》首章性道教、戒惧慎独、中和、位育诸关窍,为其枢纽。而朱子对于"致中和,天地位焉,万物育焉"一节的章句,足征朱子"致中和"论中,"致"字"推致""至极"两训所涵功夫、归的之一贯,"致中""致和"所涵的功夫之节次,以及"极其中""极其和"所涵的效验之节次,是其基石。

二、《中庸章句》释"致中和"试述

1."致,推而极之":致兼功夫、归的二义。

《章句》谓:"致,推而极之也。"《中庸或问》中,此意说得更为明白:"致者,用力推致,而极其至之谓。"

推致是功夫;极其至,是功夫之归的。有极至作为归的,则推致功夫"知止";有推致作为功夫,则极至归的着实。二者相涵相成。

对于"致"字,朱子曾有特别形容:

> 又问致字。曰:"而今略略地中和,也唤做中和。致字是要得十分中十分和。"
> 致者推至其极之谓,凡言致字皆此意。如《大学》之"致知",《论语》"学以致其道"是也。致其中如射相似,有中贴者、有中垛者、有中红心之边晕者,皆是未致,须是到那中心,方始为致。致和亦然,更无毫厘丝忽不尽,如何便不用力得!

可知,"致中和"即推中和至于十分中十分和,无一丝一毫不尽处。这种无一丝一毫不尽的十分中和,其"无少偏倚""无少差谬"是须"其守不失"与"无适不然"的,也即未发之中了无间断,已发之和莫不如此。

> 致中和须兼表里而言。致中欲其无少偏倚,而又能守之不失;致和则欲其无少差缪,而又能无适不然。

未发与已发,是相对而立言的,指未发,必然即已发而指其体;指已发,亦必然即未发而指其用。未发之中不偏不倚,致中恰需在所有已发处,见未发之中均不偏不倚,方为"其守不失";已发之和无过不及,致和恰需即全部的应物之际,一一无差,方为"无适不然","然"即"如此",即"发而皆中节"。节,考章首天命率性云云,则知其所从来矣。达道一贯,见大本不失,此即"致中和"兼表里而言,而不能截为两段。

2."在人工夫却在致中和上":致中与致和。

朱子对于中和问题的讨论,为大话头,且并非本文主旨,谨略。兹引数语,约略说明致中致和功夫。

> 惟君子自其不睹不闻之前,而所以戒谨恐惧者,愈严愈敬,以至于无一毫之偏倚,而守之常不失焉,则为有以致其中,而大本之立日以益固矣;尤于隐微幽独之际,而所以谨其善恶之几者,愈精愈密,以至于无一毫之差谬,而行之每不违焉,则为有以致其和,而达道之行日以益广矣。

> 当其未发,此心至虚,如镜之明,如水之止,则但当敬以存之,而不使其小有偏倚;至于事物之来,此心发见,喜怒哀乐各有攸当,则又当敬以察之,而不使其小有差忒。

可知致中功夫对应静时涵养大本,使未发时心如明镜止水,万物皆备;而致和功夫对应动时省察几微,使已发后此心泛应曲当,一一中节。如此,则大本之立益固,达道之行益广。

但致中和功夫需要积渐而至。

> 致中和,所谓致和者,谓凡事皆欲中节。若致中工夫,如何便到,其始也不能一一常在十字上立地,须有偏过四旁时,但久久纯熟自别。孟子所谓存心养性,收其放心,操则存,此等处乃致中也;至于充广其仁义之心等处,乃致和也。

> 又问:"看见工夫先须致中?"曰:"这个也大段着脚手不得。若大段着脚

手,便是已发了。子思说戒慎不睹,恐惧不闻,已自是多了,但不得不恁地说,要人會得,只是略略地约住在这里。"

致中和功夫需要渐渐纯熟。此中静上功夫尤其难言,大概已发便是动了。朱子认为,戒慎恐惧是不得不如此说,让人"略略约在这里",知道个方向,最后连"已自是多了"的戒慎恐惧也化去不必说了,功夫便到。但在最初,子思不得不说出戒慎恐惧,学者也不得不经过戒慎恐惧来通向极其中,就像得鱼然后可以忘筌,不能弃筌以求得鱼一样。

盖敬以直内,而喜怒哀乐无所偏倚,所以致夫中也;义以方外,而喜怒哀乐各得其正,所以致夫和也。敬义夹持,涵养省察,无所不用其戒谨恐惧,是以当其未发而品节已具,随所发用而本体卓然,以至寂然感通无少间断,则中和在我,天人无间,而天地之所以位,万物之所以育,其不外是矣。

若能涵养省察功夫夹持并进,皆造其极,则"中和在我,天人无间",即此则天地万物所以位育不在此外。朱子并没有说中和在我、天人无间,则天地位万物育,而是用"之所以""不外是"两个表达,稍稍拉开了功夫极至和实然的效验极至的距离,只肯认了其理已具。

3. "学问之极功,圣人之能事":天地位万物育。

上一小节最末,已然引出极中极和效验理具和实然的不同。本小节,我们继此再作详析。

致焉而极其至,至于静而无一息之不中,则吾心正而天地之心亦正,故阴阳动静各止其所,而天地于此乎位矣;动而无一事之不和,则吾气顺,而天地之气亦顺,故充塞无间欢欣交通,而万物于此乎育矣。此万化之本原,一心之妙用,圣神之能事,学问之极功,固有非始学所当议者,然射者之的,行者之归,亦学者立志之初所当知也。

可知,效验推扩乃经吾之心正气顺(静无一息不中,动无一事不和)——天地亦心正气顺(阴阳动静各止其所而天地位,充塞无间欢欣交通而万物育)来达成。《西铭》云"天地之塞吾其体,天地之帅吾其性",天下气同理同,人"为天地立心",辅相裁成惟人所能,此在朱子不待言;然而,基于感通而立的人心正气顺则天地亦心正气顺,其理如此和实然如此,是不能当下期必的,此在朱子亦不待言。为谨慎起见,我们再引证核对一下朱子的位育,是否能够说到事上实然。

> 天地位,万物育,便是裁成辅相,以左右民底工夫。若不能致中和,则山崩川竭者有矣,天地安得而位;胎夭失所者有矣,万物安得而育?
> 大抵致中和,自吾一念之间,培植推广,以至于裁成辅相、匡直辅翼,无一事之不尽,方是至处。自一事物之得所、区处之合宜,以至三光全、寒暑平、山不童、泽不涸、飞潜动植,各得其性,方是天地位、万物育之实效。

"山崩川竭""胎夭失所",显然是在说实然位育。"三光全、寒暑平、山不童、泽不涸、飞潜动植,各得其性"同。但需注意,这几句是在"以至"一词之后,是自"一事物之得所、区处之合宜"推说到这里。朱子认为,说到此,才是位育之"实效"。

那么,位育实效为何要推说到这里呢?准《或问》,朱子认为这不是初学者所当议的,但却应从初便志于此,而作为归的。

再补充一点:天地位万物育分别就致中致和推说,"各有从来"而不可混淆,但二者相成,体全必足于用,用周必本于体。

> 世固未有能致中而不足于和者,亦未有能致和而不本于中者也;未有天地已位而万物不育者,亦未有天地不位而万物自育者也。特据其效而推本其所以然,则各有所从来而不可紊耳。

由上可知:致字合功夫归的而一之,使功夫知止而归的着实。致中致和是其用于未发已发体用动静之功夫,极中而天地位、极和而万物育,则是功夫之归的,其实效自一事物之得所、区处之合宜,极于天地位万物育。其所以如此,不外于中和在我,天人无间。

三、从一己中和到天地位育

在上一节中,很多可能的疑问其实已经引而未发。比如,一己中和到天地位育,其间有缝隙吗?说位育实效与说之所以位育者不在外,其间有缝隙吗?若说天地位万物育是学问极功,圣人能事,我们传统中幸而有圣人,圣人们(尤其是孔子)的实然遭际,与天地位育的实效极致有缝隙吗?

1. 天人与常变

前面说到,天人无间,故吾之心正气顺,则天地之心正气顺。这两者之间的关系,是否直截呢?

> 或问:"致中和,位天地,育万物,与喜怒哀乐不相干,恐非实理流行处。"曰:"公何故如此看文字?世间何事不系在喜怒哀乐上?如人君喜一人而赏之,而千万人劝;怒一人而罚之,而千万人惧。以至哀矜鳏寡、乐育英材,这是万物育不是?以至君臣父子夫妇兄弟朋友长幼相处相接,无不是这个。即这喜怒中节处,便是实理流行,更去那处寻实理流行?"

大本不立,达道不行,则虽天理流行未尝间断,而其在我者,或几乎息矣。

三辰失行,山崩川竭,则不必天翻地覆,然后为不位矣;兵乱凶荒,胎殰卵殈,则不必人消物尽,然后为不育矣。凡若此者,岂非不中不和之所致,而又安可诬哉?

由是,天地常运,而人不能致中和则人道或息。人致中和,则凡中节处,皆实理流行;人不能致中和,则三辰失行、山崩川竭、兵乱凶荒、胎殰卵殈,皆由是致。

但若关系确实如此直截,普通学者固然不能致中和,圣人既致中和,就一定天地位万物育了吗?

> 且如致中和天地位万物育,然尧有九年之水,想有多少不育之物,大德必得名位福寿,也岂个个如此,只是理必如此。
>
> (问:如尧汤不可谓不能致中和,而亦有水旱之灾。恭叔)致中和而天地位万物育者,常也。尧汤之事,亦常之变也。

则朱子的说明为,圣人亦不能必致位育。致中和则天地位万物育,是理必如此,故为常;若圣人也未能位育,则是常之变。

2. 规模、地位、层级、事理与力量

连圣人尚且未必能位育,位育效验对于学者来说,其还能是一个实然归的吗?

> 问:"'致中和,天地位焉,万物育焉。'只君君臣臣父父子子之分定,便是天地位否?"曰:"有地不得其平,天不得其成时。"问:"如此,则须专就人主身上说,方有此功用。"曰:"规模自是如此。然人各随一个地位去做,不道人主致中和,士大夫便不致中和(学之为王者师)。"
>
> 元思问:"致中和,天地位,万物育,此指在上者而言,孔子如何?"曰:"孔子已到此地位。"
>
> 问:"致中和,天地位,万物育,此以有位者言。如一介之士,如何得如此?"曰:"若致得一身中和,便充塞一身;致得一家中和,便充塞一家;若致得天下中和,便充塞天下。有此理便有此事,有此事便有此理。如'一日克己复礼,天下归仁',如何一日克己于家,便得天下以仁归之?为有此理故也。"

这里,朱子提到了规模与地位。

就天地位万物育极致效验而言,圣王才能成此规模。则位育效验,其规模是

有大小的,尽其规模之大,需要圣人在天子位。那么,在下位者便与此无关了吗?朱子说,"孔子已到此地位"。只看"人各随一个地位去做",可能会认为此处的位偏于职分性质,如君臣上下。然而孔子素称有德无位,可知"到地位"云者,是指到能致中和而位育天地之地位。这种说法与前一种,听起来似乎是有龃龉的。

尤可注意的是,朱子明确提出了致得一身、一家、天下中和这样的层级。中和是性情之德,人致中和只是致一身中和,显现出层级,是基于其位分所及的推扩。那么,是一介之士致一身中和,有家者致一家中和,王天下者致天下中和吗? 朱子引"一日克己复礼,天下归仁焉",仍旧认为,因"有此理",一介之士若能致中和,虽然其实际效验可能只及一身,但其规模,却在整个天下。致中和有天地位万物育之理,那么,位育实事便是当然的。

那么,朱子所论的位育效验极致,为何几乎从来就没有一日出现于天地之间过? 寻常学者,究竟应如何看待理当如此与事不实然如此?

> 曰:"然则当其不位不育之时,岂无圣贤生于其世,而其所以致夫中和者,乃不能有以救其一二,何耶?"曰:"善恶感通之理,亦及其力之所至而止耳。彼达而在上者,既曰有以病之,则夫灾异之变,又岂穷而在下者所能救也哉。但能致中和于一身,则天下虽乱,而吾身之天地万物不害为安泰;其不能者,天下虽治,而吾身之天地万物不害为乖错。其间一家一国,莫不皆然,此又不可不知耳。"

> 问:"'善恶感通之理,亦及其力之所至而止耳。彼达而在上者,既曰有以病之,则夫灾异之变,又岂穷而在下者所能救也哉?'如此,则前所谓力者,是力分之力也。"曰:"然。"

> 又问:"'但能致中和于一身,则天下虽乱,而吾身之天地万物,不害为安泰。'且以孔子之事言之,如何是天地万物安泰处?"曰:"在圣人之身,则天地万物自然安泰。"曰:"此莫是以理言之否?"曰:"然。一家一国莫不如是。"

> 问:"或问所谓'吾身之天地万物',如何?"曰:"尊卑上下之大分,即吾身之天地也;应变曲折之万端,即吾身之万物也。"

朱子提出,善恶感通之理能显现出多少,是要看人的力量所至的。力量和地位、规模相联系,也有一定的区别。一般而言,地位高者力量大,但也未必没有地位不高但力量过人的人。但是,无论这种力量所至能到何处,其必以"一身之天地万物"为底线、为基石。因为我们自身的性情之德,我们是"求则得之,舍则失之"的。

简言之,以道理当然而论,致一身之中和,效验即以天地位万物育为规模。但因为位分、力量的不同,具体效验的显现有其层级,不过,至少,其以一身之天地位、万物育为牢靠基石。如此,我们才可以说,孔子到此地位、有此规模,但未有位育之实效极至,而之所以未有,已完全不在孔子。学者应求中和在己,而极尽自己的位分、力量所及的效验。

四、直以事言,实推至极:朱子"致中和"论之设心。

选择退一步说,只坚持理必如此,要容易很多,朱子为什么一定要坚持将位育实效极致作为归的,以致不得不为此多方分说呢?

> 致中和,天地位,万物育,便是形和气和,则天地之和应。今人不肯恁地说,须要说入高妙处,不知这个极高妙如何做得到这处。汉儒这几句本未有病,为说得迫切了,他便说做其事即有此应,这便致得人不信处。
>
> 今以事言者,固以为有是理而后有是事;彼以理言者,亦非以为无是事而徒有是理也。但其言之不备,有以启后学之疑,不若直以事言,而理在其中之为尽耳。
>
> 盖"致"者,推致极处之名,须从头到尾看方见得极处。若不说到天地万物真实效验,便是只说得前一截,却要准折了后一截,元不是实推得到极处也。

据此,朱子的理由为:人心正气顺感天地心正气顺应,理若当然,则事有如此。虽然不合适像汉儒那样彻底坐实、一一对应,说近谶纬,反引人怀疑,但也不合适舍事实而徒说空理,言入高妙,而无可行之实。既理若非死理,必有当然之事,而天下之事无不有理,据理来说和据事来说都是可以的。但说理舍事,驰骛虚空之病,朱子更为防范,所以他选择了据事立言,使道理即在其中。

举例言之,只说一条穿铜钱的线,不提能穿多少铜钱,后一节便被折去了。但若说,天下所有的铜钱都是这条线能穿的,虽然我们因贫富、力量等区别未必真能将天下所有的铜钱穿上去,但我们至少知道,这条线的极致作用以溥天之下为规模,而没有什么铜线是不能穿的。这不仅能让我们知道线之大用,也能让我们不会看错这是一根怎样的线。如同我们知道致中和以实然位育为效验极致,则凡空虚寂灭、体用隔截者,皆非性、非道、非教。有朱子的格物致知论,则朱子的致中和论必然如此。

综上,朱子认为天人理同气同,致一身之中和,则天地万物实然位育为道理之当然、效验规模之极致。然而人能否诚之以至于诚在人,人之地位力量复不相同,中和既是需人自致的,中和效验复呈现出了不同的层级,使得位育极致效验在圣人那里都未能全然实现过。作为学者,应以效验极致为归的,守致中和于一身之基石,使效验止于位分力量所及之不得不止,乃为有以尽致字义,而事理均实。通之于朱子的格物致知论:格物虽有缓急先后之次,但不以天下万物之理皆所当格为归的的格物,则可能自我限隔,看差道理。致中和效验虽有广狭之殊,但不以天地位万物育为归的的致中和,亦不足以极中极和,而位育一身之天地万物。"以搏狮之力搏兔",正是说这样的意思。

在最后需要补充说明的是:看似一介之士只有一身之天地万物可以位育,但是,致中和不仅是在我当然,亦是我所接事物中节合宜。人终究不至只有一身可善,譬如孔子当时礼崩乐坏,凡人事物之"经孔子",其此番遭际乃礼序乐和,则甚显然。君子过化存神,即于天地持续之正本清源,自其一身推扩,如涟漪及远。故凡吾所以致中和于一身,固即所以致中和于天下,不论时空广远与否,终为跬步之可积;舍此日就月将之实,而哀天地之不位,万物之不育,道理当然之无力于实然,则是道理至实而人自虚之。

朱熹与陈亮的"王霸之辩"及其价值取向

王传林

曲阜师范大学　孔子文化研究院

[摘　要]发端于先秦时期的王霸之辩在南宋再度成为儒者们关切的焦点性论题，面对内忧外患的双重迫力，他们围绕着王霸之辩展开了旷日持久的争论，其中以陈亮与朱熹为代表分属两派。陈亮主张王霸并用，朱熹主张崇王贱霸；陈亮认为王霸可期，朱熹认为王道作古；陈亮崇尚英雄，朱熹赞赏醇儒；陈亮注重事功与硬实力，朱熹推崇道义与软实力；凡此尔类，可以说陈亮与朱熹是针锋相对、难分高下。客观地讲，发生在陈亮与朱熹之间的王霸之辩不仅澄清了王霸之间的价值取向问题，而且找到了其内在张力与冲突之根由，同时也引发了人们对儒家价值哲学的思考。于今而言，此辩仍有重要的时代价值与诸多启示。

[关键词]南宋　陈亮　朱熹　王霸之辩　价值向度

面对春秋战国之纷争，先秦诸子在反思现实的基础上追念古代的王道社会，提出了王道与霸道两种具有不同价值向度而且彼此充满张力的为政范式。简单地说，"王道"，初指先王之道，后指理想的政治之道；"霸道"，即凭借武力假行仁义以征服别人的政治之道。对此，先秦诸子意见不一，孟子主张王道，反对霸道；荀子主张王霸并用，王先霸次；韩非则主张霸道，不任王道。时至南宋，王霸之辩在内忧外患的社会现实与政治现实的双重迫力下再次浮出水面，其中以朱熹和陈亮之间的王霸之辩最为典型。

自南宋淳熙九年(1182)始，朱熹与陈亮之间的"王霸之辩"长达数年之久，轰动一时。这场争论是秦汉以来儒家内部不同观点、不同派别间关于救世济民方略的正面争锋,它既映现出儒家哲学中的内圣与外王之分殊,也折射出南宋王朝困境中的儒者之心声与时代之精神。不言而喻,朱熹与陈亮的王霸之辩对当时的政治价值观与文化价值观产生了相当程度的影响。

从朱熹与陈亮的王霸之辩中,我们发现他们的理论隐存着两种不同的价值理想:王道与霸道、怀柔与尚武、英雄与醇儒。细绎之,王道与霸道有着不同的价值内蕴,前者强调"内向"之维,以"内圣"开显"王道"之柔性之力,具有明显的超功利性的价值向度;后者强调"外发"之维,以"外王"张扬"霸道"之硬性之力,具有明显的功利性的价值向度。

一、王霸之辩中的理想政道之分殊

朱熹极力反对以"霸道"来治理天下,以"功利"为价值导向;他认为这不仅有违儒家政治哲学的基本精神,而且还会造成偏离大道、人欲横行之困局,甚至会导致政治合法性之危机。朱熹指出:"若以其能建立国家、传世久远,便谓其得天理之正,此正是以成败论是非,但取其获禽之多而不羞其诡遇之不出于正也。千五百年之间,正坐如此,所以只得架漏牵补,过了时日。"在朱熹看来,"以成败论是非"是存在严重问题的,成功并非就代表正义与王道,失败并非就代表非正义与霸道;也就是说,只看重结果或效果,不看动机与手段,是不可取的。相反,陈亮对朱熹的批评很是不以为然,陈亮认为汉唐人主尤其是刘邦与李世民皆是英明雄主,他说:"竞智角力,卒无有及沛公者,而其德义又真足以君天下,故刘氏得以制天下之命。……使汉唐之义不足接三代之统绪,而谓三四百年之基业可以智力而扶持者,皆后世儒者之论也。"由此可见,陈亮对历史英雄人物的景仰与其内心流露出的个人英雄主义情结,以及对"英雄"之理想人格的向往。

陈亮对当时朝廷苟安与任儒颇为不满,他说:"今驱委任庸人,笼络小儒,以迁延大有为之岁月,臣不胜愤悱,是以忘其贱而献其愚。"陈亮劝说孝宗"厉志复仇,足以对天命;笃于仁爱,足以结民心",陈亮书至孝宗,"孝宗赫然震动,欲榜朝堂以励群臣,用种放故事,召令上殿,将擢用之。"遗憾的是,尽管陈亮多次上书孝宗,然其终未能促成北伐。其实,陈亮的"霸道"也是容涵了道德意蕴的,他不仅不否定以德服人,而且还强调以德服心,他说:"兴王之君,必有以服天下之心,而后可以成天下之业。"在陈亮看来,历史上的所谓霸者并非无德,他说:"宽仁大度,天下所以服高祖,高祖所以成大业者此也""汉唐之君本领非不洪大开廓,故能以其国与天地并立,而人物赖以生息。……诸儒之论,为曹孟德以下诸人设可也,以断汉唐,岂不冤哉!高祖、太宗岂能心服于冥冥之中乎!"在陈亮眼中,只要是为公,则不必讳言计功谋利:"君子不必于得禽也,而非恶于得禽也。……岂有持弓矢审固而甘心于空返者乎!"其实,霸者追求功利并不意味着其就是不义的,关键是要看其功利的性质如何:如果其所求功利是公利,则霸术合乎王道;如果其所求功利为私利,则可以指认霸术背离王道。当然,陈亮也承认霸者有小失,但其德甚大,此德便是公。相反,朱熹则认为霸者无德,"太宗诛建成,比于周公诛管蔡,只消以公私断之。周公全是以周家天下为心,太宗则假公义以济私欲者也。"在朱熹看来,评价历代君主是"有德"还是"无德",不必于功业之迹上费力摸索,只须于公私义利之心上直接辨认;他说:"尝谓'天理''人欲'二字,不必求之于古今王霸之迹,但反之于吾心义利邪正之间";"老兄视汉高帝、唐太宗之所为,而察其心果出于义耶,出于利耶?出于邪耶,正耶?若高帝,则私意分数犹未甚炽,然已不可谓之无。太宗之心,则吾恐其无一念之不出于人欲也。"在朱熹看来,如果不察其心,只见其事功,或曰,不察动机,只重结果,则极易陷入以成败论是非的泥沼。

综上而论,朱熹与陈亮的王霸之辩引发的价值理想之分殊主要体现在:王道与霸道作为政治范式,其合理性究竟在道德还是在事功,王霸之道到底能否我中有你、你中有我?对此,朱熹与陈亮基于不同的理论原点,给出了各自不同的答案。客观地讲,朱熹的论见具有浓郁的道德理想主义之情结,陈亮的论见则透显出强烈的现实关怀与政治关切。当然,朱熹所强调的"王道之内转"还彰显出生命哲学的自由向度与价值内在超越之维度,而陈亮所强调的"霸道之外发"则彰显出经邦济世的功利主义向度与实用主义向度。换言之,朱熹崇尚王道,关切价值理想与价值超越，在某种程度上则忽略了对现实与事功的观照，其论流于空疏。陈亮崇尚王霸杂用，既关切王道的价值理想又关切霸道的事功价值，在某种程度上实现了价值理想与现实事功的双重平衡——道德与事功、价值与事实之平衡。当然，由于陈亮过度高扬自我精神与民族精神，强调"外王"与"事功"，其论极易造成众人逐利、人欲横流之流弊。

二、王霸之辩中的理想人格之分殊

面对当时之世，力主伐金的陈亮意在做个英雄；朱熹则规劝他做个醇儒。在朱熹眼中，"醇儒"作为理想人格是高于"英雄"的；然而陈亮心目中的理想人物却是"英雄"而非"醇儒"，他在《送章德茂大卿使虏》中感叹英雄迟迟不出，其词云："尧之都，舜之壤，禹之封，于中应有，一个半个耻臣戎。万里腥膻如许，千古英灵安在？"又，陈亮叹曰："至于艰难变故之际，书生之智，知议论之当正而不知事功之为何物；知节义之当守而不知形势之为何用；宛转于文法之中，而无一人能自拔者。"与陈亮将英雄视为理想人格不同，朱熹规劝陈亮说："观老兄平日自处于法度之外，不乐闻儒生礼法之论。……愿以愚言思之，绌去'义利双行、王霸并用'之说，而从事于惩忿窒欲、迁善改过之事，粹然以醇儒之道自律。"此处可见，朱熹很是推崇"圣人"与"醇儒"之理想人格，颇为反对陈亮钦慕的"英雄"与"豪杰"之理想人格。朱熹尝云："古之圣人，至诚心以顺天理，而天下自服，王者之道也。后之君子，能行其道，则不必有其位而固已有其德矣。故用之则为王者之佐，伊尹、太公是也；不用则为王者之学，孔、孟是也"。比较而言，朱熹强调的"醇儒"彰显出"内圣"的价值向度，而陈亮强调的"英雄"则流露出"外王"的价值向度。因此，朱熹劝告陈亮说："不以儒者之学求之，则吾恐其畔绳墨，脱略规矩，进不得为君子，退不得为小人。"陈亮则从"学以成人"的理论角度提出："后世所谓有才而无德，有智勇而无仁义者，皆出于儒者之口"；又云："天下，大物也，须是自家气力可以干得动，扶得转，则天下之智力无非吾之智力，形同趋而势同利，虽异类可使不约而从也。若只欲安坐而感动之，向来诸君子固已失之偏矣。"在陈亮看来,"才德双行、智勇仁义交出而并见者,实乃英雄豪杰也"。据此,陈亮对当世之儒展开了批评,他说:"始悟今世之儒士自以为得正心诚意之学者,皆风痹不知痛痒之人也。举一世安于君父之仇,而方低头拱手以谈性命,不知何者谓之性命乎!"陈亮认为,"学者学为成人"而"秘书不教以成人之道,而教以醇儒自律",因此他对朱熹之说"犹有遗恨"。

在陈亮与朱熹那里,"英雄"与"醇儒"是两种不同的理想人格,有着完全不同的价值取向。在朱熹看来,"人"作为道德与价值主体应当服从内心先验的道德律令、革欲复理——成为圣人;与此相反,陈亮则强调"人"作为有血有肉的社会动物,应当满足自身需求、追求更高的外在价值——成就事功。朱熹批评陈亮为什么不首先自省内心,而要向外界去追求事功;朱熹说:"今自家一个身心不知安顿去处,而谈王说霸,别作一个伎俩商量请求,不亦误乎?"朱熹认为陈亮"说霸"是"扬欲",无处安顿身心,有违圣人之教;"圣人教人,必欲其尽去人欲而复全天理也"。相反,陈亮不但不讳言功利,而且公开以功利作为他的理论依据,并极力主张"义利双行,王霸并用"。在陈亮看来,"义"之本身即是最大限度地成就了"利","王"之本身即是最高程度地实现了"霸"。其实,朱熹向来对春秋五霸以及管子评价不高,他说:"管仲不知王道而行霸术,故言功烈之卑也";又引杨时之语说道:"夫子大管仲之功而小其器。盖非王佐之才,虽能合诸侯、正天下,其器不足称也。道学不明,而王霸之略混为一途。"在朱熹眼中,所谓霸者、英雄抑或豪杰皆不是理想人格,唯有圣人、贤人抑或君子才值得称颂,其作为理想人格才是值得追寻的;陈亮则不然,他以英雄豪杰自居并作《自赞》诗以自夸:"其服甚野,其貌亦古。倚天而号,提剑而舞。惟禀性之至愚,故与人而多忤。叹朱紫之未服,漫丹青而描取。远望之,一似陈亮;近观之,一似同甫。未论似与不似,且说当今之世:孰是人中之龙、文中之虎!"遗憾的是,尽管心气豪迈的他表示"不恤世间毁誉怨谤""复仇自是平生志,勿谓儒臣鬓发苍",然其崇尚的霸道哲学却终未见用。

客观地说,发生在朱熹与陈亮之间的王霸之辩颇具影响力,他们不仅丰富了王霸之辩的思想内涵,而且也拓展了王霸之辩的论域,同时还凸显了两种不同的政治价值观。

三、王霸之辩对传统政治价值观的影响

所谓政治之道或政道,究竟是外乎于人而存在还是就蕴藏在人的政治活动中?对此,朱熹与陈亮争论不休。朱熹认为"道"之常存,不为"人"扰;他说:"若论道之常存,却又初非人之所预设,只是此个自是亘古亘今常在不灭之物,虽千百年被人作坏,终殄灭它不得耳""盖道未尝息而人自息之,所谓'非道亡也,幽厉不由也',正谓此耳。"在朱熹看来,"道"具有独立性与永恒性,不论是三代还是汉唐,只是一个道,历代君王理应循道而行、顺乎天理。"人只是这个人,道只是这个道";只因儒学不传,人心变坏了。进而,朱熹批评陈亮是"大概不过推尊汉唐,以为与三代不异;贬抑三代,以为与汉唐不殊"。在朱熹看来,"道"在"人"外,"人"不能干预"道";"道"是形而上的客观存在,它独立于"人"而存在。陈亮则针锋相对地提出自己的看法,他说:"夫心之用不尽而无常泯,法之文有不备而无常废。人之所以与天地并立而为三者,非天地常独运而人为有息也。人不立则天地不能独运,舍天地则无以为道矣。夫'不为尧存,不为桀亡'者,非谓其舍人而为道也。"与朱熹提出"道"在"人"外不同的是,陈亮则强调"人"在"道"中,"道"不能离开"人"而独立存在,并批评说:"若谓道之存亡非人所能与,则舍人可以为道,而释氏之言不诬矣。"进而,陈亮以史为例解释说:"高祖太宗及皇家太祖,盖天地赖以常运而不息,人纪赖以接续而不坠;而谓道之存亡非人之所能预,则过矣。汉唐之贤君果无一毫气力,则所谓卓然不泯灭者果何物邪?道非赖人以存,则释氏所谓千劫万劫者是真有之矣。"不难看出,陈亮认为"人"不仅能够影响"道",而且"道"还须依赖"人"来体现。其实,陈亮在此之所以这么坚称"人"对"道"的影响,无外乎是想强调汉唐英雄豪杰之于历史与政治的作用以及对"道"之精神的具体呈现。继而,陈亮指出:"亮与朱元晦所论,本非为三代、汉、唐设,且欲明此道在天地间如明星皎月,闭眼之人开眼即是,安得有所谓暗合者乎!"又云:"天地之间,何物非道?赫日当空,处处光明,闭眼之人,开眼即是。岂举世皆盲便不可与共此光明乎?眼盲者摸索得着便谓之暗合,不应两千年之间有眼皆

盲也!"朱熹对陈亮的"人"能影响"道"的言论并不满意,他在给陈亮的回信中指出:"夫三才之所以为三才者,固未尝有二道也。然天地无心而人有欲,是以天地之运行无穷,而在人者有时而不相似。盖义理之心顷刻不存则人道息,人道息则天地之用虽未尝已,而其在我者则固即此而不行矣。不可但见其穹然者常运乎上,颓然者常在乎下,便以为人道无时不立而天地赖之以存之验也。夫谓道之存亡在人而不可舍人以为道者,正以道未尝亡而人之所以体之者有至有不至耳,非谓苟有是身则道自存,必无是身然后道乃亡也。"在朱熹看来,"道"亘古不息,"人"若有义理之心则"人道"不息,即"人心"合于"道心";反之,"人心"则不能合于"道心"。自然,陈亮不能认同朱熹提出的三代之时大道流行,汉唐以后空阙,人自息之;陈亮认为三代之时"道"以王道来体现,汉唐之时"道"以事功来体现;"道"本无变化,只是时移势异,具体呈现不同而已。进而,陈亮批评朱熹是"一生辛勤于尧舜相传之心法,不能点铁成金,而不免以银为铁,使千五百年之间成一大空阙,人道泯息而不害天地之常运,而我独卓然而有见,无乃甚高而孤乎!宜亮之不能心服也。"陈亮又批评说:"秘书亦何忍见二千年间世界涂涴,而光明宝藏独数儒者自得之,更待其有时而若合符节乎?"由是观之,朱陈王霸之辩的主要分歧在于:一、"人"能否影响"道",能否成就霸业,即"人"之于政治与历史是否具有主体性;二、"人"应该是通过"向内"以求"王道",还是通过"向外"以求"霸道",其合理性在哪里?凡此不仅决定了他们政治哲学的建构,而且也影响了南宋王朝对政治模式的选择,尤其是陈亮从南宋社会与政治之现实出发高扬霸道不仅反映了当时众多儒生的心声,而且也折射出儒学对南宋王朝内忧外患之困局的批判与反思。尽管陈亮与他构建的霸道政治思想没有得到实践与检验,但是其论无形中却为南宋统治者打了一剂强心针,引得"孝宗赫然震动"。然则,朱熹与理学之命运却似乎不如陈亮与事功之学那般幸运,朱熹宦海几番沉浮,"理学"一度被南宋朝廷视为"伪学",其本人的政治命运更是堪忧。后来,虽经宋理宗提振,然终未能大兴,也未能止南宋王朝之颓势。

关于朱熹与陈亮的王霸之辩究竟孰是孰非,后人多有评论。清人黄宗羲说:"夫朱子以事功卑龙川,龙川正不讳言事功,所以终不能服龙川之心。"愚以为:

朱熹推崇王道、力斥霸道,这和其主张的天理、人欲二分,以及革人欲复天理的理学主旨是分不开的。在朱熹看来,过于强调事功则是人欲太盛之表现,是远离天理与王道精神的。与朱熹不同的是,陈亮从社会现实出发高扬霸道与事功,可以说陈亮之论看到了那个时代的社会与政治之症结。然而令人遗憾的是,陈亮终未能成为"挽狂澜于既倒,扶大厦之将倾"的英雄;当然,陈亮也未做成朱熹视域中的"醇儒"。客观地讲,"在当时儒家政治思维的脉络中,陈说实为君权张目,是比较保守的;朱说约束君权,反而是比较激进的。"比较而言,陈亮明言"杂霸者其道固本于王""王霸可以杂用,天理人欲可以并行",并没有否定霸道的道德合法性,霸道里有王道、有道德、有公利。此外,大多数学者以为朱陈王霸之辩的主要分歧在于:"功到成处便是有德,事到济处便是有理,此同甫之说也。……功有适成,何必有德,事有偶济,何必有理,此晦庵之说也。"愚以为:这种判断其实多流于表面,未能深层次地看到朱陈政治哲学体系的根本不同,因此也没能对陈亮王霸思想的价值意义给予应有的评价。陈亮义利双行、王霸杂用的思想呈现出"实用主义"的理论倾向,诚如他说:"正欲搅金银铜铁镕作一器,要以适用为主耳。"与陈亮不同的是,朱熹的尊王贱霸思想则透显"理想主义"的理论倾向,这一点从朱熹将董仲舒提出的"仁人正其义不谋其利,明其道不计其功"作为白鹿洞书院条训一事中可见一斑。在朱熹看来,"江西之学只是禅,浙学却专是功利。禅学后来学者摸索一上,无可摸索,自会转去。若功利,学者习之,便可见效,此意甚可忧!"其实,朱熹与陆九渊之间虽有分歧,但仍有相通之处,而朱熹与陈亮之间的分歧则似乎不可调和。朱熹对陈亮之论之所以"甚可忧",或许是因为朱熹认为陈亮"义利双行,王霸并用"的观点对社会与政治具有相当大的煽动性与危害性;朱熹叹曰:"陈同甫学已行到江西,浙人信响已多,家家谈王霸,可畏!可畏!"较之,朱熹对陆学虽有非难与批评,但其"堪忧"之程度则相对弱得多,究其原因或许是在朱熹看来他与陆子之争只是具体的哲学范畴之争,更何况陆子大讲心性,"只是禅",煽动性与危害性并不是很强;而朱、陈之间则是两种政治哲学与价值观之争——王霸谁为正道,这关涉儒家政治哲学的基本建构与价值取向。客观地说,"家家谈王霸",营造了追逐功利、好大喜功的狂热而躁动的文化氛围,流弊不浅;"人人说心性",则营造了空谈心性、虚说道德的浮夸而虚伪的文化氛围,流毒亦甚。吊诡的是,陈亮之学并没有因为受到当时皇帝的垂青而发扬光大,朱熹之学也没有因为当时皇帝的禁止而杳然消失。事事难料,时至元明,"理学"逐渐为社会与政治所接受,其影响也逐渐由"上层建筑"转向"世俗社会",甚至影响到中华民族主流价值观的发展。

四、王霸之辩对当代文化价值观的启示

自古以来,历代帝王多是王霸兼用,德刑并施,即"软实力"与"硬实力"并重。史载,汉元帝向他的父亲建议说:"陛下持刑太深,宜用儒生。"宣帝作色曰:"汉家自有制度,本以霸王道杂之,奈何纯任德教,用周政乎!且俗儒不达时宜,好是古非今,使人眩于名实,不知所守,何足委任!"又,唐太宗李世民认为"文武之道,各随其时",他说:"朕虽以武功定天下,终当以文德绥海内。"明太祖朱元璋在《设文武科取士》的诏令中指出:"文武兼用,贤能并举,此三代治化所以盛隆也。兹欲上稽古制,设文武二科以广求天下之贤……"诚可谓,帝王之道,文武相兼,一张一弛,文武相资;或曰:怀柔徕远不可少,武力攻伐不曾无。辩证地看,传统儒家论域中的"王道"所彰显的可谓是以仁义道德感化为手段的文化"软实力","霸道"所彰显的可谓是以经济与武力征服为手段的政治"硬实力"。在陈亮那里,"王"中有"霸","霸"中有"王",即"软实力"中有"硬实力","硬实力"中有"软实力";在朱熹那里,"王"中无"霸","霸"中无"王",即"软实力"中无"硬实力","硬实力"中无"软实力"。简单说,王霸之间,朱陈有别,前者尊王斥霸,后者王霸并用。陈亮之论颇为现实,切实可行;朱熹之论颇为理想,流于空疏。当然,如果王道没有功利为基础或许只是乌托邦,如果霸道没有道义为基础则可能沦为暴政。

从文化的维度看,"王道"所彰显的"软实力"与"霸道"所彰显的"硬实力"确有分别,但是二者也并非完全牴牾,毫不相干。诚如美国学者约瑟夫·奈所说:"硬力量与软力量相辅相成,因为它们都是以影响他人行为以达到自身目的的能力。它们之间的区别在于其行为的性质和资源的实在不同。支配力——改变他

人行为的能力——依赖于通过强迫或引诱的方式发挥作用。吸纳力——左右他人愿望的能力——依赖于一国文化和价值的吸引力,或者依赖于通过操纵政治议程的选择,让别人感到自身的目标不切实际而放弃表达个人愿望的能力。在支配力和吸纳力两个极端之间,行为的种类涵盖了许多层面:从强迫到经济诱惑,到制订政治议程,最后到纯粹的吸引。软力量资源通常与吸纳力行为这一端相关联,而硬力量则与支配行为相关联。"当然,在中国传统文化的境域中,"王道"或"王道精神"是政治文化中的一种和平精神与理想追求;"霸道"或"霸道精神"则是政治文化中的一种现实精神与进取精神,二者只是在具体内容与价值取向上略有别异;前者可归属于"内圣"一端,后者可归属于"外王"一端;虽是两端,实则相通。尽管王道强调"向内"——心性,霸道强调"向外"——事功,但是此二者并非如朱熹所说的"向内便是义,向外便是利"、"向内便是入圣贤之域,向外便是趋愚不肖之途"那般水火不容。较之,"王道"与"霸道"作为中国传统文化的内在基本精神之一,它们所彰显的价值向度不尽相同,前者"则体现出一种'仁义'或道义至上的精神"——怀柔精神——指向并开显柔性政治;后者则体现出事功至上以及基于综合实力的尚武精神——指向并开显强权政治。概而言之,"王道"蕴含着道德价值与历史精神的融通,"霸道"蕴含着道德价值与政治事功的融通,二者在传统儒学的论域中虽有分殊,但实则相通。从"内圣"到"外王",从"修己"到"化人",南宋理学正是在朱熹与陈亮以及众人的争辩中走向融通与圆熟。

  于今而言,传统儒家倡导的尊崇王道、反对霸道的政治哲学仍然有着重要的现实意义。2012年12月5日,习近平与在华工作的外国专家代表座谈时指出:国际社会日益成为一个你中有我、我中有你的命运共同体。……中国走的是和平发展道路,中国的发展不是自私自利、损人利己、我赢你输的发展,对他国、对世界决不是挑战和威胁。中国决不会称霸,决不搞扩张。中国越发展,对世界和平与发展就越有利。中国不仅是合作共赢的积极倡导者,更是合作共赢的切实践行者。2015年9月3日,在纪念中国人民抗日战争暨世界反法西斯战争胜利70周年纪念大会上,习近平指出:为了和平,中国将始终坚持走和平发展道路。中华民族历来爱好和平。无论发展到哪一步,中国都永远不称霸、永远不搞扩张,永远不会把自身曾经经历过的悲惨遭遇强加给其他民族。中国人民将坚持同世界各国人民友好相处,坚决捍卫中国人民抗日战争和世界反法西斯战争胜利成果,努力为人类作出新的更大的贡献。基此可见,"永不称霸"与"和平崛起"作为当今的政治理念,旨在向世界传达仁爱与正义,这是增进人类福祉的根本所在。"人类的幸福和繁荣起源于仁爱这一社会性的德性及其分支,就好比城垣筑成于众人之手,一砖一石的垒砌使它不断增高,增加的高度与各位工匠的勤奋和关怀成正比。人类的幸福建立于正义这一社会性的德性及其分支,就好比拱顶的建造,各个单个的石头都会自行掉落到地面,整体的结构惟有通过各个相应部分的相互援助和联合才支撑起来。"当今世界正在发生深刻而复杂的变化,和平与发展仍然是时代主题,合作与共赢成为今天不可阻挡的时代潮流。放眼现实,世界多极化、文化多样化、价值多元化、经济全球化、命运一体化已现端倪,人与人之间、国与国之间相互联系、相互依存的程度空前加深,人类共同生活在一个地球村里;生活在历史与未来交汇的当下时空里展开,理想与现实充满紧张地涌现在当下并召唤着未来的行程。

今天,根植于中华传统文化中的政治哲学之精华依然能够鉴照现实,甚至为建构和谐的国际秩序与促进多元文化共存提供理论指导。当今社会,尤其是国际社会日益成为一个你中有我、我中有你的命运共同体,任何国家都不可能独善其身、固步自封,全球化趋势要求诸国同舟共济、和衷共济,在谋求本国发展中促进各国共同发展并增进人类共同利益。任何称霸的动机与行为都是对命运共同体的蓄意挑衅与破坏,中国政府多次宣称不称霸、不扩张,无疑是以身作则地为维护地区与世界和平而付诸实践。一言以蔽之,称霸或霸道不是王道,既不符合当今时代潮流,亦违背人伦道义。

■**基金项目:**

2012年度教育部人文社会科学重点研究基地重大项目"两宋时期主流价值观的变迁"(编号:12JJD720013);2014年度国家社科基金重大项目"中国传统价值观变迁史"(14ZDB003)之子课题"宋元理学价值观的建构与发展"。

图书在版编目(CIP)数据

江浙文化.第二辑/邱高兴主编.—上海:上海三联书店,2017.12
ISBN 978-7-5426-6082-4

Ⅰ.①江… Ⅱ.①邱… Ⅲ.①地方文化-文化研究-江苏
②地方文化-文化研究-浙江 Ⅳ.①K295.3 ②K295.5

中国版本图书馆CIP数据核字(2017)第218816号

江浙文化(第二辑)

主　　编 / 邱高兴

责任编辑 / 郑秀艳
装帧设计 / 一本好书
监　　制 / 姚　军
责任校对 / 张大伟

出版发行 / 上海三联书店
　　　　　(201199)中国上海市都市路4855号2座10楼
邮购电话 / 021-22895557
印　　刷 / 上海肖华印务有限公司

版　　次 / 2017年12月第1版
印　　次 / 2017年12月第1次印刷
开　　本 / 710×1000　1/16
字　　数 / 200千字
印　　张 / 18
书　　号 / ISBN 978-7-5426-6082-4/G·1468
定　　价 / 50.00元

敬启读者,如发现本书有印装质量问题,请与印刷厂联系 021-66012351